采菊东篱下，悠然见南山
陶渊明诗传

锦熙———著

远方出版社

图书在版编目（CIP）数据

采菊东篱下，悠然见南山：陶渊明诗传／锦熙著
. -- 呼和浩特：远方出版社，2021.9
ISBN 978-7-5555-1375-9

Ⅰ.①采… Ⅱ.①锦… Ⅲ.①陶渊明（365-427）-
传记 Ⅳ.①K825.6

中国版本图书馆 CIP 数据核字（2021）第 170802 号

采菊东篱下，悠然见南山：陶渊明诗传

CAIJU DONG LI XIA YOURAN JIAN NANSHAN TAOYUANMING SHIZHUAN

作　　者	锦　熙	
责任编辑	孟繁龙	
责任校对	秋　生	
封面设计	VIOLET	
版式设计	赵艳霞	
出版发行	远方出版社	
社　　址	呼和浩特市乌兰察布东路 666 号　邮编：010010	
电　　话	（0471）2236473 总编室　2236460 发行部	
经　　销	新华书店	
印　　刷	天津中印联印务有限公司	
开　　本	145mm×210mm　1/32	
字　　数	222 千	
印　　张	8.25	
版　　次	2021 年 9 月第 1 版	
印　　次	2021 年 9 月第 1 次印刷	
印　　数	1—5 000 册	
标准书号	ISBN 978-7-5555-1375-9	
定　　价	42.00 元	

如发现印装质量问题，请与出版社联系调换

序 言

结一处草庐，无乐自欣豫

著名美学家宗白华先生在《美学散步》中说："汉末魏晋六朝是中国政治上最混乱、社会上最苦痛的时代，然而却是精神上极自由、极解放、最富于智慧、最浓于热情的一个时代，因此也就是最富有艺术精神的一个时代。"在这个时代，产生了一位最能代表精神自由，富于智慧、热情和艺术精神的人物，他就是中国第一位田园诗人陶渊明。

陶渊明，字元亮，又名潜，私谥靖节，世称靖节先生，浔阳柴桑（今江西九江）人。东晋末至南朝宋初的诗人、辞赋家，被誉为"古今隐逸诗人之宗"。

陶渊明的曾祖父陶侃做过大司马，是东晋名声赫赫的人物，祖父及父亲都做过太守、县令一类的官。陶渊明的父亲死得早，"少而贫苦"是陶渊明对少年时期生活的描述，家道衰落的陶家"箪瓢屡罄，绤绤冬陈"。但物质的贫乏并没有影响陶渊明经营丰富的精神世界。他自幼就熟读儒家"六经",学习《老子》《庄子》。在陶渊明的一生中,儒家思想的影响尤其大。匡庐秀逸的山水和宜人的田园风光,潜移默化地浸濡到陶渊明的血液中,使他对大自然产生不可割舍的热爱,表白道:"少无适俗韵,性本爱丘山",一生"不戚戚于贫贱,不汲汲于富贵"。

青少年时期,陶渊明是个胸怀大志的人,"猛志逸四海,骞翮思远翥",颇有一番政治抱负。不幸的是,他生在门阀制度森严的晋代,"上品无寒士,下品无士族",社会没有给这个出身没落仕宦家庭的人提供佐君立业的机会。极端腐败的东晋王朝对外委曲求全,统治阶级心安理得地偏居江左一隅,过着奢靡、荒淫的生活。由于统治集团内部互相倾轧,军阀连年混战,赋税徭役繁重,贫苦百姓不堪重负。严酷的社会现实与陶渊明的世界观发生了尖锐的冲突,生性耿直的陶渊明清正廉洁,不愿卑躬屈膝、攀附权贵。黑暗污浊的社会与他格格不入,他大济苍生的雄心壮志在东晋腐朽不堪的现实中沉寂了。

直到二十九岁,陶渊明才出仕,出任江州祭酒。他一生的仕宦生涯不长,从二十九岁开始到四十二岁彻底与官场决裂,其间几仕几隐,实际做官的时间不到三年。所做的官也并不显赫,不过是江州祭酒、建威参军、镇军参军、彭泽县令之类的"芝麻官"。他最后一次出仕那年,在彭泽县令的职位上仅做了八十多天便挂印弃官,从此归隐田园,直到终老。

陶渊明的诗大致可以分为饮酒诗、咏怀诗、咏史诗、行役诗、赠答诗和田园诗。

作为中国文学史上第一个大量写饮酒诗的人，陶渊明的饮酒诗并非浮于表面的以酒论酒，而是有着深刻的寓意。陶渊明的《饮酒二十首》在一个"醉"字的掩护下，反映仕途险恶，揭露官场黑暗，指责上流社会虚伪不堪，并表达退出官场之后怡然自得的心情，表现他在生活困顿中的牢骚。这一组诗从内容、意趣和笔调来看，应该是写于不同时期的。而《述酒》则是用比喻的手法曲折地记录了刘裕篡权易代的过程，流露出对晋恭帝被害的愤慨，以及对晋王朝覆灭的哀惋之情。南朝文学家萧统在《陶渊明集序》中，以他个人独特的审美视觉将陶渊明饮酒诗的深意揭示出来："有疑陶渊明诗篇篇有酒，吾观其意不在酒，亦寄酒为迹者也。"

陶渊明的咏怀诗和咏史诗内容接近，在这一类诗歌中，他继承阮籍《咏怀》和左思《咏史》的诗歌传统。《杂诗十二首》《饮酒二十首》是陶渊明咏怀诗歌的代表作。这一类诗歌着重表现他归隐后有志难骋的苦闷，抒发自己与官场水火难容的高洁人格，表达内心愤世嫉俗的忧愤。咏史诗则借用历史上的史事和人物，抒发壮志难酬的苦闷和激愤的情怀；或表达坚守个人气节的高尚品质，不与黑暗现实同流合污；或表达理想与现实、入世与出世的思想矛盾，如《拟古九首》《咏贫士七首》《咏荆轲》等。这类诗歌大多为忧国伤时之作，通过隐晦曲折之语，托古讽今，寄托感慨。

陶渊明的行役诗是反映他宦游时期的作品。这些作品多写行役之苦，以及厌倦仕宦生涯，抒发思乡之情和归隐之念，表达对田园自由生活的依恋，如《始作镇军参军经曲阿》《辛丑岁七月赴假还江陵夜行涂口》《乙巳岁三月为建威参军使都经钱溪》等。

赠答诗多是写朋友之间的亲密友情，如《答庞参军》《赠羊长史》等。

一般认为陶渊明是田园诗人，其实这样的定位有失偏颇。因为田园诗只是陶渊明作品的一部分，完全不足以概括陶渊明的思想成就和艺术风格。陶渊明一生好酒，虽有饮酒行乐之意，但细究可以体味到他对政治和时事的关切，这在他的咏史诗中有很多体现。

陶渊明的散文和辞赋在中国文学史上的地位和影响同样不低于他的诗歌，其中尤以《五柳先生传》《桃花源记》《归去来兮辞》这三篇最为著名。

在众多创作成果中，影响最为广泛的是陶渊明的田园诗，数量最多，成就也最高。在他留下的一百二十五首诗歌中，有六十余首是田园诗。陶渊明的田园诗多取材田园风光，于平常生活中提炼出令人回味的内涵。他运用朴素的语言，用白描的手法写出他对田园生活的热爱，情感真挚、亲切，毫无雕琢痕迹。他用朴实的手法描写自然恬静的田园风光和淳朴的乡间生活。他的田园诗的一个显著的特点是继承了《诗经》中人与自然的和谐状态，同时又坚守着屈原《楚辞》中那种上下求索的执着，用一种超然的、洗净了世俗尘埃的明净笔调叙写他的田园生活。读陶渊明的田园诗，可以真切地感受到他恬淡闲适的生活情趣，如《归园田居》《和郭主簿二首》《九日闲居》等。陶渊明在诗中还抒写了躬耕生活的体验，洋溢着劳动者的喜悦，如《归园田居五首》《庚戌岁九月中于西田获早稻》等。同时，他的诗也反映理想境界之外的现实世界，描写生活困顿和乡村的凋敝，如《怨诗楚调示庞主簿邓治中》《乞食》等。

总的来说，陶渊明的田园诗歌风格大致可以归纳为柔、淡、远。特别是他开创的田园诗体，使诗歌达到一个新的境界，对唐代田园诗派产生很大影响。唐代诗人杜甫在《可惜》诗中云："宽心应是酒，遣兴莫过诗。此意陶潜解，吾生后汝期。"宋代诗人苏轼也对陶渊明有很高的评价："渊明诗初看似散缓，熟看有奇句……大率才高意远，则所寓得其妙，造语精到之至，遂能如此。似大匠运斤，不见斧凿之痕。"

陶渊明在田园诗中所营造的悠然情致与闲雅意境，可以使尘世中人们的那颗烦躁不安的心泊入一个宁静的港湾。对于生活在快节奏社会的现代人来说，陶渊明的田园诗是一剂治愈良药，可以有效地舒缓人们在喧嚣中的浮躁心情，释放精神上的压力。人们读着他那散发着自在韵味的田园诗，可以将忧郁、烦闷的心绪逐渐放松下来。今天的人们越来越向往返璞归真的田园生活，生活在约一千六百年前的陶渊明无论如何也想不到，他的田园诗到了现代竟有如此有益的社会功能。

陶渊明的一生都处在壮志难酬、岁月虚掷的痛苦中，伴随着贫困生活的煎熬，好在他有酒，好在他明智地选择了归隐田园。借助酒，他尽情地发泄内心的孤愤，得到心灵上的慰藉，并留下大量富有美学价值和哲学含义的诗篇。

目　录

第一章

悠悠我祖　爱自陶唐

曾祖父陶侃留在他血脉中的阳刚之气，使他有"猛志逸四海，骞翮思远翥"的豪言壮语，而他归隐的价值观，"怀止足之分，不与朝权"，毫无疑问是外祖父孟嘉遗传给他的精神遗产。但即便他文有谋、武有胆，无奈"上品无寒门，下品无士族"，时代决定了他一生多有磨难，难以施展抱负。

没落的仕宦之家

远山丘陵绵延，蓝天白云下，阡陌纵横，鸡犬相闻，一处篱笆围绕的简易茅舍立于田园中。黄昏，一个农夫模样的男人走出茅舍，来到院落前的篱笆旁坐下。他面前摆着一壶酒、一只酒杯，独斟独饮，优哉游哉。时值九月，菊花盛开，暗香飘动；远处的南山进入他的视野，别致的风景在夕阳的余晖下十分宜人，飞鸟在秋高气爽的空中一拨接着一拨地往南山飞去，是什么吸引它们振翅而飞呢？原来是它们回巢的时刻到了。那个坐在院子里自得其乐的农夫是谁呢？他就是本书的主人公陶渊明。

这一幅令人陶醉的画面就是陶渊明理想中的乌托邦社会，这个理想诗人生于东晋哀帝（司马丕）兴宁三年（365年），卒于南朝宋文帝（刘义隆）元嘉四年（427年）。

420年，宋武帝刘裕篡夺东晋帝位，以宋为国号，改元永初，史称南朝宋。439年，北魏统一北方，与南朝宋各占半壁江山，史称南北朝。南朝的琅琊王氏和陈郡谢氏家族声望甚高，唐代刘禹锡在

《乌衣巷》一诗中，写道："朱雀桥边野草花，乌衣巷口夕阳斜。旧时王谢堂前燕，飞入寻常百姓家。"这旧时"王谢"指的是谁？"王谢"乃六朝望族琅琊王氏与陈郡谢氏之合称。晋"永嘉之乱"后，琅琊王氏与陈郡谢氏家族从北方迁至金陵，王谢两家的王导、谢安及其后人为东晋王朝立下汗马功劳而权倾朝野，风光无限的"王谢"成为后世名门望族的代名词。刘禹锡诗中所说的"朱雀桥"在金陵城外，而毗邻的秦淮河南岸的"乌衣巷"是三国东吴的禁军驻地，由于禁军身着黑衣，故以"乌衣"为巷名。东晋开国元勋王导、谢安两大家族以及朝中宰辅，皆居巷中。因此这里贤才众多，冠盖簪缨，是东晋时高门士族的聚居区。

中国门阀制度最鼎盛的时代当数两晋及南朝时期，"上品无寒门，下品无士族"，在这个舞台上的主角都是九品中正制下士族出身的高门子弟。在等级如此森严的社会要想出人头地，出身是先决条件，对一个人的一生起决定性的作用。

陶渊明的家族也并非平民出身。他的曾祖父乃东晋名将陶侃，声威煊赫一时。祖父陶茂官至太守。如果再往上追溯，陶渊明的高祖陶丹亦曾出仕，在吴国任扬武将军。到陶渊明这一辈时，由于他幼年丧父，家境日渐败落。虽是浔阳大族，但比起"王谢"望族来，血统欠缺纯粹。

"悠悠我祖，爰自陶唐"，这是陶渊明本人提供给后世的第一手家世资料。据他说，他的祖先是陶唐氏，何谓陶唐氏？就是中华民族共同的先祖尧、舜、禹中的尧。据考证，尧的居住地称作"陶"，即今天山西汾河流域的运城和临汾地区，古代称作河东，因而又称作"陶唐氏"。据《晋书·陶侃传》载："陶侃，字士行，本鄱阳人也。吴平，徙家庐江之寻阳。"这几句话厘清了来路，陶渊明的先祖原是鄱阳（今江西鄱阳）人，吴灭亡后，举家迁居到庐江的浔阳。

对陶渊明一生影响很大的有两个人，分别是他的曾祖父陶侃和外祖父孟嘉。

　　侃早孤贫，为县吏。鄱阳孝廉①范逵尝过侃，时仓卒无以待宾，其母乃截发得双髢，以易酒肴，乐饮极欢，虽仆从亦过所望。及逵去，侃追送百余里。逵曰："卿欲仕郡乎？"侃曰："欲之，困于无津耳。"逵过庐江太守张夔，称美之。夔召为督邮，领枞阳令。……夔妻有疾，将迎医于数百里。时正寒雪，诸纲纪皆难之，侃独曰："资于事父以事君。小君，犹母也，安有父母之疾而不尽心乎！"乃请行。众咸服其义。

《晋书·列传第三十六·陶侃》节选

　　陶侃年幼而孤贫，曾经任过县中小吏。有一次，在鄱阳颇有名声的孝廉范逵到陶侃家投宿。当时连日冰雪，陶侃家穷得揭不开锅，而范逵的马匹、随从众多。陶母湛氏对陶侃说："你到外面留住客人，我来想办法。"湛氏的头发长至委地，她将自己的头发剪下做成两段假发，换得银钱买来酒菜，又砍下家中的几根屋柱劈开当柴烧。她还将平时坐卧用的草垫铡碎给马做草料。傍晚时分，他们准备好酒食招待客人，大家畅饮极欢，连跟随范逵的仆从们都得到了充分的照应。

　　一家人穷到一无所有的地步，还如此热情地款待客人，这般厚意叫范逵很感动。第二天，范逵告别起程，陶侃送了范逵百余里路还不肯回去。被推举为孝廉的范逵也是一个很仗义的人，善解人意。他问陶侃是否有意到郡中去任职，陶侃回答说："是想去，可是苦于

----

　　①孝廉：始于汉武帝时的察举考试，作为任用官员的一种科目，东汉时为求仕者的必由之路。到了明、清两代成为对举人的称呼。孝，指孝悌者；廉，清廉之士。

没有人引荐。"范逵当然明白陶侃的意思，当即表示到了洛阳一定引荐他。陶侃得到了范逵的承诺，这才转身返回。

　　范逵和当时的庐江太守张夔关系要好，于是在张夔面前极力为陶侃美言。张夔听从了范逵的引荐，召陶侃为督邮，类似于今天的纪委监察类的职务，同时还让他兼任枞阳县令。在枞阳县令任上，陶侃以富有才能而赢得声誉，因而又迁主簿。当时张夔之妻生病，需要到几百里以外的地方接医生。时值大雪纷飞，天寒地冻，几个管事的仆人面露难色，陶侃站出来说："事君、事父乃为臣、为子之义，郡守夫人犹如我们的母亲一样，哪有自己的父母生病而子女不尽孝心的？"继而主动请求前往。陶侃此举大得人心，个个佩服他的仁义。

　　夔察侃为孝廉，至洛阳，数诣张华。华初以远人，不甚接遇。侃每往，神无忤色。华后与语，异之。除郎中。伏波将军①孙秀以亡国支庶，府望不显，中华人士耻为掾属，以侃寒宦，召为舍人。时豫章国郎中令杨晫，侃州里也，为乡论所归。侃诣之，晫曰："《易》称'贞固足以干事'，陶士行是也。"与同乘见中书郎顾荣，荣甚奇之。吏部郎温雅谓晫曰："奈何与小人共载？"晫曰："此人非凡器也。"尚书乐广欲会荆扬士人，武库令②黄庆进侃于广。人或非之，庆曰："此子终当远到，复何疑也！"庆后为吏部令史③，举侃补武

---

①伏波将军：伏波意为降伏波涛，古代出现过多位被授予"伏波将军"称号的人物，最著名的当数东汉光武帝时的伏波将军马援。
②武库令：古时武官名，汉代始置，掌管军中武库。
③吏部令史：官名，亦称吏曹部令史。协助尚书左、右丞管理都省事务，监督诸曹尚书，参与政要。

冈令。与太守吕岳有嫌，弃官归，为郡小中正①。

《晋书·列传第三十六·陶侃》节选

张夔举荐陶侃为孝廉，陶侃到了洛阳后，数次前去拜谒张华。但张华起初看不起他，认为他是从偏远之地来的，不屑于理睬。陶侃每次前往拜访都不卑不亢，神色泰然。张华后来与他交谈，大为惊讶，遂改变偏见，任命他为郎中。伏波将军孙秀出身于已亡的东吴王族支庶，中原人士嫌弃他府第名望不高，以做他的幕僚为耻。因为陶侃出身寒族，孙秀召他为舍人。当时豫章国郎中杨晫与陶侃有同乡之谊，杨晫在乡邻中声望颇高，陶侃前去拜见他。他对陶侃有很高的评价："《易经》上说：'贞固足以干事。'陶士行就是这样的人。"杨晫去见中书郎顾荣，让陶侃与他同乘一辆车前去，顾荣也很看重陶侃。吏部郎温雅歧视陶侃出身寒族，很不屑地对杨晫说："怎么能和这样的小人同乘一辆车呢？"杨晫回答说："此人可不是平庸之辈。"尚书乐广要会见荆扬一带的名士，武库令黄庆推荐了陶侃，有人非议，黄庆说："此人终将前途远大，没什么可非议的！"后来，黄庆任吏部令史，推举陶侃为武冈令。陶侃因与太守吕岳关系不睦，弃官归乡，为郡小中正。

侃性聪敏，勤于吏职，恭而近礼，爱好人伦。终日敛膝危坐，阃外多事，千绪万端，罔有遗漏。远近书疏，莫不手答，笔翰如流，未尝壅滞。引接疏远，门无停客。常语人曰："大禹圣者，乃惜寸阴，至于众人，当惜分阴，岂可逸游荒醉，生无益于时，死无闻于后，是自弃也。"诸参佐或以谈戏废事者，乃命取其酒器、蒱博之

---

①中正：官名。秦末陈胜自立为楚王时置，掌纠察群臣的过失之职责，是对某一地区人物进行品评的负责人。

具，悉投之于江，吏将则加鞭扑，曰："樗蒱者，牧猪奴戏耳！《老》《庄》浮华，非先王之法言，不可行也。君子当正其衣冠，摄其威仪，何有乱头养望自谓宏达邪！"

《晋书·列传第三十六·陶侃》节选

陶侃天性聪明敏捷，勤于吏职，恭敬好礼，严守人伦。他终日正襟危坐，兢兢业业地处理军中事务，于千头万绪中有条不紊，未见丝毫差错遗漏。凡远近书札，必须一手经办，亲笔起草回复，从不怠慢。迎送客人也不分高低贵贱、关系亲疏，一律送行有序，门前没有停留或等待之人。他常对人言："圣人大禹尚且知道珍惜寸阴，你我普通人更应该惜分阴，一寸光阴一寸金，怎能在安逸享乐中虚度光阴呢？活着不能于人有益，死后也无名无声地被人遗忘，真正是自暴自弃。"但凡他看见部属有人醉心游乐而荒于职事时，便命人将其玩乐的酒器、赌具统统扔进河里，鞭打当事人，并严斥道："迷恋这种樗赌游戏，与喂猪的贱奴又有何异？《老子》《庄子》华而不实，不是先王的明法正言，皆不可行。君子应当正衣冠、保持威仪，哪有披头散发、故意做作博取声名而自认为广博通达的作法呢？"

陶侃在晋朝算得上是一位声名显赫的人物，做过江州、荆州两州刺史，都督八州军事，封长沙郡公。但他为官生涯的起点却很低，陶侃年轻时曾经做过鱼梁吏，负责河道与管理渔业。有一次，他命人把一坛干鱼作为官奉送给母亲，母亲问送鱼的仆人："这是怎么得到的？"仆人说："是官府送的。"母亲将坛子封好，交给仆人，同时写了一封信。信中她责备陶侃说："汝为吏，以官物见馈，非惟不益，乃增吾忧也。"这件小事，生动地表现了陶侃的母亲湛氏清明的家风，说明陶侃的母亲湛氏是一位出类拔萃的女性，这对陶侃后来为官从微寒到显赫有很大的影响。

陶侃的声名鹊起源于他参加过的两次国内平叛，一次是平杜弢，一次是平苏峻。

弢将王贡精卒三千，出武陵江，诱五溪夷，以舟师断官运，径向武昌。侃使郑攀及伏波将军陶延夜趣巴陵，潜师掩其不备，大破之，斩千余级，降万余口。贡遁还湘城。贼中离阻，杜弢遂疑张奕而杀之，众情益惧，降者滋多。王贡复挑战，侃遥谓之曰："杜弢为益州吏，盗用库钱，父死不奔丧。卿本佳人，何为随之也？天下宁有白头贼乎！"贡初横脚马上，侃言讫，贡敛容下脚，辞色甚顺。侃知其可动，复令谕之，截发为信，贡遂来降。而弢败走。进克长沙，获其将毛宝、高宝、梁堪而还。

《晋书·列传第三十六·陶侃》节选

杜弢部将王贡带领三千精兵，出武陵江，诱骗五溪夷人助力，以舟船水师截断官军通道，阵势锐不可当，直逼武昌。陶侃派遣郑攀及伏波将军陶延率军连夜向巴陵挺进，出奇兵攻其不备，王贡之师兵败如山倒，被斩首者有千余人，归降者近万人。王贡兵败退回湘城。贼军开始内乱，产生矛盾，杜弢因疑心杀了张奕，贼众人人自危，降者日益增多。王贡再次前来挑战，陶侃与他隔空喊话，说："杜弢身为益州吏，盗用国库钱财，父亲去世竟不奔丧。你本是一个好人，为何要跟这种无良之人胡来呢？试看天下哪有善终的叛贼？"王贡开始态度傲慢，将脚横在马背上，听罢陶侃之言，不禁肃然起敬，放下脚，坐得端端正正，神色、言辞也随之恭顺。陶侃见状，知道他是可以争取的，再次动之以情，晓之以理，并割下一绺头发起誓，终于说服了王贡归降。杜弢部将败退而去，陶侃大举进军长沙，俘获杜弢部将毛宝、高宝、梁堪，而后凯旋。

苏峻乃安乐相苏模之子，少有才学，成年后举孝廉入仕，东晋将领。晋明帝死后，外戚庾亮把持朝政，解除了苏峻的兵权，征为大司农。咸和二年（327 年）十月，苏峻以讨伐庾亮为名，联合镇西将军祖约起兵反抗朝廷。次年，叛军攻陷了京都建康（今江苏南京），挟持了晋成帝。

暨苏峻作逆，京都不守，侃子瞻为贼所害，平南将军温峤要侃同赴朝廷。初，明帝崩，侃不在顾命之列，深以为恨，答峤曰："吾疆场外将，不敢越局。"峤固请之，因推为盟主。……于是便戎服登舟，星言兼迈，瞻丧至不临。五月，与温峤、庾亮等俱会石头。……诸军与峻战陈陵东，侃督护竟陵太守李阳部将彭世斩峻于阵，贼众大溃。峻弟逸复聚众。侃与诸军斩逸于石头。

《晋书·列传第三十六·陶侃》节选

苏峻作乱时，叛军占领了京城，陶侃的儿子陶瞻也被叛贼杀害。平南将军温峤邀陶侃同赴朝廷勤王。当初明帝驾崩，在接受遗诏委托大事的重臣中，并无陶侃，为此他心有芥蒂，不愿同去，对温峤说："我只是一员镇守边疆的战将，不敢超越自己的职分。"但温峤坚决要请陶侃出兵讨伐叛贼，并推举他为盟主。在温峤的激将法和妻子的劝说下，陶侃同意出兵。他戎装登舟前往，星夜兼程，连其子陶瞻的丧礼也未参加。五月，和温峤、庾亮等人会合于石头城下。众将都希望立即决战，但陶侃认为不宜在贼势正盛时与之争锋，应缓行智取。之后制定战略，诸路大军和苏峻战于陈陵之东，陶侃的督护、竟陵太守李阳部将彭世在阵上斩了苏峻，叛军阵脚大乱。苏峻之弟苏逸又招聚残兵败将顽抗，陶侃与诸军在石头城斩了苏逸。

这是一次载入史册的战斗，陶侃作为盟主率领诸道歼灭叛军，战功卓著。陶侃回到江陵，不久即被任命为侍中、太尉，封为长沙郡公，令"邑三千户，赐绢八千匹，加都督交、广、宁七州军事"。

"八王之乱"导致江南动荡不安，为陶侃施展才干提供了机遇。西晋末年，天灾人祸使秦州、雍州一带的灾民流离失所，纷纷流徙到梁州、益州地区。在风云变幻的西晋，陶侃为东晋的建立、稳定东晋初动荡不安的政局，立下卓著功勋。虽出身寒微，但他冲破门阀的重重阻碍，跻身官宦阶层。然而，即便陶侃战功卓著，颇有政绩，在平叛苏峻之乱中同他并肩作战的温峤和庾亮却依然轻视他。陶侃"望非世族，俗异诸华"，他的家族不是有世袭地位的望族，恰恰相反，陶侃是来自浔阳一带溪蛮聚居区的人，属于溪族，这是庐江蛮荒地区以捕鱼为业的一个部族。少时曾做过鱼梁吏的陶侃，在那些出身高贵的人眼中，被划入异类。如今陶侃手握重兵，他的军权又令他们嫉妒。

陶侃因为扫除杜弢叛乱而战功赫赫，遭到权贵王敦的忌妒。陶侃在返回江陵之前，准备前去向王敦话别，大家都知道王敦嫉妒陶侃之功，劝他不要去，但陶侃坚持去了。果不其然，王敦将陶侃扣留，降职为广州刺史。广州当时属于蛮荒地区，没人愿意到那里去，陶侃在荆州的部属请求王敦留下陶侃，王敦大怒，不允。陶侃的部将郑攀、苏温等将领不愿意南下广州，干脆拉起队伍到西边联合杜曾与王对抗。王敦怀疑是陶侃授意郑攀等人这样做，便着戎装手持兵器，扬言要杀了陶侃。幸得谘议参军①梅陶、长史陈颁的极力劝说，晓以利害地说："陶侃与周访是姻亲，如同人的左右手，哪有砍掉左手而右手坐视不来相救的？"王敦会意，局势这才缓和下来。王

---

① 谘议参军：官名，西晋始置，为镇东大将国、丞相府僚属，掌顾问谏议之事。

敦随即给陶侃饯行，陶侃连夜出发。待陶侃到了豫章（今江西南昌），见到周访，流着泪说："非卿外援，我殆不免！"意思是说如果不是你作我的外援，我死定了！

陶侃到了广州刺史任上，励精图治。一边大力发展农业生产，振兴经济，使辖区百姓安居乐业；一边审时度势，积极备战，随时准备应对战事。

> 侃在州无事，辄朝运百甓于斋外，暮运于斋内。人问其故，答曰："吾方致力中原，过尔优逸，恐不堪事。"其励志勤力，皆此类也。
>
> 《晋书·列传第三十六·陶侃》节选

陶侃在广州无事的时候，常常在早晨将一百块大砖搬出厅外，傍晚又搬进厅内，如此往复。人们问他为何这么干，他说："我一心致力于中原，日子过得太悠闲安逸，恐怕不堪大任。"他就是这样劳其筋骨，以励其志。

> 侃在军四十一载，雄毅有权，明悟善决断。自南陵迄于白帝数千里中，路不拾遗。
>
> 《晋书·列传第三十六·陶侃》节选

晚年的陶侃位极人臣，被允许配剑上朝，入朝不必快行，对上赞拜不必通名，"然媵妾数十，家僮千余，珍奇宝货富于天府"。但他明智地选择了退隐，"怀止足之分，不与朝权"。咸和九年（334年）六月，陶侃在病中"上表逊位"，派左长史殷羡将官印节传等送还朝廷。离开荆州前，他手上的军资、器仗、牛马、舟船等都有明细统计在簿，他亲自封存仓库并上锁，将后事托付给右司马王愆期，然后登舟，朝野传为美谈。陶侃离开任上，次日在返回的路途中病逝于樊溪，享年七十六岁。死后，他被晋成帝追赠为大司马，赠谥号"桓"，故称"长沙桓公"。

现代古文献学家余嘉锡认为，"陶侃为庾亮所忌，于其身后奏废其子夏，又杀其子称，由是陶氏不显于晋"。这就是说，即便陶侃凭借他的才干创造了显赫的勋业，但在当时的门阀社会里，他始终只是寒素之流，够不上士族资格。陶侃死后，以庾亮为首的皇亲国戚和贵族子弟容不下陶侃的后人，奏报朝廷废黜了陶侃的儿子陶夏的世袭官爵，还杀了陶侃的另一个儿子陶称。陶门后代在贵族子弟的打压下，终至一蹶不振，由将门富户一落千丈，到了陶渊明父亲这一辈，已门庭衰败，完全撑不起门面了。

孟宗门第　高尚家风

陶渊明的母亲孟氏出身望族，是东晋名士孟嘉的女儿。孟家世代以德行优良著称，陶渊明的曾外祖父孟宗就是远近闻名的大孝子。"百善孝为先"，这在中国古代是很重要的人伦要求，"二十四孝"的故事中记载了一个"孟宗哭竹"的故事。

"晋孟宗，少丧父。母老，病笃，冬日思笋煮羹食。宗无计可得，乃往竹林中，抱竹而泣。孝感天地，须臾，地裂，出笋数茎，持归作羹奉母。食毕，病愈。"三国时江夏人孟宗，幼年丧父，与母亲相依为命。一次，老母病了，医生叮嘱用鲜笋煮汤食用。时值严冬，天寒地冻，哪来鲜笋？孟宗无计可施，独自一人跑到竹林中抱竹痛哭。少顷，忽然地裂，只见地上冒出数茎嫩笋。孟宗大喜过望，急忙采回给老母煮汤，老母食后，病得痊愈。

这个故事中的孟宗就是陶渊明的曾外祖父。孟宗出仕孙吴，官至"三公"之一的司空。孟嘉的祖父孟揖也非等闲之辈，在西晋元康年间做过庐陵太守。作为亡吴大臣的后人，孟揖能官至太守，除了有家族德望的余荫，他本人的声望也一定很高。

孟氏和陶氏是两代姻亲，孟嘉娶了陶侃的第十个女儿，也就是说，陶渊明的外祖母也是他的祖姑母。而孟嘉的第四个女儿又嫁给了陶渊明的父亲，即陶茂的儿子陶逸。若论门第高低，陶氏家族根本不能与孟氏家族相提并论。但在两晋离乱之后，陶侃凭借军功成为一代名臣，而孟氏家族由于孟宗的去世，门庭日益冷落，其子孟嘉娶陶侃之女为妻，从政治联姻的角度来说，孟家是攀了"高枝"，而从门第观念来看，则是俯就。好在门阀时代对婚姻门第的限制还没有严苛到事事计较的地步，不然也不会有这一段曲折复杂的家族渊源。

隆安五年（401年）冬天，陶渊明因母亲去世在家丁忧，在为母守孝的这段时间，沉浸在丧母之痛中的陶渊明天天都在重温母亲的往事，母亲的音容笑貌和他在外祖父家度过的那些日子历历在目。为此，他怀着对母亲的思念之情、饱含对外祖父的崇尚之意，写下了外祖父孟嘉的传记《晋故征西大将军长史孟府君传》。这是陶渊明作品中惟一的人物传记，不见载于正史，故称为别传。陶渊明在这篇传记中着重写了外祖父孟嘉的几件小事，生动地表现了孟嘉的气质个性和情操美德。读者可以从这篇传记中看到一个风度翩翩的孟嘉。陶渊明非常崇敬外祖父孟嘉"始自总发，至于知命，行不苟合，言无夸矜"的行事作风，这也体现了家族传承给陶渊明打下的烙印。关于这篇传记，学者袁行霈在《陶渊明集笺注》中说："皆可用以论渊明本人也。"

君少失父，奉母二弟居。娶大司马长沙桓公陶侃第十女，闺门孝友，人无能间，乡闾称之。冲默有远量，弱冠、俦类咸敬之。同郡郭逊，以清操知名，时在君右。常叹君温雅平旷，自以为不及。

014

逊从弟立，亦有才志，与君同时齐誉，每推服焉。由是名冠州里，声流京邑。

陶渊明《晋故征西大将军长史孟府君传》节选

孟嘉少年丧父，奉养母亲，与二弟同住，并娶了大司马、长沙桓公陶侃的第十个女儿为妻。孟嘉很孝敬长辈，家庭里兄弟和睦，无人可以离间他们的关系，为此在当地有很好的口碑。孟嘉性情淡泊，语言不多而持重，很有容人的度量。二十岁时，已是同辈人的楷模，受人尊敬。同郡的郭逊也是一个节操高尚的人，名声在孟嘉之上。郭逊常赞叹孟嘉德行超群、温文尔雅、平易旷达，自叹弗如。郭逊的堂弟郭立也是才华出众且有志向的人，当时与孟嘉齐名，却对孟嘉心悦诚服。因此孟嘉名冠州里，声誉流传至京城。

晋成帝时，庾亮以帝舅身份当政，任征西将军、江荆豫三州刺史，总摄长江上游军政，与丞相王导共佐晋室，是个位高权重之人。按常理说，他是可以傲视一切的，但他却非常推崇孟嘉。当时庾亮受命坐镇武昌并兼任江州刺史，因欣赏孟嘉而征召其为所部庐陵郡的从事①。

下郡还，亮引见，问风俗得失。对曰："嘉不知，还传当问从吏。"亮以麈尾掩口而笑。诸从事既去，唤弟翼语之曰："孟嘉故是盛德人也。"君既辞出外，自除吏名。便步归家，母在堂，兄弟共相欢乐，怡怡如也。旬有余日，更版为劝学从事。时亮崇修学校，高选儒官，以君望实，故应尚德之举。

陶渊明《晋故征西大将军长史孟府君传》节选

---

①从事：即从吏史，汉代刺史的佐官，如主簿、功曹等都称为从事。

一次，孟嘉下郡回来，庾亮召见他，问他庐陵的风俗如何，孟嘉回答说不知道，得回到旅舍问问一同下去的小吏。庾亮拿着拂麈尾掩口而笑，说他是一个不把官职当回事儿的风流名士。待诸位从事离开后，庾亮唤来其弟庾翼，对他说："孟嘉是个有盛德的君子啊。"孟嘉主动辞官，步行回家，与母亲兄弟欢聚一堂，共享亲情之乐。过了十多天，孟嘉被改任为劝学从事。是时，庾亮对修建学校非常重视，遍选德高望重的人才来担任这个儒官的职务，凭孟嘉的学识和人品以及声望，他足以胜任这一重视道德修养的职务。

　　当时，庾亮出镇江州（今江西九江）。庾亮的朋友太傅褚裒过访江州时，庾亮设宴招待他，并且遍请当地名士出席作陪。褚裒对孟嘉的名望久有耳闻，只是一直只闻其名不见其人。

　　太傅河南褚裒，简穆有器识，时为豫章太守，出朝宗亮，正旦大会州府人士，率多时彦，君坐次甚远。裒问亮："江州有孟嘉，其人何在？"亮云："在坐，卿但自觅。"裒历观，遂指君谓亮曰："将无是耶？"亮欣然而笑，喜裒之得君，奇君为裒之所得。乃益器焉。举秀才，又为安西将军庾翼府功曹，再为江州别驾①、巴丘令、征西大将军谯国桓温参军。

　　　　　　　　　陶渊明《晋故征西大将军长史孟府君传》节选

　　太傅褚裒是河南人，干练而温和，是个很有度量且有才识的人。当时褚裒任豫章太守，一次，他从豫章到江州过访，适逢正

------

　　①别驾：官名，亦称别驾从事。

月初一，褚裒与州府人士欢聚一堂，在座都是贤俊名流之辈。孟嘉坐在一个很不起眼的角落，褚裒问庾亮："听说江州有位孟嘉，今日可在座？"庾亮笑说："他就在此，您自己找找看。"褚裒看过全场，"眄睐良久"，终于从气质超凡脱俗的"小异"中辨认出孟嘉。他指着远处的孟嘉说："若非老朽眼目昏花，这位与众不同的后生就是孟嘉了。"庾亮不由得又惊又喜，一来高兴老友能在众多宾客中认出孟嘉；二来孟嘉能被不曾谋面的褚裒认出，说明他气度不凡，于是更加器重孟嘉。孟嘉被推举为秀才，又做过安西将军庾翼府的功曹，还做过江州别驾、巴丘县令以及征西大将军桓温的参军。

　　孟嘉曾是征西大将军桓温的幕僚，在桓温手下做长史，即秘书之类的职务。桓温，字元子，谯国龙亢（今安徽怀远龙亢镇）人，是东汉名儒桓荣之后，宣城内史桓彝的长子。据考证，桓温的高祖，也有可能是高伯祖或高叔祖乃三国时期曹魏的大司农桓范，在嘉平之狱中被司马懿诛杀。此后，谯国龙亢桓氏沦为刑家，在西晋并非高门望族。桓彝南渡后，广结名士，节节攀高，逐渐跻身"江左八达"之列。在平定王敦之乱中，桓彝是明帝的谋臣之一，由此家族地位开始上升。桓温是桓彝的长子，因在未满周岁时很得名士温峤的赏识，故以"温"为名。

　　咸和三年（328年），苏峻叛乱，桓彝在战乱中被苏峻部将韩晃杀害。当时桓温年仅十六岁，枕戈泣血，誓报父仇。杀害桓彝之事有泾县县令江播参与谋划，咸和六年（331年），江播去世。其子江彪兄弟三人为父守丧，为了提防桓温前来寻仇，他们预先在丧庐内暗藏兵器，以防不测。桓温假扮吊唁之客，混入丧庐，出其不意手刃江彪，其后又追杀其二弟，终报杀父之仇。此举为时人大加赞许。

孟嘉的才学、修养和德行在当时可谓名声在外。永和元年（345 年），征西大将军桓温任江州刺史，他很看重孟嘉谦逊正直的德行，任命他为参军。那年重阳节，桓温带领司下文武官员游龙山，不经意间演绎了一出"龙山落帽"的插曲。

九月九日，温游龙山，参佐毕集，四弟二甥咸在座。时佐吏并着戎服。有风吹君帽堕落，温目左右及宾客勿言，以观其举止。君初不自觉，良久如厕。温命取以还之。廷尉太原孙盛，为谘议参军，时在坐，温命纸笔令嘲之。文成示温，温以着坐处。君归，见嘲笑而请笔作答，了不容思，文辞超卓，四座叹之。

陶渊明《晋故征西大将军长史孟府君传》节选

九月九日，桓温游龙山，所部参佐官吏悉数到齐，个个身着戎装，他的四个弟弟、两个外甥也都在座。一阵风吹过，孟嘉的帽子被吹落在地，桓温用眼睛示意在座宾客不要吱声，他要看孟嘉如何应对。孟嘉没有察觉到帽子被吹落，过了一阵子起身上厕所去了，桓温吩咐人把帽子捡起来还给孟嘉。当时在座的还有谘议参军、廷尉太原人孙盛，桓温叫人拿来纸和笔，指使他们写文嘲笑孟嘉。文章写好后，桓温过目一遍，然后让人把文章放在孟嘉的座位。孟嘉从厕所返回座位，见到那篇嘲笑自己的文章，于是请求纸笔作答。只见他接过纸笔，毫不迟疑地一挥而就，文辞精妙，四座皆惊。

这则广为人知的"龙山落帽"轶事，像一则跌宕起伏的故事，生动传神地描写了孟嘉淡定自若的名士风采。"温目左右及宾客勿言，以观其举止"，寥寥数语让人看到桓温有意给孟嘉设下一个套子，然后又命人拿来纸笔，写文章嘲笑他，卯足了劲要给孟嘉开恶意的玩笑，不料事情的结局来了个逆转，孟嘉作答"文辞超卓，四座叹之"。这直接让桓温想要嘲弄孟嘉的企图落了空。宋代陈师道在《后山诗话》中评其为"孟嘉落帽，前世以为胜绝"。权力欲望很强的桓温曾对孟嘉说："人不可无势，我乃能驾御卿。"意思是你没有权势，如此我才能驾驭你。但孟嘉却半路"炒了他的鱿鱼"，虽然在桓温属下做过参军，却未终身为其所用，没有做桓温篡逆的帮凶。

奉使京师，除尚书删定郎①，不拜。孝宗穆皇帝闻其名，赐见东堂。君辞以脚疾，不任拜起。诏使人扶入。

陶渊明《晋故征西大将军长史孟府君传》节选

孟嘉奉命来到京城，朝廷命他为尚书删定郎，他没有接受这一职位。他的名声传到晋穆帝那里，晋穆帝要在东堂亲自召见他。可是这个殊荣对孟嘉并没有吸引力，孟嘉借口有脚疾推辞不去，但晋穆帝坚持要见，下诏让人把他扶入东堂相见。

君尝为刺史谢永别驾。永，会稽人，丧亡，君求赴义，路由永兴。高阳许询，有隽才，辞荣不仕，每纵心独往。客居县界，尝乘船近行，适逢君过，叹曰："都邑美士，吾尽识之，独不识此人。唯闻中州有孟嘉者，将非是乎？然亦何由来此？"使问君之从者。君谓其使曰："本心相过，今先赴义，寻还就君。"及归，遂

---

①删定郎：晋代修改审定律令的官员。

止信宿，雅相知得，有若旧交。

陶渊明《晋故征西大将军长史孟府君传》节选

孟嘉曾经做过刺史谢永的别驾。谢永是会稽人，不幸去世，孟嘉请求前去吊丧，以尽往日属下之情，途经永兴县。高阳人许询是当地才俊，无意于荣禄富贵，不愿出仕做官，喜欢独来独往、随心所欲。此时，许询正客居永兴县界。一次，他乘船到附近去，正好遇见孟嘉乘船路过，许询不禁赞叹："城中出类拔萃的人没有我不认识的，唯独不识此人。中州孟嘉，吾只闻其名，未见其人。难道眼前这位就是孟嘉吗？可是他到此地是因何缘故呢？"于是许询请人去向孟嘉的随从打听根由。孟嘉对来人说："我本打算前去拜访，现在先让我去吊丧尽义，回头再去许先生那儿。"孟嘉返回途中，到许询处住了两宿。二人无话不谈，非常投机，就像多年的老友那样亲密。

还至，转从事中郎，俄迁长史。在朝隤然，仗正顺而已，门无杂宾。常会神情独得，便超然命驾，径之龙山，顾景酣宴，造夕乃归。

陶渊明《晋故征西大将军长史孟府君传》节选

孟嘉回到桓温府后，官职转为从事中郎，很快又晋升为长史。孟嘉在州府为人谦和，完全凭着自己正直的秉性和与人为善的操守待人接物。家中没有闲杂之人往来，内心有所触动时，便驾车直奔龙山，独自顾影痛饮，直到夕阳落山才归。

始自总发，至于知命，行不苟合，言无夸矜，未尝有喜愠之容。好酣饮，逾多不乱。至于任怀得意，融然远寄，旁若无人。

陶渊明《晋故征西大将军长史孟府君传》节选

从儿童时代直至知天命的五十岁，孟嘉行事从不苟且，言辞实在，没有自我吹嘘之词，喜怒不形于色。孟嘉对酒情有独钟，喜欢酣畅饮酒，但他很有节制，即使喝得过量也从不胡言乱语或放纵行为。至于喝到酒酣耳热、得意生趣之时，便心寄世外，恬适安然，旁若无人。

桓温和孟嘉曾有过一段对话，这就是孟嘉有名的"丝竹肉论"，亦可称为"渐近自然论"。

温尝问君："酒有何好，而君嗜之？"君笑而答曰："明公但不得酒中趣尔。"又问听妓，丝不如竹，竹不如肉，答曰："渐近自然。"

陶渊明《晋故征西大将军长史孟府君传》节选

桓温问孟嘉："酒有什么好处，使你对它如此嗜好？"孟嘉笑而答曰："明公您只是还没有品味到酒中的意趣罢了。"桓温又问关于歌妓弹唱之事，说为什么弦乐听起来不如管乐，管乐又不如歌喉声乐呢？孟嘉回答说："那是因为逐渐接近自然的缘故。"

所谓"丝不如竹，竹不如肉"指的是弦奏不如管奏，管奏不如人歌。而"渐近自然"说的是最自然的音乐就是人的歌唱。"弦奏用手，远于自然；管奏用口，较近自然；用喉歌唱，最接近自然"，孟嘉认为人的歌喉远胜于管弦，这是因为渐近自然。这一见解若非出于对自然和自由的渴慕，不可能从心底发出如此传神的理解，这就是孟嘉清新脱俗的"渐近自然论"。

光禄大夫南阳刘耽，昔与君同在温府，渊明从父太常夔尝问耽："若君在，当已作公不？"答云："此本是三司人。"为时所重如此。

陶渊明《晋故征西大将军长史孟府君传》节选

光禄大夫、南阳人刘耽曾与孟嘉共事，同在桓温府中供职，陶渊明的叔父、太常卿陶夔曾问刘耽："如果孟嘉还在世，能不能做到'三公'的职位？"刘耽回答说："他本来就应该是位列'三公'之人物。"孟嘉当时就是这样受人推崇。

赞曰：孔子称："进德修业，以及时也。"君清蹈衡门，则令闻孔昭；振缨公朝，则德音允集。

陶渊明《晋故征西大将军长史孟府君传》节选

孔子说："提高道德修养，建立功业，是为了应时需要。"孟嘉以高洁的情操隐居柴门之时，则美名远扬；登仕做官之时，则有口皆碑。

孟嘉的家乡在湖北阳新县，那儿有一座名山叫"孟嘉山"。山上草木繁茂，百花争奇斗艳，为阳新县中草药品种之冠。山上终年药香四溢，每年都有很多药农或民间郎中到山中采挖中草药。据传，孟嘉回阳新任县令时，每年九月初九，必然要与当地名士相约爬山，并在山上设宴唱诗作和，赏美景，饮美酒，与民同乐，直到日暮而归。有一年重阳节，孟嘉与当地名人雅士登高欣赏满山红叶，到了山顶才发现，原来早已有众多百姓聚集于此，摆好了长条桌。桌上的美味佳肴，都是老百姓各自从家里带上来的，他们特地拿来奉献给阳新的贤县令孟嘉。看见孟嘉一行人爬上山顶，百姓一拥而上，端起食物敬献于他。山上欢声笑语，处处是一片祥和，孟嘉不禁感动得热泪盈眶，这座山从此改名为"孟嘉山"。

孟嘉本性淡泊，出仕为官似乎并不是他追求的事业，他喜欢亲近大自然，更愿意潇洒自由地生活。他的外孙陶渊明一脉相承地接受了他的名士本色和恬淡闲散性格。陶渊明先事桓温之子桓玄，后事刘裕。这二人都有狼子野心，大有篡逆反叛之心。陶渊明及时醒悟，归隐田园，真正乃家族烙印也。

猛志逸四海　骞翮思远翥

陶渊明出生和生活的年代正是祸乱横行的东晋末年，历史学家蔡东藩评价这一时期："有史以来未有如两晋祸乱之烈也"。社会矛盾使东晋政权日薄西山，统治阶级内部利益斗争引发的各种矛盾日益激化。先是刘聪推翻西晋，后是羯氏、羌、鲜卑等族相继出兵，大动干戈，割据一方，史称"五胡十六国"。在南北对峙中，北方各族悍将对南方的晋不断骚扰掠夺。而东晋统治者无力抵抗。在无数次的边境战事中，祖逖、庾亮、殷浩、桓温都曾先后北伐，但无一成功，只有一次"淝水之战"以东晋取胜载入史册。此后，为了晋朝的强大，刘裕趁南燕军队侵扰淮北，挂帅北伐，先后收复山东、河南、关中等地，光复洛阳、长安两都，但一年之后，长安又沦为失地。

陶渊明的出生地在当时江州的浔阳郡柴桑县，也就是今天的江西省九江市西南，是东晋王朝偏安一隅的地方。此地在三国时期因为赤壁大战而名声在外，风流倜傥的青年才俊、东吴都督周瑜和蜀相诸葛亮联手抗击曹军，最终使曹操号称八十三万的大军在赤壁一战中灰飞烟灭。这个地方最得天独厚之处在于它正好处于庐山脚下，是风景最宜人的地方。北临长江的庐山，东南面与鄱阳湖毗邻，山上的五老峰上云为衣裳、百鸟鸣啼，千啭百回，婉转迷人。山上鲜花四季不败，争奇斗艳，更有那香炉峰飞流直下的瀑布，令唐代诗人李白不胜惊叹："飞流直下三千尺，疑是银河落九天。"

幼年的陶渊明时常到庐山旁的一个叫栗里的地方玩耍，这个地方是他儿时的天堂。栗山的山川景色在他的记忆中留下了抹不去的美好印象，他的一些描写故乡的诗句对唐代诗人白居易影响很大。唐元和十年（815年），因上表请求缉拿行刺宰相武元衡的凶手，白居易得罪了朝中权贵，受到排挤，被贬为江州司马。在前后四年的时间里，江州司马白居易经常邀约一些文人学士以及高僧长老遍游庐山全境。他抚泉弄石，写下了大量脍炙人口的诗篇，并有心在此修筑草堂终老。出于对陶渊明的崇拜，白居易专程到陶渊明的故里栗山瞻仰遗迹，遍访陶姓族人。

元和十一年（816年），在江州司马任上的白居易写了一首怀古之作。在这篇五言古诗中，白居易自叹不如陶渊明和韦应物的创作才能，承认自己才情有限，写不出高妙清闲的诗句。实地到了柴桑的白居易，才明白为什么陶渊明文思高妙。他把这一切归结为庐山美景对人的造化滋润。一方水土养一方人，只有如此幽雅美丽的环境才能成就一个人的纯真无邪，白居易认为陶渊明那浑然天成的秉性是庐山美景熏陶的结果。

> 常爱陶彭泽，文思何高玄。
> 又怪韦江州，诗情亦清闲。
> 今朝登此楼，有以知其然。

大江寒见底，匡山青倚天。

深夜溢浦月，平旦炉峰烟。

清辉与灵气，日夕供文篇。

我无二人才，孰为来其间。

因高偶成句，俯仰愧江山。

白居易《题浔阳楼》

这首诗的大意是说，我十分仰慕陶渊明的作品，弄不明白为何他有如此高妙的文思才情。我对韦应物也心存疑惑，他的诗何来如此清雅淡远？今天登上浔阳楼，方才知道他们如此出色的缘由，心中疑惑顿时消释。江水青冷，茫茫一片，清澈见底；庐山树木繁茂，山峰高耸入云，如利剑直插天空。深夜的溢江上，一轮明月倒映河中，清晨的雾气在香炉峰缭绕。置身此景中，不免使人长叹，是明月清风与江山的灵气哺育了他们，给了他们天才的灵感。我没有他二人的诗才，又为什么来这儿呢？登高楼偶然写下这诗句，实在有愧于江山美景。

"陶彭泽"即陶渊明，因陶渊明曾做过彭泽县令，故称"陶彭泽"。"韦江州"即韦应物，中唐著名诗人，曾任江州刺史。"匡山"即庐山的别称，相传周武王时有位名叫匡裕的人为了逃避屡次征聘，躲到庐山上结庐居住，最后成了仙。他成仙后，他居住的空庐犹存，他的弟子们便将这座山称为"庐山"。

陶渊明童年的幸福生活到了他八岁的时候结束了。陶渊明的父亲陶逸曾任安城太守，为人恬淡无为，是个不慕功名的人，他对金钱得失看得很轻。他的去世使原本并不富裕的陶家一下子失去了顶梁柱，断了经济来源。陶氏家族虽不能与南下的名门望族相提并论，但也是浔阳大族，只是延续到陶渊明这一支时，并没有继承爵位。

好在他们在老家还有几处房子、几十亩田地，虽算不上大富大贵，日子总还可以过。

陶渊明没有兄弟，只有一个庶母生的妹妹，比他小四岁。陶渊明的生母和庶母两个女人带着两个孩子，靠着这点遗产过日子。陶渊明是家中的独子，所以陶渊明的母亲对他寄予了很高的期望。因为陶渊明祖上几代都做过官，所以他的母亲望子成龙，希望陶渊明也能入仕。而少年陶渊明胸怀大志，为了不辱祖先，他开始了亦耕亦读的生活，非常勤奋。这段耕读生活是陶渊明一生最宝贵的生活经验，这段经历使他保持了天性的纯朴和勤劳，使他日后进可为官宦，退可归田园。

东晋时代是玄学家的天下，读书风气在知识界似乎没有市场。玄学家们对实干鄙夷不屑，整日放浪形骸，大谈《老子》《庄子》《周易》以及部分佛经，浮华不实。很多名士甚至连老庄思想都没读明白就开始口若悬河地大谈玄理。当时的名士领袖王恭有言曰："名士不必须奇才，但使常得无事，痛饮酒，熟读《离骚》，便可称名士。"东晋的文风不振与玄学之风的盛行大有关系，在这种读书风气顿歇的大环境下，陶渊明却对读书非常着迷，"好读书，不求甚解；每有意会，便欣然忘食"。陶渊明这一时期的生活主题以读书为主，少年陶渊明与外界的接触很少，一心只爱好读"六经"，书籍是他生命的佳肴。

从陶渊明晚年时写的一些追忆少年生活的诗中，可以看到耕读是他终身追求的境界，更能展现他热爱自然，朴实率真的本性。陶渊明爱读书，终身不倦，无所不览，《诗》《书》《礼》《乐》《易》《春秋》，可谓博览群书。他将所悟之理、所得之趣，全部融进了他的创作中。

陶渊明的少年学习生涯中还有一个内容就是学琴。说到陶渊明学琴，有个细节一直被研究者争论——陶渊明到底懂不懂音律？

"潜不解音声，而蓄素琴一张，无弦，每有酒适，辄抚弄以寄其意。"这是《宋书》中的一段话，意思是陶渊明不懂音律，但却保存了一张无弦琴，每当喝酒喝到兴头上，都要抚弄一番抒发心情。昭明太子萧统的《陶渊明传》和唐初李延寿的《南史》本传都对陶渊明不懂音律持肯定的论调。但陶渊明本人的说法却不是这样，他在《与子俨等疏》中言之凿凿地说"少学琴书"，在《始作镇军参军经曲阿》诗中，也有互相印证的句子："弱龄寄事外，委怀在琴书。"他在《自祭文》中说："欣以素牍，和以七弦。"在《归去来兮辞》中描述自己归田以后的日常生活："悦亲戚之情话，乐琴书以消忧。"诸如此类的说辞都表明，陶渊明是懂音律的，只是他的琴艺不在弹琴的技艺方面，而在弹琴的意会方面，他对艺术境界的追求重在寄托，重在抒畅情怀，而非琴技有多高超。

作为陶侃的第四代孙，陶渊明的血液中流淌着与祖先一脉相承的志向。他与他的曾祖父陶侃一样，胸怀大志，有建立功名的热切愿望。在他少年时代亦耕亦读的生活中，他除了喜读书以外，还有古代文人的共同心理——学而优则仕。读书就是为了做官，这是古代社会读书人的共识，没有哪个文人可以跳出这一思想，陶渊明也不例外。如果要问他读书为了什么，他的回答也很干脆而明确："猛志逸四海，骞翮思远翥。"这话是什么意思呢？猛志所向，超越四海。"志"是指政治上的志向。文化的滋养使他升华猛志，突出他奋发凌厉、势不可挡之志。

亦耕亦读的生活使他热爱农事，这或许是他中年归隐田园的一个重要生活基础。少年陶渊明上有母亲，下有妹妹，他必须事事操心，一有闲暇，他便到田间地头劳动。生于农村、长于官宦之家的陶渊明对农事谈不上熟稔，但对民生艰难有深刻的了解。"进德修业，将以及时。如彼稷契，孰不愿之。"努力读书，增进道德学业，期盼早日有为于世。就像舜时的后稷与契，这也是天下有志之人的希望。后稷是尧舜时的农官，契则为尧所举用，到了舜时，契被续用为司徒，掌人伦教化之职。两人都是于世于人大有益处的贤者。可见，陶渊明在少年时已树立了极高远的志向。"发忠孝于君亲，生信义于乡闾"，即忠于君主、孝敬双亲，在乡里建树信义。这说明陶渊明的远大志向并非只是为了光宗耀祖，他还有匡世济民的胸怀，希望自己能像后稷和契那样服务桑梓。

陶渊明十二岁时，家中再次发生变故，他的庶母去世了。陶渊明的庶母是他同父异母妹妹的亲生母亲，虽说她不是陶渊明的生母，但对陶渊明视如己出。他们一直共同生活，其情融融，突然一夜之间阴阳两隔，陶渊明悲痛不已。父亲和庶母的去世使陶渊明痛切地感受到生命的短暂无常。人真的就像大自然的匆匆过客，世间万物，四季交替，春华秋实，年复一年，而人却只有短暂的一生，"譬如朝露，去日苦多"。生老病死，不可抗拒。

西晋末年政治腐败，民不聊生，引发了社会大动乱。西晋王朝在建立之初，内部便矛盾重重。由于晋惠帝司马衷的皇后贾南风干政引发了绵延十六年的"八王之乱"，战乱加上大旱，庄稼颗粒无收，天灾过后又是各种疫病流行。西晋统治者不但没有适时进行税收改制，反而加重赋税。农民不堪忍受，纷纷背井离乡，转移生活场所，成为流民。流民队伍不断扩大，最后引发了一系列反抗西晋的流民起义。虽然这些起义最终都被西晋军队镇压下去了，但流民起义也加快了西晋的灭亡。建兴五年（317 年），镇守建康（今江苏南京）的司马睿在江南建立东晋。作为偏安政权的东晋曾多次北伐，"淝水之战"后，彻底撼动了西晋王朝的根基。

晋孝武帝太元八年（383 年），前秦苻坚发兵长安，亲率步兵六十万、骑兵二十七万，大举南侵。苻坚踌躇满志，认为可以一举攻占南方，派尚书朱序前去劝降东晋将领谢石。朱序虽为前秦尚书，却实际偏向晋军。他私下提醒谢石先发制人、挫其锐气，说："秦军虽兵力百万，但还在路上行军，如果百万兵力全部到达，晋军根本不可能与之对抗。不如趁现在还没全部到齐，击溃秦军的先头部队，便可势如破竹，攻破秦百万大军。"谢石经过一番慎重思虑，采纳了朱序之言，主动出击，派广陵相刘牢之率领五千精兵开赴洛涧，取得洛涧大捷，揭开"淝水之战"序幕。在有"中原屏障、江南咽喉"之称的兵家必争之地寿阳城下，双方摆开了战阵，"淝水之战"以晋军全面胜利而告终。这一仗打得很漂亮，东晋以八万军力击败了可以投鞭断流的前秦八十七万大军，前秦兵败如山倒。

"淝水之战"在历史上被称为以少胜多的经典战例。拥有绝对优势的前秦从此一蹶不振，直至衰败灭亡。实际上，这个经典战例并非战术上的胜利，而是一个人的阵前倒戈起了决定性作用，这个人就是朱序。

朱序，字次伦，义阳郡平氏县（今河南南阳桐柏县）人，西蛮校尉、益州刺史朱焘之子。出身将门的朱序在太元二年（377年）担任南中郎将、梁州刺史等职，镇守襄阳。太元三年（378年），前秦攻打襄阳，朱序率军固守襄阳。太元四年（379年），襄阳失守，朱序被俘。前秦天王苻坚对待降将一概"用人不疑"，没有防一手，故而为前秦的覆灭埋下了隐患。

朱序被俘后很想逃回东晋，曾秘密潜到宜阳，藏身在夏揆家中。此时苻坚对夏揆起了疑心，拘捕了夏揆。朱序担心朋友受连累，主动向苻坚之子苻晖自首。苻坚很欣赏朱序的气节，非但没有追究朱序的逃离之罪，反而授以高官，以朱序为度支尚书。但在前秦阵营中的朱序"人在曹营心在汉"。朱家受东晋朝廷恩泽不浅，常怀对东晋的感恩之情，这就不难理解为什么一个前秦阵营的度支尚书居然会在"淝水之战"中暗助晋军了。

"淝水之战"稳定了东晋王朝的统治，在前秦对东晋一系列的侵略战争中，这是东晋唯一一次打赢了的战争，晋军乘胜北伐，收回黄河以南故土。虽然此时的东晋王朝还无力恢复对全国的统治权，但却有效地遏制了北方政权南下侵扰，为恢复和发展江南地区的社会经济创造了条件。

这一年，陶渊明十八岁，正是热血青年。"淝水之战"的胜利使年轻的陶渊明深受鼓舞，在他后来写下的诗篇中，可以鲜明地感受到他豪情满怀的壮志。他渴望像一个独行侠那样佩带宝剑大步流星地迈向北方，这个有着健壮身体和阳刚气质的年轻人要到哪里去呢？"张掖至幽州"。张掖和幽州都是北方版图中的地名，与陶渊明在南方的家乡相距甚远。张掖和幽州曾经是晋国的地盘。陶渊明表明了一种志向，他要以他年轻健壮的身体、勇敢的气魄，去收复失地，统一祖国！

"淝水之战"以后，对东晋的外部威胁暂时消除，孝武帝满足于一时的偏安局面。朝内摄政的会稽王司马道子专权，政刑谬乱，朝中党派林立，互相倾轧，朝政腐败，民不聊生。在南北士族支持下建立的东晋王朝，由于地方割据而鞭长莫及，政府的实际控制地只限于三吴地区。这是被东晋王朝放纵的南北士族聚集地，田园别院集中。由于政府的大部分赋役都加于此地，浙东地区赋役苛重。新安太守五斗米道教主孙泰利用传教聚众反抗东晋朝廷，被司马道子诱杀。其侄孙恩逃往海岛翁州（今浙江舟山群岛），聚众百人，等待复仇时机。

隆安三年（399 年），朝廷下发"免奴为客"者①当兵，他们不愿意当兵，而且征发这部分壮丁对其主人也是一个损失，从而引起世家大族对政府的不满，一时"东土嚣然，人不堪命"。孙恩乘浙东社会骚乱之机，领导浙东人民反抗东晋王朝，农民起义军从东晋隆安三年（399 年）十月至元兴元年（402 年）三月，转战东南半壁。起义失败后，孙恩投水自尽，余部推举孙恩的妹夫卢循为首领，继续坚持抗晋斗争，最终被晋军镇压。

　　动荡不安的社会环境严重阻碍了江南的经济发展。"屋漏偏逢连夜雨"，就在"淝水之战"前后几年间，也就是在陶渊明二十岁左右时，江南一带连年灾荒，史载从 374 年到 383 年的十年间，江南一带有过五次大面积的灾荒。一次发大水，灾后一片狼藉，陶渊明家也因水灾而变得家徒四壁，全家一下子陷入穷困。除了水灾，那几年还遇上了虫灾和旱灾，常常揭不开锅，"弱年逢家乏"。为了一家人的生计，年轻的陶渊明开始了他的游宦生涯，以谋生路，但具体出任的详情，已无从考证。

---

　　①"免奴为客"者：本身或父祖是奴隶，但已放免为佃客的壮丁。

第二章

黄唐莫逮 慨独在余

倾国倾城的美貌，卓而不群的美德，炽热无比的爱之吟唱《闲情赋》只是他的一场白日梦。现实婚姻残酷而温馨，上有高堂老母，下有五个嗷嗷待哺的小儿，生活这副担子对于一个贫穷儒生来说，实在是现实得很。油盐米酱醋茶的现状迫使他必须出仕为官，挣钱养家糊口。

惊世一曲《闲情赋》

　　青春期的陶渊明虽然有些另类，喜欢独往独来，不大与同龄人交往，但这并不影响他青春荷尔蒙的散发。他和其他同龄人一样，到了时候也会对异性产生兴趣。陶渊明在他宁静的亦耕亦读岁月中，对异性充满了渴望，他幻想着娶一个貌美如花、知书达理而且贤淑的女子为妻。

　　夫何瑰逸之令姿，独旷世以秀群。表倾城之艳色，期有德于传闻。佩鸣玉以比洁，齐幽兰以争芬；淡柔情于俗内，负雅志于高云。悲晨曦之易夕，感人生之长勤。同一尽于百年，何欢寡而愁殷！褰朱帏而正坐，泛清瑟以自欣。送纤指之余好，攘皓袖之缤纷。瞬美目以流眄，含言笑而不分。

　　曲调将半，景落西轩。悲商叩林，白云依山。仰睇天路，俯促鸣弦。神仪妩媚，举止详妍。激清音以感余，愿接膝以交言。欲自往以结誓，惧冒礼之为愆。待凤鸟以致辞，恐他人之我先。意惶惑而靡宁，魂须臾而九迁。

　　愿在衣而为领，承华首之余芳；悲罗襟之宵离，怨秋夜之未央。愿在裳而为带，束窈窕之纤身；嗟温凉之异气，或脱故而服新。愿在发而为泽，刷玄鬓于颓肩；悲佳人之屡沐，从白水以枯煎。愿在眉而为黛，随瞻视以闲扬；悲脂粉之尚鲜，或取毁于华妆。愿在莞而为席，安弱体于三秋；悲文茵之代御，方经年而见求。愿在丝而为履，附素足以周旋；悲行止之有节，空委弃于床前。愿在昼而为影，常依形而西东；悲高树之多荫，慨有时而不同。愿在夜而为烛，照玉容于两楹；悲扶桑之舒光，奄灭景而藏明。愿在竹而为扇，含凄飙于柔握；悲白露之晨零，顾襟袖以缅邈。愿在木而为桐，作膝上之鸣琴；悲乐极以哀来，终推我而辍音。

　　考所愿而必违，徒契契以苦心。拥劳情而罔诉，步容与于南林。栖木兰之遗露，翳青松之余阴。傥行行之有觌，交欣惧于中襟。竟寂寞而无见，独悁想以空寻。

　　敛轻裾以复路，瞻夕阳而流叹。步徙倚以忘趣，色惨凄而矜颜。叶燮燮以去条，气凄凄而就寒。日负影以偕没，月媚景于云端。鸟凄声以孤归，兽索偶而不还。悼当年之晚暮，恨兹岁之欲殚。思宵梦以从之，神飘摇而不安。若凭舟之失棹，譬缘崖而无攀。

　　于时毕昴盈轩，北风凄凄。**恫恫**不寐，众念徘徊。起摄带以伺晨，繁霜粲于素阶。鸡敛翅而未鸣，笛流远以清哀。始妙密以闲和，终寥亮而藏摧。意夫人之在兹，托行云以送怀。行云逝而无语，时奄冉而就过。徒勤思以自悲，终阻山而滞河。迎清风以祛累，寄弱志于归波。尤《蔓草》之为会，诵《邵南》之余歌。坦万虑以存诚，憩遥情于八遐。

陶渊明《闲情赋》

她风姿绰约，与众不同，是那么瑰丽飘逸，秀丽绝伦。她的美貌倾国倾城，她的美德远近闻名，令人心生向往。她的纯洁只有叮当作响的玉佩与之匹配，高洁的幽兰与她一起散发出沁人的芬芳。我的柔情因为她的缘故而淡化在俗世里，将高雅的情志寄于浮云。一声悲叹，时光易老，晨曦转瞬就成迟暮，人生之艰辛，叫人如何不悲伤感慨；将一同在那百年后逝去，为何人生中欢愉难求而愁绪不断！那时，她在撩起的大红帏帐中端坐，纤纤玉指轻拨古琴，琴上的佳音使人欢欣。她雪白的手腕上下舞动令我心醉神迷，秋波如一池春水，顾盼生姿，时而微笑轻语，而奏乐心神却不分散。

　　乐曲快弹至一半时，红日缓缓移向西厢，即将沉没。带着悲声的商宫乐声在林中缭绕不绝，余音袅袅，山际云气氤氲不散。她时而仰面凝望天空，时而又低头拨弄琴弦发出急促的乐声，她神情妩媚，举止柔美，神态安详。她弹出的清越乐声使我怦然心动，渴望与她促膝而坐、倾心交谈。我巴望着亲自上前与她结下海誓山盟，却又顾虑如此唐突失礼会惊扰她，有心托青鸟为我传递信辞，又怕别人捷足先登抢在前面。心中如此惶惑，一瞬间神魂已千回百转。

　　我情愿化作她上衣的领襟啊，好承受她姣美容貌散发的馨香；遗憾晚上她便要脱去那罗缎襟衫，长夜漫漫，天边迟迟没有发白！我情愿化作她下衣上的衣带啊，好把她那纤纤细腰紧紧束住；叹息呀，天气冷热无常，季节的变化使她要脱去旧衣带换上新的！我情愿化作她秀发上的油泽啊，滋润她那乌黑的发鬓，像瀑布一样从那削肩上披散下来；可怜她每每沐浴，我在那沸水中受尽煎熬！我情愿化作她秀眉上的黛妆啊，随她远凝近睐逸采飞扬；可悲啊，脂粉初描的新眉固然出采，可浓妆后便看不出它的出色处。我情愿化作她卧榻上的蒲席啊，使她柔弱的身躯舒适地安卧；可恨天一转凉，绣锦就要替换蒲席，要等漫长的一年之后才能再被取用！我情愿化作丝线缠在她的秀足上作她的素履啊，随她的纤纤秀足四处游走；可叹进退行止都有节度，睡卧之时只能脱下弃之床前！我情愿化作她白天的影子啊，与她如影随行遍行各处；可怜一到大树底下便被树荫笼罩消失不见了，一时情景又自不同！我情愿在黑夜里化作为她照明的烛光啊，将她的玉容映照在堂前梁卜，熠熠生辉；可叹白昼大放天光，顿时便要灭烛熄光！我情愿化作竹枝做成她手的中扇子啊，在她的盈柔之握中扇出凉风习习；可是白露一过夜晚幽凉，扇子便被束之高阁，只能遥望佳人襟袖唉声叹息！我情愿化身为桐木啊，变为她膝上的抚琴；可叹一旦欢乐曲尽，哀愁便乘隙而生，终将把我推到一边，乐音戛然而止。

细细推详，我的诸多愿望无一能如愿，徒然一厢情愿、用心良苦。为情所困的心绪无处可倾诉，轻移脚步，缓缓踱入南面的树林。木兰尚带花露，在花栅前略作憩息，郁郁青松的浓荫下，感受凉荫一片。倘若在这幽密之处与心仪的人四目相对，惊喜与惶恐将如何在心中翻江倒海？此时林中一片空寞寂寥，一无所见，我只能独自郁闷，心有念想而空追寻。

回到原路上，整理好衣裙，不觉间一抬头，只见夕阳已落下西山，不由得一声叹息。一路走走停停，感叹林中景色阴郁森然。擦身而过的树叶纷纷坠落，簌簌委地，林中一片凄凉。落日拖曳着它最后的光影投进地平线的怀抱。明月东升，已在云端露出另一番美景。宿鸟哀鸣着独自归来，求偶的兽还在途中徘徊不还。迟暮之年凭吊当年，深深慨叹大好年华顷刻就会终结。回想夜来梦中的艳遇，只想再入梦中缠绵，又思绪万千心神不定，如同泛舟之人失落了船桨，又恰似登山者四脚悬空无处攀缘。

此刻，毕昴二星大放光芒，星光照耀在轩内，满室透亮；室外北风大作，声音凄厉。神智越加清醒再也不能进入梦乡，所有的念想都在脑海里盘旋。于是披衣起床，穿衣束带坐等天明，屋前石阶上冷霜重重，晶莹泛光。司晨的公鸡还敛着双翅呼呼大睡不曾打鸣，远处飘来清亮忧郁的笛声，随风四处飘荡。起始节奏细密而悠闲平和，一曲终了时却寂寥凄怆，又有颓败的余音不绝。在如此光景中思念佳人，只能托天上的行云为我寄托心怀。行云的脚步像流水一样匆匆而过，不留一语，光阴也是如此荏苒如梭。徒然殷殷思念，独自体味悲凉，终是山阻脚步河滞行。迎风而立，渴求清风荡涤我内心的忧虑疲乏，将那多情的思念付之退潮的汹涌流水。一声谴责，《郑风·野有蔓草》中那缠绵的幽会，一声吟诵，《诗经·召南》那与正道相合的长歌余风。还是坦然释怀吧，把那万千杂虑一并抛却，只留下本真的赤心，让真情在遥阔的八荒空退休憩流连。

这篇《闲情赋》反映了陶渊明内心情感的丰富。清代诗人陈沆在他的《诗比兴笺》中说："晋无文，唯渊明《闲情》一赋而已。"关于这篇瑰丽的辞赋，史家一直争论不休。一说是陶渊明年轻时的作品，据袁行霈考证，《闲情赋》是陶渊明十九岁时写的，而郭维森、包景诚在《陶渊明年谱》中则认为这是陶渊明在晋太元十六年（391年）二十六岁时写的。还有一说认为是陶渊明辞州主簿不受，在家赋闲的第二年写的，即晋太元十九年（394年），陶渊明二十九岁时的作品，这时陶渊明的原配妻子去世，续娶翟氏。因为此时诗人经历了丧妻、续弦，他那像火一般热情的"十愿"被深深压抑，以一种悲观的情绪写了这篇赋。但不管哪种说法，都必须承认，这篇赋中反映出的陶渊明对女性的审美观从形、体、音方面都有很高的体现。

《闲情赋》全篇可分为六节，第一节描写美人之仪容与品行极尽夸饰之能事，把美人倾国倾城的美貌、蕙质兰心的品德铺陈得淋漓尽致。在对美人形象的塑造上，可以看到陶渊明想表达一种理想境界。第二节的情景描写用了一系列的四字句，一气呵成的字句短促顿挫，使读者仿佛看到一个持重而腼腆的少年人，小心翼翼地看着仪态万方的佳人，欲上前亲近又不敢的憨态。这种犹豫彷徨、顾虑重重的复杂心情正是陶渊明性格的写照。第三节是全赋的高潮，可以看作是陶渊明诗创作风格上的一次颠覆。陶诗一向以朴素淡雅的风格见长，而这首赋却写得极其浓烈，炽热无比。陶渊明使用了一连串拟物手法，构思巧妙，想象丰富，显而易见地表达出对佳人的强烈心愿。在第四节中，他的情绪低落下来，这个凭空设想的佳人让他心中充满了嗟怨，"竟寂寞而无见，独悁想以空寻"，他忧郁烦闷。第五节的调子冷静了许多，从一场炽热的幻想中回到了清醒的现实。他从美人不可求的唏嘘中联想到自己平生志愿的不顺遂上来。这个梦中的佳人开始隐退到幕后，他那不知路在何方的迷惘走到了前台。赋之末节直白地表达了在无计可施中放弃了追求，他的烦躁情绪平静下来，但这平静很短暂，他要摒弃这一切杂念没那么容易。这时鸡已经叫了，披衣来到沾满露水的台阶前，方知这一夜的辗转只是一场没有实际意义的梦。

这篇《闲情赋》词藻华丽，恣意变幻，是陶渊明作品中很独特的一篇。无论思想、内容、风格，都不同于陶渊明的其他作品，因而有"如奇峰突起，秀出天外，词采华茂，超越前哲"的赞誉。

陶渊明一生经历了三次婚姻。总体来说，他的婚姻生活是幸福的，但美中不足的是前两位妻子先后病逝。他的第一任妻子死于难产，第二任妻子因为操劳过度积劳成疾病逝。晋太元十九年（394年），陶渊明又娶了翟氏为第三任妻子。翟氏是一个非常贤良的女子，夫妻二人琴瑟合谐，据《南史·卷七十五·陶潜》记载，"其妻翟氏，志趣亦同，能安苦节，夫耕于前，妻锄于后"。

陶渊明二十五岁的时候迎娶了第一位妻子，婚后二人很是恩爱。

在东晋，二十五岁成婚算是不折不扣的"晚婚"了。陶渊明虽从小在乡村生活，但他并非农人出身，仅凭对农事的喜爱，并不能让他精通农耕之事。虽然家里的田地不算少，但陶渊明却种不出茂盛的好庄稼，秋后收成也不见得好。娶了媳妇，意味着添丁进口，现在陶渊明夫妻与母亲一家三口人吃饭，家中经济拮据得很。一天，叔叔陶夔过来看望他们，陶渊明把叔叔叫到一旁，叔侄二人寒暄了两句后转入正题——陶渊明希望得到叔父的指点和帮助。叔叔沉吟片刻，给他出了一个主意，让他到浔阳去当教书先生。

于是，不久后陶渊明到浔阳县城给城里那些富贵人家的子弟教书。对于博学多才的陶渊明来说，这份工作很轻松，每天与学生们的相处也很融洽。婚后两年，妻子怀孕了，这个喜讯给陶渊明带来了莫大的喜悦。天有不测风云，人有旦夕祸福，妻子在临盆时发生意外，难产而死，大人和孩子双双殒命。陶渊明强忍悲痛安葬了妻子，一度万念俱灰。

晋太元十年（385年），三十岁的陶渊明娶了第二位妻子陈氏。这段婚姻拯救了精神濒临崩溃的陶渊明。陈氏是个皮肤白皙、面容姣好的女子，她知书达理，温柔贤淑。婚后第二年，他们的第一个儿子降生了，取名阿舒，这个孩子的降生使陶渊明走出了原配离世的心理阴影。两年后，他们的第二个儿子也降生了，唤其阿宣。更加令人欣喜的事情接踵而来，阿宣刚刚开始蹒跚学步，妻子又诞下一对双胞胎，唤作阿雍和阿端。陶渊明甚是喜爱这几个儿子，尤其对阿雍和阿端。常常深夜在秉烛夜读之时，他忙里偷闲，轻手轻脚走到床前细细端详那两张长得几乎一模一样的小脸蛋。这是陶渊明最幸福的一段时光。然而乐极生悲，不幸再次降临，在一个灾荒之年的暮秋时节，因操劳过度而积劳成疾的陈氏香消玉殒。

中年丧妻的陶渊明再次跌入痛苦的深渊。一天，内心悲痛的陶渊明来到东园，他步履沉重，漫无目的。在这秋意渐浓的时节里，秋风带着寒意。他在萧瑟的秋风中来到一棵青松下，西侧院墙的一角有一簇盛开的菊花映入眼帘，几只色白背青的凤蝶围绕着硕大的花朵狂舞，花与蝴蝶相映成趣，这使他猛然想起了昨夜的梦。昨夜他与陈氏在梦中相会，陈氏告诉他自己是天上御花园的菊花仙子，如今与他缘分已尽，重回天界了。眼前这番风景使他眼睛一亮，这东园的菊花不就是梦中他那貌美如花的妻子的化身吗？陶渊明从此迷恋上了菊花，在东园辟了一个花圃，专门用于栽种菊花。凡经他的手侍弄过的菊花，枝枝挺拔，花色艳丽。在陶渊明的花圃里，一旦秋风乍起，满园菊花竞相开放，黄白相间，青红错杂，招蜂引蝶，好不热闹。

陈氏去世后，心灰意冷的陶渊明为了维持一家人的生计，还得天天出去教书。家中的一切家务都由他的老母亲一肩挑了起来，四个孩子由老人一手照顾，根本忙不过来。亲朋好友看不过去，再次给陶渊明张罗了一门亲事。

陶渊明的第三任妻子翟氏比他小十二岁，出得厅堂，下得厨房，对婆婆也很孝顺。翟氏过门后，对陶渊明的四个儿子视如己出，尽心抚养。杂乱无章的陶家很快变得井井有条，夫妻二人恩爱有加，加上志趣相同，生活十分和谐。两年后，翟氏为陶渊明生下一子，唤作阿通。翟氏进门使陶渊明重获了生活的幸福，陶家里里外外经勤劳的翟氏打理后大为改观，一家三代人其乐融融。翟氏还有一手绝活很合陶渊明的胃口——用粮食酝成佳酝，陶渊明每餐都有美味米酒相佐，好不乐哉。

陶渊明的三任妻子先后为他生下五个儿子，五个儿子分别名为俨、俟、份、佚、佟，小名分别叫舒、宣、雍、端、通。从陶渊明祖上陶氏和孟氏为两代姻亲看，是近亲结婚。以今天的优生学观点来分析，其中存在很大的弊端。陶渊明对儿子们寄予很高的期望，有着丰富教学经验的陶渊明不可能对自己的儿子疏于教育，可是他的儿子们却总是让他失望，个个不成才。陶渊明在四十四岁时写下一首诗，表达了对五个儿子恨铁不成钢的失望。

> 白发被两鬓，肌肤不复实。
>
> 虽有五男儿，总不好纸笔。
>
> 阿舒已二八，懒惰故无匹。
>
> 阿宣行志学，而不爱文术。
>
> 雍端年十三，不识六与七。
>
> 通子垂九龄，但觅梨与栗。
>
> 天运苟如此，且进杯中物。

陶渊明《责子》

这首诗虽然语言诙谐，却透着无奈的辛酸。起首两句刻画人物老态入木三分，"白发被两鬓，肌肤不复实"。满头白发，肌肤松弛，很少有人能把人之老相写得如此贴切。这里说的阿舒是指大儿子，可是这个儿子到了十六岁还不求上进，懒惰得无人能比。老二阿宣快到十五岁了，也无心学习。老三和老四都到了十三岁，竟然还不识数，连六和七都分不清楚。老五也快到九岁了，一天到晚只知道贪吃。末尾两句流露出听天由命的无奈，"天运苟如此，且进杯中物"，既然天意如此，那也没有办法，还是喝喝酒算了。

后世有两位著名诗人对陶渊明这首诗存有很大争议，一位是杜甫，一位是黄庭坚。杜甫认为此诗是陶渊明批评儿子不好学，不求上进；而黄庭坚则持有异议，认为虽然诗题为"责子"，但全篇却充满慈爱的戏谑意味。如果前者的说法成立，陶渊明的儿子确实不争气，或者智商有问题。父亲是个好学不倦的人，为什么五个儿子会这么不求上进呢？这大概应该归咎于近亲结婚。对一个优秀的诗人和辞赋家来说，实在是令人扼腕叹息的遗憾。如果后者的说法成立，那应该恭贺陶渊明，还好，几个儿子只是顽劣一点而已，陶渊明不过是故意把他们说得一塌糊涂。但从陶渊明这首诗的整体来看，似乎戏谑的成分很少，基本上是实话实说。

五柳先生　渊明焉

　　"五柳先生"的雅号之于陶渊明，是有来历的。在陶渊明的早期作品中，有一篇妙文，即《五柳先生传》。《宋书·卷九十三·隐逸传》中，陶渊明部分记载道："潜少有高趣，尝著《五柳先生传》以自况。"而在《南史·卷七十五·陶逸传》中陶渊明部分也有印证："少有高趣，宅边有五柳树，故尝著《五柳先生传》云……"

　　先生不知何许人也，亦不详其姓字。宅边有五柳树，因以为号焉。闲静少言，不慕荣利。好读书，不求甚解；每有会意，便欣然忘食。性嗜酒，家贫不能常得。亲旧知其如此，或置酒而招之。造饮辄尽，期在必醉；既醉而退，曾不吝情去留。环堵萧然，不蔽风日。短褐穿结，箪瓢屡空。晏如也。常著文章自娱，颇示已志。忘怀得失，以此自终。

　　赞曰：黔娄之妻有言："不戚戚于贫贱，不汲汲于富贵。"其言兹若人之俦乎？衔觞赋诗，以乐其志，无怀氏①之民欤？葛天氏②之民欤？

陶渊明《五柳先生传》

这篇文章可分为两部分，第一部分为正文，叙述了五柳先生的禀性志趣、生活性格。虽然居室简陋，衣食匮乏，但好读书，"常著文章自娱"，安贫乐道，不误尘网。"先生不知何许人也"，这一句自报家门的话告诉我们，五柳先生并非名门望族之后。晋代门第之风盛行，五柳先生籍籍无名，说明他是一位隐士。"宅边有五柳树，因以为号焉"，可见这位隐士是个很洒脱的人，就地取号，根本不在乎门第如何。"环堵萧然"是说五柳先生的居室简陋，生活清贫，但宅边的五棵柳树为他居住的环境增色不少，平添一抹清静淡雅的色彩。他是怎样的一个人呢？"闲静少言，不慕荣利"，不追求荣利是五柳先生最为突出的禀性特点，闲静少言则表现了他孤傲的性格。五柳先生虽然生活清贫，却是一个富有情趣的人，"好读书，不求甚解；每有会意，便欣然忘食"。可见清贫的五柳先生是一个精神世界丰富的知识分子，但他除了"好读书""常著文章自娱"以外，还有一个饮酒的嗜好。这就产生了矛盾，他爱饮酒，但又没有钱买酒。他是不慕荣利的人，不肯因为嗜酒而失节，只能处在贫困线上，"不能常得"。有亲戚朋友家里摆席，请他去喝酒，他便欣然前往，痛快地喝个一醉方休。这是他坦率的真性情，没有文人雅士矫揉造作的虚伪情态。

第二部分仿史家笔法，加个赞语，其实就是黔娄妻子简单的两

---

①无怀氏：中国传说中的上古帝王。

②葛天氏：中国古代神话中远古部落名。相传有葛天氏之乐，由三人操牛尾而歌唱。

句话:"不戚戚于贫贱,不汲汲于富贵。"这正好与第一部分"不慕荣利"前后呼应。而最后两句"无怀氏之民欤?葛天氏之民欤?"流露出陶渊明对上古时代淳朴的社会风尚的向往,暗含着对世风日下的现实社会的针砭之意。

这篇文章在艺术上也很有特色。立意别出心裁,剪材恰到好处,细节诙谐有趣。《五柳先生传》是一篇自况之作,太虚或太实都会失之偏颇。太虚,扑朔迷离似雾里看花;太实,把话说穿了就像一杯白开水淡而无味。结尾的两个问句"无怀氏之民欤?葛天氏之民欤?"余味深长。文章行文简洁,用白描手法刻画出一个身居陋室、衣衫俭朴,箪瓢屡空的隐者形象。笔墨凝练,全文一百七十三个字,增一字则嫌长,减一字则嫌短。

《五柳先生传》是不是陶渊明的自传,至今史学家们还在争论。关于这篇文章的写作年代也存在争议,文学史家王瑶根据萧统的《陶渊明传》认为这篇作品是陶渊明出任江州祭酒之前写的,时间应该是太元十七年(392年)。陶渊明在这篇作品中表达自己对未来生活的规划,如果此文作于陶渊明少年时期,那就不是自传体裁了。而从文中"环堵萧然,不蔽风日。短褐穿结,箪瓢屡空"的话来看,五柳先生的生活境况非常窘迫,如此情景不应该是陶渊明在规划未来的生活。所以有学者认为这应该是陶渊明晚年时的作品。清代学者林云铭根据文中的赞语"无怀氏""葛天氏"来看,认为这应该是陶渊明辞官以后写的,表达了他安贫乐道的情怀。《古文观止·卷七》云:"渊明以彭泽令辞归。后刘裕移晋祚,耻不复仕,号五柳先生。此传乃自述其生平之行也。潇洒淡逸,一片神行之文。"

昭明太子萧统被称为南朝悲情太子,是个极富同情心的人,可惜英年早逝。萧统酷爱读书,记忆力超强,五岁时读遍儒家经典,且读书时"数行并下，过目皆忆"。用今天的话来讲，萧统算是个文学"发烧友"，很喜欢"引纳才学之士，赏爱无倦"。在他身边总是围绕着一大批有学识的知识分子，他们"讨论文籍，或与学士商榷古今，继以文学着述，率以为常"。萧统主持编撰的诗文总集《文选》，史称《昭明文选》。

萧统的《陶渊明传》和《南史·隐潜传》给后世提供了很多陶渊明的资料。青少年时代的陶渊明曾经立下远大志向，绝不能一生蜗居小家自得其乐，应该有豪情壮志才能不虚此生。他的祖先曾骋驰疆场，立下赫赫战功，父辈也做过治理一方的官吏。陶渊明的早期诗文虽然表面看上去很潇洒，但细看之下，其中大多寄寓了他希望有所作为的抱负。但出仕对于他来说也是缥缈无望的，虽然他是官宦之家的子孙，但在六朝时代却没有父荫，一点也沾不上先祖丰厚名望的光，还没有钱"打通关节"，又没有得力人士的推荐。还有一个很现实的问题，拖家带口的情况下，一家人的生计也是他肩上一副沉重的担子。

孝武帝太元十八年（393年），二十八岁的陶渊明初入仕途，他的第一个官职是江州祭酒。东晋时的江州府衙门设在今天的江西省九江市附近，这儿离陶渊明的家乡浔阳柴桑很近。所以，陶渊明在此处为官算是家国两不误。何谓祭酒？每逢官府举行各种典礼和祭祀活动时，都要由祭酒主持，祭酒多由博学儒士担任。对于刚刚步入仕途的人来说，这是一个起点不算低的职位。陶渊明担任的祭酒一职，负责管理国子学和太学，负责给贵族或官宦人家的子弟授课。这也很符合陶渊明的性格和特长，他本应该在这个职位上干得称心如意。可是他偏偏干得很不称心，没几天就辞职回家了。

家贫亲老，起为州祭酒；不堪吏职，少日自解归。州召主簿，不就。躬耕自资，遂抱羸疾。

萧统《陶渊明传》节选

家中贫穷，又要赡养母亲，所以出仕，起初被任用为州祭酒，因不堪忍受官场龌龊，不久辞职回家。州郡召他担任主簿，他不接受。此后选择亲自种田自给自足，因为劳累而体弱抱病。

陶渊明做江州祭酒的时候，担任江州刺史的是王凝之。王凝之何许人也？且看《世说新语·贤媛第十九》中的一条记载："王凝之谢夫人既往王氏，大薄凝之；既还谢家，意大不说。太傅慰释之曰：'王郎，逸少之子，人身亦不恶，汝何以慨乃尔？'答曰：'一门叔父，则有阿大、中郎；群从兄弟，则有封、胡、遏、末。不意天壤之中，乃有王郎！'"

这条记载中的"谢夫人"是谁？乃大名鼎鼎的谢道韫。"太傅"何人？乃晋朝名声震耳的谢安。如果晋朝只有两位名人可以名垂青史的话，除了谢安，另一人便是王羲之。谢道韫嫁给王凝之后，很瞧不起王凝之，回娘家时，在叔父谢安面前"大薄凝之"，抱怨说在王家与谢家诸多有才学的人之间，"天壤之中，乃有王郎！"意思是想不到在天地之间，竟有王凝之这样差劲的人！

王凝之才华平平，并非魏晋风流的代表人物，但他门第高贵。晋朝有两大宰相王导、谢安，王羲之是王旷的儿子、王导的侄子，而王凝之是王羲之的次子。王凝之有个了不得的家族，娶了个名声响亮的才女谢道韫，可是与王、谢两家的其他名人相比，他平庸得可怜，缺乏政治才能的他唯一的长处是继承了父亲王羲之的书法特长，工草隶，"凝之得其韵"，颇有可观之处。

王凝之迂腐无比。他任会稽太守时，时逢孙恩贼乱，王凝之几乎反应不过来，他不相信那个和他一样信奉五斗米教的孙恩会谋反。直到叛军逼近，他才不得不接受现实，但却不积极组织抵抗，而是在厅堂里设一尊天师神位，踏星斗步，拜神起乩，声称要请鬼兵前来把守各路津门要道，使贼兵不能犯。结果可想而知。城破以后，他甚至不逃跑，认为同一教派的孙恩不会对他动武，结果被一刀毙命。

陶渊明在王凝之属下做事，实在感到委屈。他看不起王凝之作为一州刺史却不学无术，只知道装神弄鬼。"不堪吏职"一句话，使我们知道他所忍受的不仅仅是王凝之这个上级，还包括他平时不得不应付的官场上的繁文缛节。二十八岁的陶渊明年轻气盛，决定一走了之。不久，州郡召他为主簿，大概他这时还没走出"不堪吏职"的阴影，没有接受郡召。生活来源怎么办呢？很简单，亲自种田，自给自足。

陶渊明辞职归来的这几年里，家中境况一日比一日艰难，由于添丁进口，转眼间他已是四个孩子的父亲，老母尚在，但身体欠安，时时需要求医问药。庶母生的妹妹已经出嫁，嫁给了一户姓程的人家，称为程氏妹。陶渊明身边此时已没有自家兄弟姊妹，但有一个叔伯弟弟与他们共同生活。这是陶渊明一个远房叔伯的儿子，年十七岁，名陶敬远。在陶渊明的心中，人伦亲情至高无上，陶渊明称敬远为从弟，二人感情甚好。算起来，这一大家子共有八口人吃饭，日子过得紧巴巴的。生活的窘迫使陶渊明不得不考虑重新出仕，毕竟，做官有一点儿俸禄可以养家。

江山岂不险　归子念前涂

从现有的史料来看，大多数说法倾向于陶渊明出仕是为生计所迫，实际上生性洒脱的陶渊明一方面热衷田园生活，一方面在"骞翮思远翥"的雄心中跃跃欲试。自从陶渊明辞去江州祭酒回家种田，一晃五六年过去了，不能说这些年他对躬耕自足的生活十分满意，他内心还是风云激荡的，他还有建功立业之念。在陶渊明的早期生活中，他一直在这两者之间徘徊。但总的来说，解决生计的动机更多一些。

孝武帝司马曜嗜酒如命，常常在酒席杯盏之间流连，喝得酩酊大醉，很少有清醒的时候。太元二十一年（396 年），司马曜与宠妃张贵人一起饮酒作乐。张贵人千杯不醉，孝武帝哪是她对手，醉得东摇西晃的孝武帝忽然信口开河地对张贵人说："你这把年纪，又没生下一男半女，白占一个贵人名位，明天我就废了你，再找个年轻美貌的姑娘。"这本来是孝武帝的一句戏言，不料张贵人听了妒火中烧，等孝武帝熟睡之后，唤来心腹宫女，用被子将睡梦中的孝武帝活活闷死。然后她又重金买通左右侍从，对外宣称皇帝夜里做噩梦被吓死了。

孝武帝死后，太子司马德宗即位，司马道子以皇叔之尊辅政。司马道子是晋简文帝司马昱第七子，在孝武帝朝是与皇室血脉最近的一支，所以被委以朝政大任。然而，孝武帝司马曜和司马道子都是嗜酒之人，司马道子还有一个恶习——喜欢亲小人。司马道子重用宠臣王国宝。王国宝是东晋臭名昭著的奸臣，乃太保谢安的女婿，但因品行不端而招致谢安的厌恶。因为不得谢安的重用，于是他转身投靠到司马道子门下，并在皇帝面前离间，迫使谢安出镇广陵避祸。太元十年（385 年），谢安病逝，司马道子大权在握，任命王国宝为秘书丞，之后又担任琅琊内史①、堂邑太守等职。由于司马道子重用奸佞之人，使得朝政日渐败坏，引起王恭的不满。

王恭是孝武帝皇后之兄，《晋书》评价他："少有美誉，清操过人，自负才地高华，恒有宰辅之望。"故很受孝武帝重用。王恭很不满司马道子任用奸佞小人，常常直言进谏，指斥司马道子。隆安元年（397 年），王恭不堪忍受王国宝弄权，起兵讨伐王国宝，东晋大乱。司马道子畏惧王恭，为了息事宁人，将王国宝处死，并遣使者向王恭道歉，于是王恭收兵撤回京口。隆安二年（398 年），司马道子以王国宝的异母兄弟王愉为江州刺史，并将由庾楷都督的豫州四郡划为王愉都督，引起庾楷的愤怒。庾楷派儿子庾鸿说服王恭起兵讨伐司马道子、司马元显父子。在王恭第二次起兵讨伐中，有一位重量级人物加入了他的阵营，这人就是桓玄，这个人物与陶渊明第二次出仕有关。

桓玄乃谯国桓氏代表人物，东晋将领、大司马桓温之子。桓玄

---

①琅琊内史：郡王封国的内史，相当于郡太守。

自幼深得桓温喜爱，桓温去世时，桓玄仅五岁，承袭封爵南郡（治所在今湖北荆州）公，世称"桓南郡"。桓玄长大后，对自己的才能和门第颇为自负。由于他父亲桓温有雄霸天下的野心，常言："（大丈夫）既不能流芳百世，不足复遗臭万载邪！"晚年时流露出篡位的迹象。朝廷对桓玄也怀戒心，不敢重用他，总是把他不近不远地晾在一旁。桓玄二十三岁时才被任命为太子洗马，几年后出任义兴（今江苏宜兴）太守。桓玄继承了父辈的狂妄，对于朝廷的待遇感到很是委屈，曾感叹："父为九州伯，儿为五湖长！"遂弃官回到其封地南郡，途中经过建康，前去拜见执政宰相司马道子。席间，喝得晕乎乎的司马道子当着众人的面对他说："你父亲桓温晚年想当叛贼，你怎么看？"桓玄闻言吓得汗流浃背，长跪在地，幸亏骠骑长史谢重从中调解，才缓和了这一尴尬局面，桓玄从此对司马道子恨之入骨。

桓玄的父亲桓温曾是陶渊明的外祖父孟嘉的上级领导。隆安三年（399年），桓玄身兼荆州和江州两州刺史，是朝中炙手可热的人物。陶渊明的家乡柴桑正好在桓玄的管辖范围内。由于家境窘迫，经过一番考虑，陶渊明决定再次出仕，到桓玄的幕府做一名官吏。这是他为官时间最长的一次，共三年多时间，直到母亲去世才离开。

陶渊明在桓玄幕府的三年，正赶上军阀混战，生产经济受到严重破坏，连年饥荒，饿殍遍野，终于爆发了大规模的农民起义。桓玄与他父亲桓温一样，也是个野心勃勃的人，他想借镇压农民起义夺取天下，故多次上表请求讨伐。但朝廷对他的个人算盘看得很清楚，司马道子一伙有意压制他，不让他发兵，避免让他集结兵力对朝廷构成威胁。

隆安四年（400年）五月，陶渊明受桓玄派遣，出使京都为桓玄上表。在返回途中，遇到风大浪急的恶劣天气，舟船受阻不能前行，只能在规林停泊。规林在长江边上，具体位置似乎是今天的安徽宿松一带，离浔阳不远。这趟公差本来可以公私兼顾，顺便回家看看，可是大风大浪使行程受阻，陶渊明只能望着家乡心中黯然。

> 行行循归路，计日望旧居。
> 一欣侍温颜，再喜见友于。
> 鼓棹路崎曲，指景限西隅。
> 江山岂不险，归子念前涂。
> 凯风负我心，戢枻守穷湖①。
> 高莽眇无界，夏木独森疏。
> 谁言客舟远，近瞻百里余。
> 延目识南岭，空叹将焉如。
>
> 陶渊明《庚子岁五月中从都还阻风于规林二首·其一》

一路星夜兼程，不停地计算着归家的日子，即将见到慈母，叫人多么欢欣啊，还能见到兄弟友人。摇船荡桨行路难，眼见悬在天际的斜阳就要落入西山，你能说游子没有归心似箭？南风跟我对着干，风大浪急只能收起船桨困在湖边。高深茂密的草丛一望无边，夏天的树木繁茂扶疏。谁说归舟离家千里之外？近在咫尺的老屋就在南岭脚下。纵目远眺，庐山尽收眼中，空有一声长叹，却不知要去往何处。

> 自古叹行役，我今始知之。

---

①戢枻守穷湖：枻是用于划船的工具，类似于桨。当枻被"戢"起来后，等于失去了作用。"穷湖"是一片荒凉的地方，形象地比隐喻陶渊明被困在桓玄幕府中，无从施展才干。

山川一何旷，巽坎难与期。

崩浪聒天响，长风无息时。

久游恋所生，如何淹在兹。

静念园林好，人间良可辞。

当年讵有几，纵心复何疑。

陶渊明《庚子岁五月中从都还阻风于规林二首·其二》

　　自古以来，公差都是苦差事，行船坐车不方便，还要受到自然条件的摧残。以前只是耳闻，今天我才晓得个中艰难滋味。此时此刻，山川旷野令人畏惧，世道难测，江水险恶，大浪发出震耳欲聋的呼啸声，疾风劲吹，刮得天昏地暗，似乎永远不打算停歇下来。思来想去，还是田园生活美好，迟早要和这劳神费力的官场告辞。人生还有几多壮年？现在还有多少时间在这游宦生涯里虚度？不如早日归隐，等老了恐怕就来不及了。

　　这两首诗都是陶渊明仕宦生涯中的即景抒情诗。第一首基调抑郁，五月仲夏，两岸风景秀美，但他心中却翻江倒海不是滋味，只因一个缘由——归心似箭。他匆忙赶路，计算着到家的日子，可是却事与愿违，行船遇风浪，无奈被迫搁浅。此时，困在湖边一隅的陶渊明只能望湖兴叹，老母亲慈祥的面容和亲人们那热切的情谊可望而不可及，真是没有什么比这让人更受煎熬的了。第二首的"崩浪聒天响，长风无息时"贴切地写出了陶渊明在行役途中对山川景物的真实感受，用词准确而夸张。一个"崩"字形象而有声地形容出巨浪的咆哮声，陶渊明借此自然景象隐喻官场中的激烈斗争，也反映出他内心在仕宦和归隐之间的激烈冲突。可见，第二首以议论路途险阻，含蓄地表达出他对官场的厌倦。

　　桓玄是一个时时对晋室政权怀有图谋之心的军阀，为人也张扬跋扈。在桓玄幕府的三年中，陶渊明干得并不舒心。官场险恶不说，单是桓玄那一套"霸王作风"就让人很受不了。据《晋书·列传第六十九·桓玄》记载："（桓玄）形貌瑰奇，风神疏朗，博综艺术，善属文。"当初，桓玄的父亲桓温对文人很敬重，桓玄也继承了他父亲的这一作风，喜欢与文人学士打交道，延请一些著名文人在自己手下做事，东晋著名画家顾恺之就曾在桓玄手下做过官。桓玄虽然爱才，但很霸道，《晋书》说他"性贪鄙，好奇异，尤爱宝物，珠玉不离于手。人士有法书好画及佳园宅者，悉欲归己，犹难逼夺之，皆捕博而取"。

有一次，顾恺之外出，要到很远的地方办事。临行前，他害怕自己的书画被人盗去，为了安全起见，他把最珍爱的画作托附给桓玄保管，并且将画柜的门用纸糊住，贴上封条，郑重其事地做了标记。不料他回来后，到桓玄府上索要那批书画时，却出现了令人惊异的事。画柜上的封条、标记原封不动，可柜子里空空如也，画作不翼而飞。顾恺之大惊失色，桓玄却不以为然地说："妙画通灵，变化而去，如人之登仙矣。"顾恺之是个相信法术的人，居然被桓玄的几句鬼话蒙混了过去，后人怀疑是桓玄请人撬开柜子拿走了全部画作。

隆安五年（401 年），陶渊明不耐思乡之情，请假回家探亲。七月，陶渊明返回桓玄幕府，途经江陵（今湖北荆州）涂口时，惆怅不已。

闲居三十载，遂与尘事冥。
诗书敦宿好，林园无世情。
如何舍此去，遥遥至南荆！
叩枻新秋月，临流别友生。
凉风起将夕，夜景湛虚明。
昭昭天宇阔，晶晶川上平。

怀役不遑寐，中宵尚孤征。

商歌①非吾事，依依在耦耕。

投冠旋旧墟，不为好爵萦。

养真衡茅下，庶以善自名。

　　陶渊明《辛丑岁七月赴假还江陵夜行涂口》

　　三十年的悠闲村居生活，弹指一挥间，红尘里的那些事情离得遥远而朦胧。在那纯净美好的田园家乡，享受着《诗经》《尚书》这些儒家经典的读书之乐。我为什么要丢弃这样美好的生活，跑到官场上去搅和那些复杂低俗的事情？船桨轻轻摇荡，击碎了映在湖中的新月，就在此地与亲友们话别。傍晚的凉风从远处徐徐吹来，月光如水，照得四周一片明朗。明净的天宇浩渺无边，水面波光影动。心中惦记着烦人的公务，辗转不能入睡。长夜已过半，还得独自前行。宁戚叩牛而歌并不是我所向往的，我留恋的是能像隐士长沮、桀溺那样躬耕田园。下决心甩掉乌纱帽返回故里，那高官厚禄根本不能打动我的心。衡门茅舍才能修出真性情，或凭借善行使名声远播乡里。

　　陶渊明在这首诗中用白描的手法写江上夜行的所见、所遇，真切而生动，全诗抒述感慨无一不是发自肺腑的真情流露。这是陶渊明诗歌中为数不多的行旅诗之一。就在诗人写下这首诗的次年，桓玄挥戈东下建康，翌年废晋安帝自立，国号为楚。这首诗从表面上看，只是表现行役的劳苦和他对仕途的厌恶，此时在桓玄幕府中的

---

　　①商歌：出自《淮南子·主术训》。春秋时代，齐桓公称霸诸侯，有个名叫宁戚的人十分渴望到齐桓公手下去做官，可是总捞不着机会让齐桓公高看他。于是他心生一计，一天，他装作给牛喂草，敲着牛的犄角，唱起了商调："长夜漫漫何时旦……"商为五音之一，其音悲哀，旋律低沉。齐桓公闻听后，认为他是一个贤人，并且明白了他想为官的意思，于是接见并委以官职。后来，宁戚做官做到了公卿的位置。但陶渊明对宁戚一心为官的想法很不屑，他明说自己不会像宁戚那样向齐桓公唱歌来求得一官半职。

陶渊明已经对桓玄的狼子野心有了认识。诗中借用隐士长沮和桀溺的故事，表明自己希望在农村耕田度日，流露出很想从这个是非之地中脱身出来的意愿。

这一夜的江边明月使陶渊明格外忧伤。此刻，江水流淌，大地沉睡在梦乡中，人们在江边轻声话别。夜半时分，被差役之事折腾得心力交瘁的陶渊明感到非常孤独。在涂口这无边的月色中，他对前方的路途深深地忧虑起来。那是一条他并不愿意选择的路，他突然发现他孜孜不倦追求的理想生活其实就是他身后不远的家乡田园。他非常希望有那么一天，他也能成为无官一身轻的隐者，抛却官场上那些叫人疲惫的烦恼。

躬耕南里　忧道不忧贫

在桓玄身边做事的时间越长，陶渊明对桓玄的了解也越深，越来越觉得这是个不值得他追随的上司。桓玄是个不安分的人，他积极反对司马道子并非忠于晋室，而是想借铲除司马道子实现个人篡位夺权的野心，陶渊明非常反感这个骨子里无君臣礼义的谋逆之人。对于深受儒家思想影响的人来说，忠孝仁义、君臣父子是基本的道德信条。为此，常有一种深深的忧虑在陶渊明脑中挥之不去。如果桓玄篡位成功，在他府上做官的人都难逃帮凶罪责。篡位夺权、大逆不道，论罪要诛灭九族，自己掉脑袋不说，亲人朋友都不能幸免。这些忧虑不由得让陶渊明恐惧，看来这官是不能做下去了，可是怎样才能脱身呢？

隆安五年（401 年）冬天，陶渊明的母亲去世。按照晋朝的规矩，母亲亡故，子女必须守孝二十五个月。母亲去世的噩耗传来，悲痛欲绝的陶渊明立刻辞官回家办理后事，这一年，陶渊明三十六岁。

陶渊明是个可以不做官、过穷日子，但不可以一日无酒的人。如果问他平生的最大嗜好是什么，答案是唯饮酒也。元兴元年（402年），三十七岁的陶渊明正在上京里（今江西九江市郊）老家守孝。秋日的一天，陶渊明从一场大醉中醒过来。园中金黄耀眼的向日葵那硕大的花盘就像酒醉之人那发烫的脸。刚刚酒醒的陶渊明想起了亲友们喋喋不休的戒酒劝言，不禁哑然失笑。他果真动了戒酒的念头，提笔写下一首诗。

居止次城邑，逍遥自闲止。

坐止高荫下，步止荜门里。

好味止园葵，大欢止稚子。

平生不止酒，止酒情无喜。

暮止不安寝，晨止不能起。

日日欲止之，营卫止不理。

徒知止不乐，未知止利己。

始觉止为善，今朝真止矣。

从此一止去，将止扶桑涘。

清颜止宿容，奚止千万祀。

陶渊明《止酒》

我家就住在郊外，那里的生活悠闲、逍遥又自在。在高大的树荫之下闲坐，在柴门里惬意地散步。最好的味道就是园中的葵菜，最高兴的事就是有稚子承欢。饮酒！饮酒！平生不能停止！停止饮酒就会心烦意乱。晚上不饮酒就睡不安宁，早上不饮酒就会赖床，迟迟不起。天天在心里想着如何停止饮酒，可一旦停止，恐怕气血经脉都会虚羸。只晓得停止了饮酒就没有了快乐，不晓得停止了饮酒好处多多。开始觉得停止饮酒算件好事，今天才是动了真格的与酒绝缘。从今以后就这样停止下去，一直停止在扶桑树生长的水边。清朗的面容停留在少年俊秀的年纪，何止一千年一万年。

说起来容易做起来难，他这一回下了这么大的决心戒酒，谁能想到没戒几天便破戒了。亲友们知道劝也是白费功夫，也不再说什么了。其实从这首诗的格调也可以看出，陶渊明的戒酒只是说说而已，并非有壮士断腕那般的决心。全诗每一行都有一个"止"字，幽默风趣，类似于民歌。如今看来，如果陶渊明真的戒酒成功了，那他的历史也就要被改写了。

在陶渊明为母守孝的两年多时间里，东晋朝廷内外闹得鸡飞狗跳、天翻地覆。由于朝政腐败，农民起义此起彼伏，为了镇压农民起义，朝廷专门出动了一支军队——北府兵。这支部队在东晋与前秦对抗时曾作为先锋部队出战，是一支凶悍的精锐部队。此时北府兵的首领叫刘牢之。北府兵残酷镇压了农民起义后，平静下来的朝廷开始暗流涌动。此时在朝中掌权的司马道子、司马元显父子开始把打击的目标转移到桓玄身上。司马父子早对桓玄的篡晋野心有所察觉，在农民起义没有被镇压下去之前，一直找不到合适的借口对桓玄动手，现在时机成熟，如果再不动手恐怕想铲除这股对朝廷有重大威胁的势力就困难了。于是司马父子指令刘牢之去攻打桓玄，不料号令根本指挥不动刘牢之。因为刘牢之也不喜欢司马父子，而且事情明摆着，铲除桓玄对北府兵和他并没有好处，说不定下一个被铲除的人就是自己。刘牢之暗地里打起了小算盘，接到朝廷的指令后按兵不动，甚至暗中与桓玄串通。他想借助桓玄的势力灭掉司马道子父子，先扫清障碍，再清除桓玄的势力，继而掌握朝政大权。

只是刘牢之太小看桓玄了，他哪里比得过诡计多端的桓玄？桓玄早就洞穿了刘牢之心中的"小九九"，只是不说穿而已。以往桓玄没有理由对司马道子动手，现在朝廷要收拾他，桓玄就抢在司马道子动手之前起兵东下，假意与刘牢之同盟，一举杀到国都建康，再一路杀进皇宫，生擒了司马道子后又杀死了司马元显。走到这一步后，桓玄突然翻脸，以迅雷不及掩耳之势夺取了刘牢之的兵权。刘牢之连还手的时间都没有，只得北逃广陵，意欲投靠自己的女婿广陵相高雅之，于途中自杀。桓玄将司马道子流放到安成郡，数月后，派人杀了司马道子。

当桓玄为篡位加快步伐之时，陶渊明正在家为母守孝，已不是桓玄的僚佐了。元兴二年（403 年），时年三十八岁的陶渊明继续在家服丧。陶渊明此时共有三处住处，一处在上京里，一处在园田居，一处在南里，即南村。早春的南坡依傍在静谧的树林边上，清澈的天空下，微风徐徐，种下的植物在夜间节节拔高。陶渊明就在这里躬耕田野。天地之间，没有比这更自由的了，他从晨曦中一路走来。此时，陶渊明才发现原来早就听说的南坡竟是这般美好。此时，他才真正理解到植杖翁聪明的遁世选择。无论白天夜晚，陶渊明都喜欢在这里流连，在大自然臂弯中的田舍里写诗饮酒。

> 在昔闻南亩，当年竟未践。
> 屡空既有人，春兴岂自免。
> 夙晨装吾驾，启涂情已缅。
> 鸟弄欢新节，泠风送馀善。
> 寒草被荒蹊，地为罕人远。
> 是以植杖翁，悠然不复返。
> 即理愧通识，所保讵乃浅。

陶渊明《癸卯岁始春怀古田舍二首·其一》

往日听说南坡向阳的农田有利于耕作，可是很遗憾，自己未曾亲自耕种。我常认为自己像颜回一样贫困，又怎能不抓紧春耕时节去耕作呢？晨起我就备好车马，上路之前心儿早已飞到远处。新春时节，鸟雀欢乐地鸣叫，冷风送来和美之感。寒草覆盖着荒芜的小路，因为人迹罕至而显得偏远。所以古时植杖翁悠然躬耕于此，不思回归世俗的社会。面对这种隐耕世外、见识通达的高明之人，我自愧难当，所保名节也显得过于肤浅。

> 先师有遗训，忧道不忧贫。
>
> 瞻望邈难逮，转欲志长勤。
>
> 秉耒欢时务，解颜劝农人。
>
> 平畴交远风，良苗亦怀新。
>
> 虽未量岁功，即事多所欣。
>
> 耕种有时息，行者无问津。
>
> 日入相与归，壶浆劳近邻。
>
> 长吟掩柴门，聊为陇亩民。
>
> 陶渊明《癸卯岁始春怀古田舍二首·其二》

　　先师孔子留有遗训："君子忧道不忧贫。"仰慕高论，自己难以企及，转而立下耕耘之志。农忙时节欢欣鼓舞，和颜悦色地劝人耕种。微风从远处的平原上习习吹来，秀美的嫩苗一日比一日苗壮。一年的收成尚未估量，劳作已使我开心无比。耕种之余在田边歇息，没有行人前来向我问路。日落之时相伴而回，取来美酒慰劳左邻右舍。夜里掩闭柴门，吟诗、读书自得其乐，姑且做个农民吧。

　　陶渊明在中国诗歌发展史上是当之无愧的第一位"田园诗

人"。这两首诗是他用田园风光和怀古遐想织成的一幅绚丽画卷，虽然诗分两首，但表现的是同一题材，思想意趣也完全相同。第一首叙述劳动经过，用诗歌的语言描绘自然界的美，抒发他内心对古代先贤的怀念。诗中提到的颜回、植杖翁，都是安贫乐道和遁世隐居的典范。他以无比推崇的口气赞扬他们的人生选择，这个人迹罕至的地方使他的心灵得到净化，但此时的陶渊明似乎还没有完全释然，隐还是不隐，他在两难中选择。"即理愧通识，所保讵乃浅"，这个世界的"通识"就是要入世，即不隐，追求功成名就。这两句话流露出陶渊明心底的惭愧，他暂时还不想归隐，他还有未实现的抱负。

他写下第一首诗，似乎意犹未尽。在第二首诗中，田间劳作的欢娱使他想起了古代隐士长沮、桀溺高尚的操行。孔子是陶渊明的精神导师，他信奉孔子"忧道不忧贫"的思想，感叹实践起来不容易。"耕种有时息，行者无问津"的农耕生活对他似有无限的诱惑，使他心内无比向往，但他又在物质世界中徘徊不定，内心挣扎。就眼下来看，陶渊明虽有归隐之意，但还没有付诸行动的决心，他还在世俗与归隐的两难之中挣扎。末节的"长吟掩柴门，聊为陇亩民"两句，流露出他的最终选择是归隐，因为他知道，这将是他生命的归宿。这两首诗表现了陶渊明诗悠远静谧的境界，诗中有田园美景和躬耕田间的喜悦，以及陶渊明对古代隐士的缅怀和赞美。"鸟哢欢新节，泠风送余善""平畴交远风，良苗亦怀新"之句乃千古不衰之绝唱，不加雕饰却胜于雕饰。这种返璞归真的艺术追求是陶渊明独特的艺术创作成就，有史家认为陶渊明的这两首诗昭示了一种"极高明而道中庸"的人生境界。

从创作年代看，陶渊明当时正处在隐还是不隐的矛盾中，这在后来的现实生活中得到印证。就在写下这两首诗的两年后，他还去当了一次官，直到在彭泽令任上度过八十多天后，他终于对东晋王朝彻底失去了信心，愤而挂冠归隐。

在陶渊明的眼里，在田园里劳作，春风和煦，温暖的气息随着清风在四处弥漫，这种天然美使人沉醉。农人纷至沓来，鸟鸣声清脆悦耳，树木花草欣欣向荣。陶渊明尽情地享受着这淳朴的农耕生活，况且，每天陪伴着他的还有那一坛醇香的佳酿。此外，还有从弟敬远与他一同出入。从弟敬远比陶渊明小十六岁，两人志趣相投，关系亲密。他们同住乡间，一道读书躬耕，然而一年下来的收获尚不足以自给。美好的自然环境陶冶净化了陶渊明的精神世界，但现实是残酷的，陶渊明与从弟敬远在辛勤的劳作过后依然过着饥寒贫困的生活。

> 寝迹衡门下，邈与世相绝。
> 顾盼莫谁知，荆扉昼常闭。
> 凄凄岁暮风，翳翳经日雪。
> 倾耳无希声，在目皓已洁。
> 劲气侵襟袖，箪瓢谢屡设。
> 萧索空宇中，了无一可悦。
> 历览千载书，时时见遗烈。
> 高操非所攀，谬得固穷节。
> 平津苟不由，栖迟讵为拙？
> 寄意一言外，兹契谁能别！
>
> 陶渊明《癸卯岁十二月中作与从弟敬远》

在简陋的茅舍中隐居，断绝与世俗官场的往来，荆条编成的柴门终日紧闭，冷风凄凄的岁暮，阴沉沉地下了一整天的大雪。侧耳倾听，四处没有一点声响。放眼户外，大地银妆素裹真皎洁。单薄的衣衫挡不住刺骨的寒风，一箪食，一瓢饮，粗茶淡饭也难得。空荡的房屋中，没有什么能让人欢悦的。古书频频被翻阅，时时读到上古英烈的事迹。高尚的情操吾辈不可攀越，只想固守清贫的气节。若不走坦途大道，难道隐居躬耕就是粗拙之举吗？我的言外有深意，志趣相投谁识别！

后世在评价陶渊明这首诗时说"层波迭浪，庶几近之"，但更确切地说，应该是在这"层波迭浪"的表面泛起一层层宁静的涟漪。这首诗前半叙事、写景，后半议论，全诗以情为灵魂，渗透其中。写事简洁，写景传神，议论杂陈其间，语言诙谐。表面看闲淡乐观，实则隐含着悲愤沉痛，有把"层波迭浪"化为一泓清水的高超驾驭能力，意境深厚而醇美。清代陈祚明在《采菽堂古诗选》中评此诗"一意一转，曲折尽致"。

现在，陶渊明面前有两条路：一是在官场运作升迁，乃一条"阳关大道"；另一条是退隐田园，栖迟于荆条柴门，乃一座"独木小桥"。事实上，忍饥挨饿的滋味并不好受，固守其穷没那么容易。陶渊明坦率地承认"谬得固穷节"，这句话并不是一句谦辞，乃是陶渊明的一句大实话，说自己其实并不想走那条"独木桥"，只是不得已而为之罢了。既然"阳关大道"行不通，退而求其次也不算"拙"，明显可以品味出自我安慰的意思。可见他的本意并不是想"拙"，而是逼到这一步无可奈何的抉择。既然不愿意走仕进的"平津"，那么困守"衡门"也就不嫌其"拙"了。谁能对他这句话回应呢？恐怕这问句的对象只有一人，那就是他的从弟陶敬远，此时只有敬远能辨此心的"契合"之道。

就在陶渊明写好这首诗的一个月后，东晋政局再次动荡。美丽的庐山脚下因为连年兵荒马乱，已是满目疮痍。元兴二年（403 年）

冬天，桓玄威逼晋安帝禅位于己，在建康（今江苏南京）建立桓楚，自称楚帝，改年号"永始"。《晋书·列传第六十九》总结："史臣曰：桓玄纂凶，父之余基。"桓玄改封晋安帝为平固王。可怜的晋安帝双手献上国玺后不久，被桓玄软禁在浔阳。那儿正是陶渊明的家乡。这一年，闲居乡里的陶渊明三十八岁。桓玄做了皇帝以后，趋炎附势的人借机攀附，那些曾在桓玄手下做事的人个个额手相庆，争先恐后想捞个一官半职，惟陶渊明心如止水，毫不为曾经的上司坐上了龙椅而高兴，相反，他的心情非常沉重。

元兴三年（404 年）春，闲居在浔阳柴桑的陶渊明面对军阀争夺政权搞得天昏地暗的局势，心情复杂。对世事艰难的忧患使陶渊明陷入一种莫名的寂寞孤独中，那些与朋友饮酒相聚、促膝交谈的回忆使他每每产生幻觉，进而陷入自我安慰中。

> 停云，思亲友也。罇湛新醪，园列初荣，愿言不从，叹息弥襟。

> 霭霭停云，濛濛时雨。
> 八表同昏，平路伊阻。
> 静寄东轩，春醪独抚。
> 良朋悠邈，搔首延伫。

陶渊明《停云·其一》

《停云》这组诗为思念亲友而作。酒樽里斟满了新酒，澄香满溢，后园初绽的鲜花争相竞放，可是我的美好愿望却成泡影，无可奈何地叹息一声，忧愁填满了我的心胸。

天空布满昏暗的乌云，春雨绵绵，雨意迷蒙。举目四望，迷蒙似云烟，山水迢迢，舟车不通，客人不能前来。独自坐在寂寞的东轩，面前一杯春酒，独自斟来独自饮。思念远方的良朋好友，翘首等候已久，心落空。

停云霭霭，时雨濛濛。

八表同昏，平陆成江。

有酒有酒，闲饮东窗。

愿言怀人，舟车靡从。

陶渊明《停云·其二》

阴云聚集空中久久不散，春雨濛濛，细细的雨丝恰似云烟。举目四顾，眼前如同黄昏来临，大水阻隔了客人的行程。幸好家中还有新酒，斜倚东窗自斟自饮，聊以自慰。思念远方的好友，可惜舟车不便，难以相逢。

东园之树，枝条载荣。

竞用新好，以怡余情。

人亦有言，日月于征。

安得促席，说彼平生。

陶渊明《停云·其三》

东园之内大树成行，枝繁叶茂，满树花朵纷芳。春树、春花新姿勃发，春之洗礼使我精神清朗。耳边常回响谆谆告诫，日月如梭，时不我待。到哪里找知心的好友促膝详谈，共诉平生呢？

翩翩飞鸟，息我庭柯。

敛翮闲止，好声相和。

岂无他人，念子实多。

愿言不获，抱恨如何！

067

鸟儿轻展羽翅飞翔，栖落在我庭前的树梢上。它收敛翅膀，悠闲地东张西望，呼朋唤友的鸣叫声婉转悦耳。世上岂能无人陪伴，与君情意实在难以丢舍。思念良友却不得相见，无可奈何之下，只有心里的一腔悠憾。

《停云》从首句中摘取二字为题，实际上诗的内容与题目无关。全诗只表现了一个主题，希望与友人同享美好，"说彼平生"，然而现实却令他烦躁不安，"愿言怀人，舟车靡从"，这些对友人的一往情深和火热心肠使他陷入了寂寞孤独。"濛濛时雨""八表同昏"，看似写天气的阴晴雨雪，实则暗喻国政时局的昏暗，贵族与军阀为争夺中央政权把国势搅得天昏地暗，字里行间隐藏着陶渊明对时局的忧患。

先师遗训　余岂之坠

桓玄篡位以后，东晋乱象丛生，他也试图大力整顿，但桓玄政权代表的门阀士族不可能放弃他们的既得利益，所以桓玄的指令也根本没人执行。桓玄虽以小恩小惠笼络人心，但他为政烦琐苛刻，骄奢荒侈，所以政事腐败，朝中一片混乱。桓玄尤其爱好游猎，经常通宵玩乐，性情也很急躁，凡是呼召立马就得到，当值官员只能提前系马备用。此外，桓玄为了炫耀自己，大兴土木建筑宫殿，宫内建筑物和假山水池都很壮丽，建造的大乘舆可容纳三十人，百姓不堪其苦，民心思变。

桓玄的妻子刘皇后很有辨识人的眼力，曾经多次对丈夫桓玄说："刘裕行止有龙势虎志，看问题不同凡响，他是不甘做池中鱼的，宜趁早除掉他。"桓玄却说："我要扫平中原，非此人助力不能成事，怎好现在就杀他？等关陇平定，再作计议。"就在桓玄回绝刘皇后之时，刘裕已经暗中动手，和北府兵残余部将联络，伺机收拾桓玄。

元兴三年（404年）初，刘裕等人在京口（今江苏镇江）、广陵

（今江苏扬州）、历阳（今安徽和县）、建康四地同时举兵。刘裕派周安穆向建康的刘迈暗通信息，叫他做内应，然而刘迈软弱，竟以为图谋事泄，向桓玄报告了。桓玄起初封刘迈为重安侯以示优抚，之后又以刘迈没有及时收捕周安穆为由，杀害了刘迈和刘裕安插在建康的全部内应。原定在历阳举兵的诸葛长民也被抓捕。在形势恶化的情况下，刘裕最终还是成功地夺取了京口和广陵，并杀了镇守两地的桓修和桓弘。

桓玄逃到浔阳，挟持晋安帝至江陵，在江陵署置百官，因担心百官不服管束法令不被执行，桓玄总是轻易处人极刑，故人心离异。五月，江陵城中大乱，桓玄欲率心腹百官逃往梁州治所汉中。不料，在江陵城西的枚回洲与敌军相遇，一时间箭矢如雨。益州督护冯迁跃上桓玄的坐船，拔刀向前。桓玄紧急拔下头上的玉饰递给冯迁，说："你是谁，竟敢对天子动刀？"冯迁说："我今天杀的是天子的叛贼！"话刚说完，手起刀落。桓玄被杀后，首级被传至建康，悬挂于市，百姓莫不拍手称快。元兴三年（404年）三月，刘裕进入建康，出任使持节等官职，都督扬州、徐州、兖州、豫州、青州、冀州、幽州、并州八州军事。此时桓玄的势力还在荆州盘踞，直至义熙元年（405年），晋军才全面收复江陵，并迎安帝返回建康。

暮春时节的某日清晨，陶渊明在薄雾中走过田野，向着太阳升起的东郊走去。这样的天气很适合踏青春游，他现在的心情也随着春天的到来而舒畅。"有风自南，翼彼新苗"，南风和煦，破土的新苗在风中尽情舒展，它们的嫩芽就像雏鸟那稚嫩的羽翼在风中振翅欲飞。远山秀丽的轮廓在若有若无的淡淡云雾中，山下的湖水清澈如镜。他来到湖边掬起水来洗漱，现在从头到脚清爽的他有说不出的快乐。他站在湖边远望，一切都那么生机勃勃，令人欢欣。他今天带着一壶酒，独自一人逍遥自在地走着，他非常享受这自由而悠闲的生活。当他在田野中喝完带来的酒后，太阳已快要落山了，这一天自晨至夕的郊游，余兴犹浓。他回到自己的茅庐，院内花草药香浓烈。在这个春风沉醉的傍晚，他拿出那张珍藏的古琴，再弄来一壶甜香的米酒，一切都那么完美。可是他却忽然陷入了一种莫名的忧伤，感伤时世不遇。

时运，游暮春也。春服既成，景物斯和，偶景独游，欣慨交心。

迈迈时运，穆穆良朝①。

袭我春服，薄言东郊。

山涤余霭，宇暧微霄。

有风自南，翼彼新苗。

陶渊明《时运·其一》

第一首运用"迈迈""穆穆"两个叠词，从一开始便驾驭了全诗的节奏，声调悠长平缓。在带有春色画面感的描写中，放眼望去，春天的景色是那么美丽，独自出游唯自己的影子作伴，不禁欣喜与慨叹交相袭来。四季交替，时光流转，温煦的春季如约而来。欣喜地换上春装，走啊，到那东郊去踏青。一片高远缥缈、若有若无的淡淡云气笼罩着山川田野，鸟儿轻捷地在空中飞翔。南风荡涤着山峦间的残云，天宇中还有一抹烟云。清风从南方徐徐吹来，新绿翻滚，像海浪起伏不迭。

洋洋平泽，乃漱乃濯。

邈邈遐景，载欣载瞩。

---

①迈迈：形容时间一步步推近，谓四时运转。穆穆：形容春色温和宁静。

称心而言，人亦易足。

挥兹一觞，陶然自乐。

陶渊明《时运·其二》

　　第二首将目光从空中移到水边。诗人在湖边洗濯，与远山近水融为一体，他的精神随着目及之物在延伸、弥漫。春水涨满了长河，掬一捧清水漱漱口，再濯濯脚。一番洗涤后再放眼望去，远处美丽的风光尽入视野，景色辽阔而迷蒙，近处的湖面碧波轻漾，大自然广阔无涯，包容一切。由此，他感慨：只要坚守本愿，不为物欲诱惑、丧失自我，人就很容易有满足之感。只需沉浸在一杯美酒的醉意中，便可自得其乐。

延目中流，悠想清沂。

童冠齐业，闲咏以归。

我爱其静，寤寐交挥。

但恨殊世，邈不可追。

陶渊明《时运·其三》

　　第三首是一幅与修禊①风俗有关的画面。古代三月有修禊的传统，诗序中"游暮春""春服既成"与诗中"乃漱乃濯"等都与修禊之事有关联。画面中有故事，有情节，放眼凝视河中流水，不禁想起上古那清澈的沂水之湄。一群老少学子，完成了各自的课业后，游于沂水之滨，然后悠闲地唱着歌回家。那是我羡慕的恬静生活，

---

　　①修禊：语出王羲之《兰亭集序》，"暮春之初，会于会稽山阴之兰亭，修禊事也"，为东晋传统风俗之一，每逢阴历三月上旬的巳日，人们到水边交游嬉戏，以消除晦气。

清醒时，这情景就在我脑海中萦回。

陶渊明在这幅画面中设计了双重寓意，一是个人的平静悠闲，一是社会的和平安宁。在喧嚣激荡的现实中，陶渊明是孤独的，所以他有"偶景独游"之叹。人心平和正是他所处时代最缺乏的，他渴望朋友间能相融无间，然而遗憾的是，黄帝、唐尧时代天下太平、社会和谐、人心淳朴，可惜眼下这个时代已远远不能望其项背了。

> 斯晨斯夕，言息其庐。
> 花药分列，林竹翳如。
> 清琴横床，浊酒半壶。
> 黄唐莫逮，慨独在余。
>
> 陶渊明《时运·其四》

第四首描述陶渊明游春后回到家里的情景。这样美好的早晨，这样美好的夜晚，我在这简朴的草庐中悄然栖息。庭院的小径两旁种满了花卉药草，散发着沁人心脾的药香，绿树翠竹交相掩映。我那张素琴在琴架上横卧，旁边还放着一壶醇香四溢的浊酒。这幅画面从院子的全景到室内的特写，都使人隐隐感受到陶渊明在独处中无法抹去的忧伤。他的"陶然自乐"似乎蒙上一层淡淡的忧伤色彩，因为他所向往的黄唐盛世已无法追赶，只能独自感叹伤怀。

转眼到了初夏，陶渊明在无限孤独中静坐着。淅淅沥沥的雨水滴落在屋前茂盛的树枝上，坐在昏暗的东屋，面对屋外一片雨纷纷的世界，他想得很多：四十岁了，虽已辞官躬耕于南亩，但仕进之心并未完全泯灭。他想起先师孔子的话："四十、五十而无闻焉，斯亦不足畏也已。"一个人如果到四五十岁还籍籍无名的话，那这个人就不可能干什么大事了。他现在已经四十岁了，熟读圣贤书，每每想起先师孔子的教诲，他都心中不安。"独善其身"还是"兼济天下"，他站在中间摇摆不定。躬耕生活虽清苦，但自在逍遥、其乐无穷。他转念又一想，生命短暂，一个男儿若不能为功名奋斗，他的一生很有可能是虚掷光阴、碌碌无为的。

荣木，念将老也。日月推迁，已复九夏，总角闻道，白首无成。

采采荣木，结根于兹。
晨耀其华，夕已丧之。
人生若寄，憔悴有时。
静言孔念，中心怅而。
采采荣木，于兹托根。
繁华朝起，慨暮不存。
贞脆由人，祸福无门。
匪道曷依，匪善奚敦？
嗟予小子，禀兹固陋。
徂年既流，业不增旧。
志彼不舍，安此日富。
我之怀矣，怛焉内疚。
先师遗训，余岂之坠。
四十无闻，斯不足畏！
脂我名车，策我名骥。
千里虽遥，孰敢不至！

陶渊明《荣木并序》

荣木，感念老之将至而作。日月更替，时光如梭，转眼又到了木槿花盛开的夏季。我自幼接受了修身、齐家、治国、平天下的儒学之道，可如今已生华发，却还一事无成。

木槿花在夏季盛开，它的根须扎进泥土很深很深。艳丽的花朵迎着清晨的阳光绽放，日暮凋零委身于泥。人生一世如匆匆过客，终将深埋于黄土之下。静默思想人生之路，不禁悲叹年华如斯。夏季盛开的木槿花，清晨时分如火如荼地怒放，可怜到日暮时竟无存。坚贞脆弱皆由自己定夺，旦夕祸福怨不得别人。圣贤之道当谨慎遵循，勤勉为善是本心。可叹我无能又无德，天生固执又鄙陋。岁月匆匆，如白驹过隙，我仍是碌碌无为，学业毫无长进。我本立志勤求索，孰料一杯清酒误前程。每当念及此处，难免心伤痛，愧将年华付东风。先师孔子有遗训，时刻铭记未丢弃。吾今四十籍无名，振作精神尚可追。名车名骥万事俱备，只待扬鞭疾驰去。千里路途虽遥远，岂敢畏难半途而废！

木槿花早开晚闭，周而复始，最长花期长达九十天，故称"九夏"。这首诗虽然题为"荣木"，但陶渊明所写的对象并不专指荣木，而是借木槿花这种植物的勃勃生机来比喻他自强不息的功业追求。"荣木"作为一种美丽而苦短的意象，暗中契合他在诗中提出的主题——人生苦短。他忧于人生苦短，进而提出告诫，人若不争朝夕，即使"总角闻道"，到头来也会"白首不成"。

"四十无闻，斯不足畏"是这首诗最耐人寻味之句，这与他后来"采菊东篱下，悠然见南山"的咏唱，在心态上迥然不同，但这并不影响陶渊明完整的人格呈现。陶渊明与古代大多数读书人一样受传统文化的熏陶，怀着"学而优则仕"的梦想，但社会现实的黑暗粉碎了他的梦想，他在彻底失望后终于放弃了追求功名。陶渊明在写这首诗的时候，虽然已经辞官躬耕于南村，但他的进仕之心并未彻底泯灭。从这首诗中可以非常明显地看出他心中还留有建功立业的愿望。四十岁的陶渊明尽管受过官场挫折，对王凝之治理的江州有过失望，对司马道子一伙人把持东晋朝廷有过失望，对桓玄篡位感到失望，但现在他对国家的前途还没有失望到底。

转眼五月到了，初夏的味道更浓了，陶渊明独坐在破败的屋檐下，视野内烟雨茫茫。他在这个多雨的夏季想了很多，他已是不惑之年，经历了初仕、归隐、再出仕、又还家，现在他心犹未甘。这个雨天给了他一个深刻思考的机会，他对待人生的态度是什么？帝王将相们都在追求长生不老的仙术，他们真的能长生不死吗？

> 运生会归尽，终古谓之然。
>
> 世间有松乔，于今定何间？
>
> 故老赠余酒，乃言饮得仙。
>
> 试酌百情远，重觞忽忘天。
>
> 天岂去此哉！任真无所先。
>
> 云鹤有奇翼，八表须臾还。[1]
>
> 自我抱兹独，僶俛四十年。
>
> 形骸久已化，心在复何言。

陶渊明《连雨独饮》

人生无论高低贵贱，最后都会归于无有，这是宇宙苍生的至理。古代传说松乔二仙，如今他们在哪儿？故旧好友给我送来美酒，说饮下这甘露可成神仙。初饮一杯，杂念绝尘而去，继而再饮，又把

---

[1]云鹤有奇翼，八表须臾还：这两句引用了丁令威化鹤的典故，据《逍遥墟经》载，西汉时有一个辽东人名叫丁令威，他在灵墟山学道成仙化为仙鹤，当他返回辽东时，落在城门旁的华表柱上。这时候，一个少年看见了这只飞来的仙鹤，取出弓箭瞄准仙鹤准备射箭，仙鹤飞走了。这只由丁令威羽化的仙鹤依依不舍地盘旋于华表柱附近，有人听见仙鹤口中唱着一首歌谣："有鸟有鸟丁令威，去家千年今始归。城郭如故人民非，何不学仙冢累累。"后人多用此典比喻世事变迁。

苍天忘却。苍天何尝离此高远，任其自然无有在先。云鹤生有神奇的翅膀，遨游八荒即刻回归。我始终抱有任真的信念，孤寂贫困，勤勉至今已四十年。身体在无情地衰老，初衷不改有何可言？

这是一首饮酒诗，也是一首哲理诗。题目"连雨独饮"点明了陶渊明作此诗时饮酒的环境。在连日阴雨绵绵的环境下，独自闲居饮酒，可以想见陶渊明当时心境的凄楚，他在孤寂中想到了一个严肃的命题——人的生与死。自汉末乐府古诗盛行以来，文人雅士在创作的诗歌中不断感叹"生生不满百年"，而陶渊明对此的认知更加清醒，他说"运生会归尽，终古谓之然"。理智而达观，说清楚了他对自然运数的真正理解，融入天地万物运化之中的生命有生必有死，这是自古而然的规律。自秦汉始，帝王将相乃至一些名士靠炼丹吃药来乞求长生不老，对于道教求仙其嚣尘上的学说，陶渊明针锋相对地反问："世间有松乔，于今定何间？"

当身处黑暗政治中的魏晋士大夫们对长生不老的神仙之说持怀疑否定态度后，纷纷追求及时行乐，饮酒解忧，飘飘欲仙。于是，陶渊明那位老友也来劝他说饮酒成仙。对此，陶渊明是什么态度呢？他倒要试试这一说灵不灵验，所以"试酌"一杯。果然，一杯下肚后，人生不遂意的烦恼和各种情欲纷纷远去，再乘着兴致连饮几杯，忽然觉得天地万物都不存在了。饮酒果真可以助人成仙吗？"天岂去此哉！任真无所先"，这个转折问句暗含潜台词，陶渊明并不认为饮酒可以成仙，酒后腾云驾雾、飘飘欲仙只是一种短暂的感觉，"忽忘天"的"忽"字，就是在说那一时的感受，当人的"百情"在忘情忘我的时候，就是与物为一、与自然运化一体的境界。陶渊明并不主张醉生梦死而忘忧成仙，他要"任真"，他相信人生态度应该顺应人自身运化的规律。他已经四十年如一日地践行独任自然的人生态度，"形骸久已化，心在复何言"，即便形体依自然规律逐渐衰老，直至化尽，但他有"任真"的信念，就没什么可忧虑的。

　　陶渊明哲理诗的特色在于他独特的诗句结构，重在议论哲理，使用问句造成语意转折及语气的变化，前后映衬，紧扣开端的论题。陶渊明在这首诗中谈论的生死及乘化归尽的人生态度，抒发了他深厚的人生感慨，发人深省。他坚信自然界有生必有死，提出顺应自然的发展规律，同时表达了对黑暗现实的不满，愿在简朴清贫的田园生活中独守"任真"的信念。

第三章

开荒南野际　守拙归园田

不想当官挣钱，宁可种田养家，年轻气盛的他甚至可以干脆地一口回绝郡召，但他对农事不熟，不是一把庄稼好手，养不活一家人，窘迫的生活迫使他必须重新出仕，挑起养家的重担。他的仕宦生涯开始了，但对于热爱田园生活、厌倦官场的他来说，桓玄幕府三年的煎熬真是一日长于一年。

彭泽挂冠　归去来兮

元兴三年（404 年）三月，刘裕出任使持节等职，都督扬、徐、兖、豫、青、冀、幽、并八州诸军事后，首先整肃百官，率先垂范，严厉约束宫廷内外，朝廷风气焕然一新，政局开始稳定。陶渊明仿佛看到了一线希望。接下来，刘裕开始招贤纳士，这一举措与陶渊明直接发生了关系。此时陶渊明为母守孝期满，决定再次出仕。元兴三年（404 年）六月，在刘裕招揽贤士的感召下，陶渊明怀着决心和理想，到刘裕幕府做了一名参军。

陶渊明原本是桓玄的旧僚，但他的好名声让刘裕非但没有将他拒之门外，反而委以要职。与桓玄相比，刘裕更加心狠手辣，此人比较有政治头脑，善于玩弄权术。此时刘裕正肃清桓玄的残余势力，在这个微妙的时候，有三个原因使陶渊明躲过了刘裕的清洗。其一，陶渊明在桓玄篡权时，正在老家为母守孝，没有参与桓玄的谋反。其二，陶渊明秉性高洁，朝野内外很有声誉，眼下刘裕急需网罗人才，像陶渊明这样有才有德的人进入他的阵营对他有利无害。其三，陶渊明曾在桓玄府中做事，但为他美言的人很多，刘裕听到的都是正面评价，这一点也让刘裕对陶渊明放下心来。

参军是重要幕僚，官职级别很高。参军的职责范围很广，有谘议参军、记室参军、录事参军、诸曹参军等。记室参军掌管章表书记文檄，录事参军掌管总录官署文簿、举报弹劾官员善恶事项，谘议参军有军事参谋的资格和责任。陶渊明在刘裕府中具体担任什么参军没有明确记载，但从他本人的长处来看，有可能担任的是记室参军或录事参军。

当时刘裕的军府设在京口，陶渊明出任镇军将军府参军，赴京口上任行经曲阿（今江苏丹阳）。途中，他写下了下面这首诗。

> 弱龄寄事外，委怀在琴书。
> 被褐欣自得，屡空常晏如。
> 时来苟冥会，宛辔憩通衢。
> 投策命晨装，暂与园田疏。
> 眇眇孤舟逝，绵绵归思纡。
> 我行岂不遥，登降千里余。
> 目倦川涂异，心念山泽居。
> 望云惭高鸟，临水愧游鱼。
> 真想初在襟，谁谓形迹拘。
> 聊且凭化迁，终返班生庐。

陶渊明《始作镇军参军经曲阿》

年少不知世事艰，倾心的事只在琴与书。即使身着粗布衣衫，心里也快活；即使身处贫困、缺少食物，也心安理得。偶然遇到了出仕的机会，姑且暂时游迹于仕途。丢弃手杖，命人早晨准备行装，暂时别离田园，孤舟遥遥，渐行渐远，归思不绝，萦绕心间。此番行程难道不远吗？跋山涉水，千里有余。异乡的风景已经看倦了，忍不住思念田园，归心似箭。看到天上的云彩，羞对飞翔在高空中的鸟儿，看到河中的游鱼，惭愧自己身不由己。纯真朴素的思想自在心中，哪能受制于形体所为？且听凭自然的造化变迁，最终回到隐居的草庐。

全诗可分为四段，第一段自叙年轻时只爱弹琴读书，不喜欢沾染世俗事务，虽然清贫，但怡然自乐。通常情况下，当一个人沉浸在回忆过去的美好时光中时，往往是在曲折隐晦地表达对现实处境的不满。陶渊明开宗明义地强调年轻时寄身事外、委以琴书的生活，不难看出他是在含蓄地表达对当前仕宦生涯的反感。但即便厌恶案牍劳形的仕宦生活，迫不得已的出仕也是命运的安排，权且把这当作人生旅途中的一处驿站好了，安心从政吧。第二段的"时来苟冥会，宛辔憩通衢"直白坦言，把马车停靠在通衢大道上是不可能的，这只是小憩一会儿，"暂与园田疏"，别离田园也是暂时的。

第三段的"眇眇孤舟逝"看似语调平静，离悠闲宁静的山村越来越远，一路上的所见使陶渊明心有触动。官场险恶，水深不见底，初始出发时心态还算平静，现在开始起波澜了。路途越走越远，到了曲阿，计程千里有余，心潮难平，归思已到了不可遏止的地步，"目倦川涂异"一句不假辞色地表达出对此行的厌倦。天空中有鸟儿在自由飞翔，水中的游鱼在自由地游弋，但陶渊明的心灵和行动都受到束缚，毫无自由可言，他不禁生出愧怍之情。宋代罗大经在史料笔记《鹤林玉露·卷五·丙集》中记道："士岂能长守山林、常亲蓑笠？但居市朝轩冕时，要使山林蓑笠之念不忘，乃为胜耳。陶渊明《赴镇军参军》诗曰：'望云惭高鸟……'似此胸襟，岂为外荣所点染哉！"

诗人在第四段的最后四句中，坦露了立身行事的打算，"谁谓形迹拘"中的"形迹"可理解为为宦之形、出仕之迹。天空的飞鸟和水中的游鱼使他悟到了自由的珍贵，他重拾隐居初衷，宁愿复归淡泊无名的生活，于是鼓励自己：我不会为形迹所拘！"聊且凭化迁，终返班生庐"，前一句为应对当前处境的对策，后一句为对最终出路的打算。

这首诗层次清晰，将赴任途中的内心感受和心理变化娓娓道来，平淡中见精彩，含蓄细腻，实乃陶渊明精心结撰的佳作。诗中遣词造句不乏精妙之处。"时来苟冥会"，一个"会"字传神地表现了陶渊明任其自然交会的人生态度。"目倦川涂异"，一个"异"字包罗万象，涵盖了沿途山水各异的美景，从浔阳至曲阿，长江大川、清流小溪、匡庐飞峙，钟山盘曲蜿蜒，然而如此美景，为何会让陶渊明"目倦"呢？此处与其说是"目倦"，不如说是"心倦"、心累，含蓄地表明了对官场的厌倦，措辞甚妙。

陶渊明这次出仕也是一波三折，他没有在刘裕的幕府中施展身手，反而郁郁不得志。尽管刘裕肃清桓玄的残余势力时，对陶渊明不做追究，但陶渊明依然事事不方便。再者，刘裕表现出的残暴也让陶渊明难以忍受，出仕与复归天天在陶渊明脑子里萦绕着，他再一次备受仕宦生涯的煎熬。

此时刘裕委任刘敬宣为建威将军、江州刺史。刘敬宣是镇北将军刘牢之之子。作为将门之子，刘敬宣在隆安三年（399 年）随父出征讨伐孙恩，击败孙恩叛军，攻下会稽郡。孙恩率领残部逃往海岛中。隆安五年（401 年），孙恩进攻刘裕驻守的句章（今浙江宁波市江北区慈城镇南）。双方攻守旗鼓相当，僵持不下。刘敬宣自动请缨，驰援刘裕，击退孙恩。

刘敬宣的驻地在浔阳，那里是陶渊明的故乡。陶家离江州府也很近，所以陶渊明很愿意到刘敬宣手下去做事。离家近，可以公私兼顾，又可以远离刘裕。很快，陶渊明转到刘敬宣手下做参军。

但是陶渊明在江州府的日子并没有他想象得那样轻松。汉代城阳景王刘章的后代刘毅在收复江陵、驱逐了桓楚残余势力后，对刘敬宣被封为江州刺史不服。刘毅喜欢对他人说三道四，史载"王公贵人望风惮之"。他认为自己劳苦功高，刘敬宣的名次应该在他之后，所以他上书刘裕，寻隙攻击刘敬宣，说："闻已授郡，实为过优；寻复为江州，尤用骇惋。"意思是说，刘敬宣没有参加讨伐桓玄的行动，他担任晋陵太守已经很出格了，如今任命他为江州刺史更是令人骇然。其实刘裕授刘敬宣为江州刺史时，刘敬宣以无功不受禄为由，推辞过刘裕的任命，说自己不应该在刘毅和何无忌等功臣受封赏之前就受职，但刘裕坚持要把这个官给他。刘敬宣知道此事后，非常不安，干脆上表请求解职，陶渊明为刘敬宣上表辞职之事奉命前往京都，途中经钱溪（今安徽池州市贵池县梅根港）。

钱溪是当年沿江的著名港口，时值三月，天空中飘浮着花香，令人心醉，和煦耀眼的阳光洒在陶渊明疲惫的身躯上。

> 我不践斯境，岁月好已积。
>
> 晨夕看山川，事事悉如昔。
>
> 微雨洗高林，清飙矫云翮。
>
> 眷彼品物存，义风都未隔。
>
> 伊余何为者，勉励从兹役？
>
> 一形似有制，素襟不可易。
>
> 园田日梦想，安得久离析？
>
> 终怀在归舟，谅哉宜霜柏。
>
> 陶渊明《乙巳岁三月为建威参军使都经钱溪》

再次来到这片土地，岁月像堆积的尘埃，厚重如山。晨昏日暮，眺望山川，往事依然如故，微雨洗尘，林木葱绿，疾风劲吹，鸟更高飞，顾念山川万物茂盛，风雨适时从不爽约。不知自己是何缘故，吃苦讨累奉这差役？身体好似受束缚，抱负在胸志不移。夜夜梦里归田园，岂能长久两离？时光流逝，终将返回故里，学那霜中松柏傲然挺立。

陶渊明不止一次到过钱溪，关于他到钱溪的时间，从江西宜丰陶氏族谱中可以查到一条记载："乙巳三月，公使都，经钱溪，复邦族……"言之凿凿，说明他以前来过钱溪，并与这里的陶氏家族有过应酬。现在旧地重游，他不由得感慨万端，"晨夕看山川，事事悉如昔"两句说尽他对这个地方爱得多么深沉，从早到晚都看不够这里的山川景色。从桓玄篡位到刘裕起兵讨伐，战争结束的两三年间，世间发生了很大变化，江山依旧，物是人非。

这是一首构思颇具特色的诗，前半部分重在表达陶渊明的内心意念，用的是触景生情、寓情于景的手法，语言生动，形象深刻；后半部分是深化主旨，在托物言志上章法均衡，过渡无痕，凸显出了诗歌的整齐和谐之美。"微雨洗高林，清飙矫云翮"这两句被认为是陶诗中情景交融的佳句。时值暮春三月，细如游丝的春雨洗润了高林，使高林更显青绿可爱；鸟儿在一碧如洗的空中飞翔，清风托举，更显轻盈自如。无限春光尽收眼底，风、雨、林、鸟都被收入陶渊明眼前的画面中，清代诗论家潘德舆评价它"体物之妙，畴非以化工兼画工者"。历来诗家认为，陶诗中的飞鸟、园林诗句无一不赋有"为仁"的思想，这是陶诗的一个显著特征。就思想内容和艺术特色而言，这两句有很高的美学境界。

此次陶渊明带着上司辞职的公文路过钱溪，心里别是一番滋味，看着眼前的景物，鸟飞高空、鱼游水中，自己却毫无自由可言。故乡的田园有无限的吸引力，他心里泛起归去的感情，迫切想回到故乡去过归隐的生活。这次他彻底明白了，他不是一个善于在暗流涌动的官场上左右逢源的人。

如果刘敬宣离开了江州府，陶渊明失去依托，他又将去哪里做参军呢？他很清楚自己的特殊身份，他和刘敬宣一样没有参加讨伐桓玄的行动，况且他还做过桓玄的幕僚，而且众人皆知，桓玄待他甚厚。连刘敬宣这样的将门之子都被弹劾了，说不定哪天这把火也会烧到自己头上。同时他也看到刘裕在排除异己中屠刀见红的残忍，即便那些立过军功的人，最后的下场也是兔死狗烹。种种考虑后，陶渊明做出最后决定。就在刘敬宣离开江州后，义熙元年（405年）三月，陶渊明也弃官归田，这是他第三次离开官场，这一年，陶渊明四十岁。

陶渊明弃官回家闲了五个月，他想心安理得地种地过日子，无奈兵荒马乱，日子过得很艰难。此时他已是五个孩子的父亲，看着孩子们和妻子面黄肌瘦的模样，陶渊明心里隐隐作痛。彼时，他的叔父陶夔担任朝廷太常卿，是掌管国家祭祀礼乐的三品高官。陶夔劝陶渊明出去做官挣钱养家，于是，在陶夔的引荐下，陶渊明到彭泽做了县令。彭泽县是个小县，距浔阳有百余里路程，彭泽县令的官职只是个七品芝麻官。为了一家人的生计，陶渊明再一次出仕。关于这次出仕，《宋书·列传第五十三》载："谓亲朋曰：'聊欲弦歌，以为三径①之资，可乎？'"意思是，陶渊明打算出来做官，为自己日后抚琴吟唱的隐居生活攒点本钱，可以吗？从而佐证他确实

---

①三径：汉代隐士蒋诩因王莽执政而告病还乡，曾在房前开辟了三条小径，只与羊仲、求仲两位隐士来往。后以"三径"代指隐居的场所。

是为了这"三径之资",不得不向俗世低头的。

陶渊明留下家眷独自到彭泽上任,他嘱咐家人在家种田,自食其力。长子陶俨当时十四岁,自己种地为生,陶渊明派了一个在官差服役的年轻劳力来帮忙打柴挑水。他在给儿子的信中说:

汝旦夕之费,自给为难。今遣此力,助汝薪水之劳。此亦人子也,可善遇之。

萧统《陶渊明传》节选

字里行间的善良宽厚,历历可见。陶渊明这次去彭泽做官除了解决一家人的生计以外,还有一个很重要的原因。县衙属下有三百多亩公田,这些公田的使用权由县令执掌,田里种什么也由县令说了算。对于喜欢喝酒的陶渊明来说,这是个莫大的诱惑。过去因为穷,没钱买酒,现在命人在公田里种上高粱,就可以酝足够的酒了。当然他最后没有喝上那些酒,因为还没等高粱长熟他就离职了。

一转眼,他在彭泽县令的职位上干了八十余天,一天,州郡派遣一名督邮来彭泽县检查工作。督邮是代表太守督察县乡工作的官员。说来也是巧合,陶渊明的曾祖父陶侃早年在孝廉范逵的引荐下,得到了郡里的一个官职,就是督邮。

东晋末年,官府对百姓的盘剥如狼似虎,督邮在秋季至年末下乡巡视,常常是来催缴租税的。这些督邮仗着郡太守狐假虎威、欺上瞒下,个个都会借这个机会索要贿赂,这几乎是一条不成文的规定,因此为了保住头上的乌纱帽,没有人惹得起这些督邮。这天,督邮到来,陶渊明下属的一句话直接点燃了他内心郁积已久的怒火,导致他挂印辞官。这名下属对陶渊明说:"您应该穿戴整齐、束上衣带去拜见上差。"因为这句话,陶渊明火冒三丈,这些横行霸道的人算什么东西！无奈世道黑暗，他长叹一声："吾不能为五斗米折腰，拳拳事乡里小人邪！"即日便挂冠去职。众人苦苦挽留而不得。

陶渊明很快就坐上了归家的舟船。江水湍急，两岸秀丽的自然风光扑面而来，随即向后退去。他脑海里浮现出一大片绿油油的田野，那是他故乡的土地。自家的田园渐渐逼近视野，在水旱两路的终点，那是他朝思暮想的家。这一次他决定彻底归隐，不再出仕，并赋《归去来兮辞》，以明心志。

《归去来兮辞》是陶渊明创作的抒情小赋，也是他回归田园的宣言。作品全篇弥漫着宁静恬适的意境，语言朴素，感情真挚，富有情趣；笔调清新，音节谐美。陶渊明在结构安排上堪称一绝，时而叙事，时而议论，写景抒情，恰到好处。北宋文学家欧阳修极其看重此文，赞颂它："晋无文章，惟陶渊明《归去来兮辞》一篇而已。"

余家贫，耕植不足以自给。幼稚盈室，瓶无储粟，生生所资，未见其术。亲故多劝余为长吏，脱然有怀，求之靡途。会有四方之事，诸侯以惠爱为德，家叔以余贫苦，遂见用于小邑。于时风波未静，心惮远役，彭泽去家百里，公田之利，足以为酒，故便求之。及少日，眷然有归欤之情。何则？质性自然，非矫厉所得。饥冻虽切，违己交病。尝从人事，皆口腹自役。于是怅然慷慨，深愧平生之志。犹望一稔，当敛裳宵逝。寻程氏妹丧于武昌，情在骏奔，自免去职。仲秋至冬，在官八十余日。因事顺心，命篇曰《归去来兮》。乙巳岁十一月也。

归去来兮，田园将芜胡不归？既自以心为形役，奚惆怅而独悲？悟已往之不谏，知来者之可追。实迷途其未远，觉今是而昨非。舟遥遥以轻飏，风飘飘而吹衣。问征夫以前路，恨晨光之熹微。

乃瞻衡宇，载欣载奔。僮仆欢迎，稚子候门。三径就荒，松菊犹存。携幼入室，有酒盈樽。引壶觞以自酌，眄庭柯以怡颜。倚南窗以寄傲，审容膝之易安。园日涉以成趣，门虽设而常关。策扶老以流憩，时矫首而遐观。云无心以出岫，鸟倦飞而知还。景翳翳以将入，抚孤松而盘桓。

归去来兮，请息交以绝游。世与我而相违，复驾言兮焉求？悦亲戚之情话，乐琴书以消忧。农人告余以春及，将有事于西畴。或命巾车，可棹孤舟。既窈窕以寻壑，亦崎岖而经丘。木欣欣以向荣，泉涓涓而始流。善万物之得时，感吾生之行休。

已矣乎，寓形宇内复几时，曷不委心任去留？胡为乎遑遑兮欲何之？富贵非吾愿，帝乡不可期。怀良辰以孤往，或植杖而耘耔。登东皋以舒啸，临清流而赋诗。聊乘化以归尽，乐夫天命复奚疑！

陶渊明《归去来兮辞并序》

我家贫穷，耕田植桑不足以糊口。孩子很多，米缸里拿不出隔夜之粮，又没有赖以维生的一技之长。亲友都来劝我去做官，我心里也有这个打算，可是求官缺少门路。正赶上有到外地任职的差事，地方大吏以礼贤下士为美德，叔父也因为我家境贫穷而四处奔走设法，这样，我被委派到小县做官。那时社会局势动荡不安，远走他乡做官，心里不免忧惧。彭泽县离家约一百里，公田征收的粮食足以酿酒饮用，因而请求去那里。一些时日过后，怀念故乡的感情日复一日地炽烈起来。为什么会这样？我的本性任其自然，非勉强能成。但眼下解决饥寒问题是燃眉之急，所以只能违心去做官，身心备受煎熬。过去为官效劳，是为了温饱而役使自己，所以惆怅感慨，心绪难以平静，深深自责有愧于平生志向。因为内心希望看到家里的这一茬庄稼成熟，便收拾行装连夜离去。不久，听说嫁到程家的妹妹在武昌溘然离世，前去吊丧的心情急迫如奔驰的骏马，自动请求免去官职。自立秋第二个月到冬季，在职八十余天。因辞官而顺遂了心愿，挥笔而就一篇文章，名曰"归去来兮"，作于乙巳年十一月。

回去吧！田园即将荒芜，为什么还不回去呢？既然躯壳役使了心灵，还有什么理由悲愁失意？我已大彻大悟，明白错误不可挽回，但尚未发生的事还有补救的余地。我不否认陷入了迷途，但还好走得不算太远，而且已觉悟到今天的选择是正确的，只有曾经走过的路才是迷途。船在水面上轻快地顺流而行，清风轻轻吹拂，衣袂翩翩。我询问征夫前面的路，恨晨熹现身太慢。

终于看见了自己的家，欣喜万分，狂奔而去。家僮喜迎我进门，诸幼子早已等候在门庭。院子里的小径快要荒芜，松菊依然挺拔。我领着幼子进入内室，早有清酿溢满了酒樽。端起酒杯，我自斟自饮，院子里嘉木亭亭如盖，看着真让人心明眼亮；倚着南窗寄托怡然自得的心情，即便身处陋室也非常惬意。天天在院子里散发慢走，自有一番别样的乐趣。小园门扉时常关闭，我拄着拐杖到处转悠，随时随处可歇脚，不时抬头望远方。云气从山里冒出，缭绕山间，倦飞的小鸟也知道回巢了。光线黯淡，太阳落下西山，手抚孤松，因为留恋此情景而多次徘徊。

回来呀！我要与世俗之人割席绝交。世事与我的愿望背道而驰，有什么值得我去探求的？只有亲人之间的知心话最暖心，只有弹琴、读书才能解除忧愁。农夫给我传递春天的喜讯，西边田野开始耕种了。有时乘上一辆有帷的小车，有时划着一艘小船；有时在曲折幽深的山谷行走，有时在高低不平的路上颠簸。到处草木繁茂，涓涓细流。自然界万物一到春天就萌发勃勃生机，感叹自己一生瞬间即过。

算了吧！还有多少时日在世上，为什么不能放下一切，任其生死、听天由命呢？为何心神不安，想要去哪儿？富贵非我所求，修炼成仙是没有指望的。不如趁着大好春光赋予的美好年华，独自外出，或放下手杖，拿起镬头除草培土；或登上东边的山岗仰天长啸，在清澈的溪流边吟诵诗篇，顺其自然地度过一生，最好的心态是乐天安命，还有什么可忧虑的呢？

彭泽为官是陶渊明最后一次出仕，此后再也没有做过官。陶渊明自太元十八年（393年）起为祭酒，到义熙元年（405年）出任彭泽县令，这十三年中，几次出仕，几次归隐。他在十三年的官场熬煎中终于认清了东晋的政治腐败、社会黑暗。他清廉孤直的品格注定了与这个现实的根本对立，也注定了他唯一的最终选择——归隐。他的这篇《归去来兮辞》标志陶渊明一生的转折，也是中国文学史上表现归隐意识的创作高峰。

全篇诗句韵律悠扬，吟诵朗朗上口，舒缓雅致。叠音词则表现出很强的音乐感，如"舟遥遥以轻飏，风飘飘而吹衣""木欣欣以向荣，泉涓涓而始流"。而对偶句就像陶渊明手中撒出的珍珠，正对、反对，错落有致。读《归去来兮辞》除了有对文字的美感享受之外，还有能感受到陶渊明隐藏在诗中的无可奈何和忧愁，这是一种沉重的感受。本质上看，陶渊明并不是一个只愿纵情山水的纯粹隐士，他骨子里蕴含着忧国忧民的情怀，他实际上是一个关心时事的知识分子，一个实至名归的田园诗人，一个伟大的政治理想家，这才是更接近真实的陶渊明形象。

羁鸟恋旧林　池鱼思故渊

陶渊明回家不久，朝廷征召他为著作郎，他拒绝应召，决意隐居在他热爱的家园中。不觉深秋时节到了，院内小径上的杂草枯黄，呈现出深秋的萧索，但院内松树青翠、菊花怒放。此时，怒放的菊花和挺拔的青松使他心里颇得安慰，那是他最喜欢的秋天的色彩以及他崇尚的松菊高洁的品性。屋内的桌子上，妻子为他准备了饭菜，桌上醒目地摆放了他最爱的一壶美酒。他"引壶觞以自酌"，凝望着庭院里苍翠的松树，此情此景，百般感喟。这年的十一月，对于陶渊明来说，意义非凡。

现在，他已完全摆脱了官场的羁绊，成为一个拥有自由的人。这个曾经的迷路者，回到了厚实的土地上。义熙二年（406 年），陶渊明把家从上京里搬到了园田居，开始了他热爱的农耕生活。他用诗歌记录劳动的感受及田园之美。黄昏后的村庄静寂无声，偶尔有或远或近的狗吠声打破这宁静。夜里借着月亮和星星的光亮，看着阡陌纵横的田野在大地的怀抱中恬静地熟睡。这个时期，陶渊明写下了组诗《归园田居》。

少无适俗韵，性本爱丘山。
误落尘网中，一去三十年。
羁鸟恋旧林，池鱼思故渊。
开荒南野际，守拙归园田。
方宅十余亩，草屋八九间。
榆柳荫后檐，桃李罗堂前。
暧暧远人村，依依墟里烟。
狗吠深巷中，鸡鸣桑树巅。
户庭无尘杂，虚室有余闲。
久在樊笼里，复得返自然。

陶渊明《归园田居·其一》

少小时就不喜欢世俗气韵，天生本性热爱大自然。偶然失足跌入了仕途的网罗，转眼间，离开田园已经十年有余。笼中的鸟儿常常依恋往日的山林，池里的鱼儿向往从前的江河大海。我情愿在南野际开垦荒地，拙朴秉性不改，归耕田园。无需雕梁画栋的富丽堂皇，八九间草屋散落在榆树柳树之间，屋前屋后绿荫环绕，桃红李白，竞相争艳于堂前，素雅与绚丽交相辉映。在空旷的田野上，村落相隔，像一幅国画大师的水墨画，袅袅炊烟在田野上轻柔地四处弥漫。忽然远处有狗在深巷中吠叫，惊起一阵鸡鸣声，此起彼伏的叫声震得树梢上的枝叶瑟瑟作响。

野外罕人事，穷巷寡轮鞅。
白日掩柴扉，虚室绝尘想。
时复墟曲中，披草共来往。

相见无杂言，但道桑麻长。

桑麻日已长，我土日已广。

常恐霜霰至，零落同草莽。

陶渊明《归园田居·其二》

　　我住在偏僻的里巷，与外界交往很少，很难听到车马喧嚣的声响。白天经常关闭柴门，一个人在空室中独处，不生杂念。偏远的村落里，人情淳厚，都是真心实意地来往。相见时闭口不言世俗之事，只道桑麻长势可好。我种的桑麻天天在长高，我开垦的土地在日益增广。时常担心一夜严霜降临，把我种的桑麻打得七零八落，如同草莽一样。

　　第二年春天，陶渊明扛起锄头，在南边那片荒野中开垦出一块耕地，并种上了庄稼。

种豆南山下，草盛豆苗稀。

晨兴理荒秽，带月荷锄归。

道狭草木长，夕露沾我衣。

衣沾不足惜，但使愿无违。

陶渊明《归园田居·其三》

　　在南山下的田野里种下豆子，结果杂草茂盛而豆苗稀疏。清晨天还未大亮就急忙下田去铲除杂草，直到夕阳西下，披着月光扛锄回家。狭窄的小路上草木丛生，傍晚露水滴落，沾湿了我的衣裳。衣衫湿透了也不足惜，只愿我不违背归隐的初衷。

久去山泽游，浪莽林野娱。

试携子侄辈，披榛步荒墟。

徘徊丘垄间，依依昔人居。

井灶有遗处，桑竹残朽株。

借问采薪者，此人皆焉如？

薪者向我言，死没无复余。

一世异朝市，此语真不虚。

人生似幻化，终当归空无。

陶渊明《归园田居·其四》

离开山泽出去做官，在官场游历了很久，现在返回林野又找回了昔日的欢娱。姑且带着我的儿女侄子们，拨开乱草荆棘，寻访那深埋的废墟。我在荒野墓地之间往返，依稀还记得往日旧居的遗迹。房屋的井灶下尚留有灰烬，残留着桑竹枯枝。我向这里的打柴人问询："请问过去居住在这里的人去了哪里？"打柴人答曰："早都死光了，而且也没有留下后裔。"三十年沧桑巨变，真是一点不虚言！人生一世虚幻无常，最终难逃灰飞烟灭而归于尘土。

怅恨独策还，崎岖历榛曲。

山涧清且浅，可以濯吾足。

漉我新熟酒，只鸡招近局。

日入室中暗，荆薪代明烛。

欢来苦夕短，已复至天旭。

陶渊明《归园田居·其五》

满怀惆怅拄杖回家，崎岖的小路上荆棘丛生。从山涧中汩汩流出的溪水又清又浅，可用来洗我疲惫的双脚，振奋精神。把我新酿的米酒滤一滤，宰一只小鸡款待近邻。日落后光线黯淡，昏暗无光的屋里没有照明的烛火，只好把柴薪点燃。欢乐时只怨夜间太短，不觉间旭日东升，朝霞已布满了天空。

以上就是陶渊明创作的组诗《归田园居》，这组诗生动地描写了陶渊明弃官归隐后的生活和独特感受。虽然分别讲述了不同的事件及体会，或以如释重负的心情倾吐对官场的强烈厌倦；或以白描手法写乡村天地的恬静纯美；或饶有趣味地道出陶渊明对耕种生活的亲自体验；或写从官场重返乡野林间的生活情趣，感叹世道沧桑。这五首诗虽以不同角度写成，但并不影响组诗的风格和思想的完整性。陶渊明丰富而充实的隐居生活、欢愉明朗的色彩辉映全篇，其间又有感情波澜、转折，但在总体上不能掩盖他乐在其中的真实感受。总之，这组诗表现了陶渊明不愿与世俗同流合污、安于清贫、追求自由的高尚品性。

陶渊明的家乡柴桑县城在浔阳郡治下，因此也被称为浔阳城。当时的柴桑县令叫刘程之。刘程之在隆安五年（401年）当上柴桑令，故称刘柴桑。刘柴桑于元兴二年（403年）弃官归隐，筑室于庐山西林，并皈依了佛教，师事庐山东林寺高僧慧远。

慧远俗姓贾，出身书香之家，精通儒学，旁通老庄，雁门郡楼烦县（今山西原平大芳乡茹岳村）人。慧远从小资质聪颖，勤思敏学，十三岁时随舅父令狐氏游学许昌、洛阳等地。二十一岁时偕同弟弟前往太行山聆听道安法师讲《般若经》，悟彻真谛，舍俗出家。之后，随从道安法师修行。东晋安帝义熙十二年（416年），慧远自知宿缘已尽，安然元寂于东林寺，时年八十二岁。

义熙十年（414年），高僧慧远与刘程之在江西庐山邀集了十八位高贤，于东林寺结社念佛，并凿池种植白莲花，将念佛之地取名为"白莲社"。这是佛教史上最早的结社，刘程之成为该社"十八贤"之一。刘程之早先在朝为官时，许多王公大臣先后为他引荐其他高职，皆被他一一辞谢。刘程之前往庐山东林寺时，慧远高僧问他："官禄显赫，云何不为呢？"刘程之回答说："晋朝的社稷已没有了坚固的磐石基础，覆巢之下，众生皆如危卵，我又何必去做官呢？"当时权势炙手可热的刘裕见他不为高官厚禄所动，称其为"刘遗民"，赞他德行高洁。陶渊明曾跟随刘程之多次进入庐山，差点被刘程之介绍进入白莲社。

高僧慧远也很希望陶渊明能加入白莲社，陶渊明说："弟子性嗜酒，法师许饮即往焉。"不料慧远真的答应了。得到了这个承诺后，陶渊明当时就有些心动。可他来到东林寺后，就在最后关头，事情起了戏剧性的变化。慧远的力劝突然使事情来了个一百八十度的大转弯，陶渊明把脸一沉，皱着眉头就走了。前后如此大的反差，到底是为什么呢？陶渊明是一个生性洒脱、崇尚自由的人，他哪里受得了佛教诸多的清规戒律？况且在他朴素的世界观里，他与佛教宣扬来世和西方极乐世界的教义也格格不入。

> 元亮与白莲舍中人，朝夕聚首，虽劝驾有人，终不为所污。及观其诗，乃多涉仙释。可见，人只要心有主宰，若假托之辞，何必庄、老，何必不庄、老；何必仙、释，何必不仙、释。放浪形骸之外，谨守规矩之中，古今来元亮一人而已。
>
> 清·钟秀《陶靖节纪事诗品·卷一》节选

钟秀的评价很中肯，一个人如果心有定规，形成了既定的观念，只要是出于自己的本心所愿，不管多少人来游说，都不可能左右最后的选择。陶渊明是一个有独立见解的人，在东晋乱象丛生的社会中，他始终保持着清醒的头脑，我行我素，不人云亦云，也不随波逐流。这正是陶渊明的高明之处，也是他的可敬可爱之处。

虽然陶渊明与刘程之、慧远没有共同信仰，但这并不影响他们之间交厚。君子群而不党，陶渊明有时也到庐山去找刘程之叙旧聊天，高僧慧远依然将陶渊明视为知己。据宋陈舜俞的《庐山记》载："远法师居庐三十年，影不出山，迹不入俗，送客过虎溪，虎辄鸣号。昔陶元亮居栗里山南，陆修静亦有道之士，远师尝送此二人，与语道合，不觉过之。因相与大笑，今世传《三笑图》。"

这个故事很有意思，慧远在庐山西北山麓的东林寺中潜心研究佛法，立有誓约："影不出户，迹不入俗，送客不过虎溪桥。"慧远与许多名士都有往来，但他送客离去时，绝对不过虎溪桥。一次，陶渊明和道士陆修静前来拜访，相谈甚欢，不觉天色渐晚。慧远送二人下山，一边走一边闲谈，谈兴正浓，不知不觉竟越过了虎溪的界线，忽听得山崖中虎啸生风，悚然发现早已越过虎溪界限了。三人不禁相视大笑，执礼作别。后来有人在三人分手处建了一座"三笑亭"，并题词曰："桥跨虎溪，三教三源流，三人三笑语；莲开僧舍，一花一世界，一叶一如来。"

刘程之弃官归隐后，接替刘程之的官员被称作丁柴桑。关于这位丁柴桑姓甚名谁，史料上没有明确记载，只知道他姓丁。在刘程之的介绍下，陶渊明与丁柴桑逐渐成为莫逆之交。两人交往，并非陶渊明对这位父母官有所求，而是丁柴桑的人品赢得了陶渊明的尊重。这位新上任的县令从善如流，秉公办事，有"秉直司聪，于惠百里"的善德，又有"餐胜如归，矜善若始"的开明。在东晋腐败黑暗的官场中，这样的官员实在难得，两人很快成为无话不说的好友。二人交往频繁，常常带着酒一同出游，开怀畅言，抒发心底对东晋社会现实的忧虑。他们处在历史上战乱最频繁的年代，在兵荒马乱的年月，唯一能让他们从现实的悲痛中解脱的就是经常在乡间的一隅尽情饮酒，谈论生命、思想和诗文。

一天傍晚，陶渊明站在庭院里，就在这夜色急速笼罩四野的时刻，他抬头看见飞鸟疾速飞往林间归巢，天空中叽叽喳喳的鸟叫声和划过天空的振翅声传到他的耳中，心底不由得泛起一阵感动。

> 翼翼归鸟，晨去于林。
>
> 远之八表，近憩云岑。
>
> 和风不洽，翻翮求心。
>
> 顾俦相鸣，景庇清阴。
>
> 翼翼归鸟，载翔载飞。
>
> 虽不怀游，见林情依。
>
> 遇云颉颃，相鸣而归。
>
> 遐路诚悠，性爱无遗。
>
> 翼翼归鸟，驯林徘徊。
>
> 岂思天路，欣反旧栖。
>
> 虽无昔侣，众声每谐。
>
> 日夕气清，悠然其怀。
>
> 翼翼归鸟，戢羽寒条。
>
> 游不旷林，宿则森标。
>
> 晨风清兴，好音时交。
>
> 矰缴奚施？已卷安劳。

陶渊明《归鸟》

归鸟在空中翩翩飞舞，它们清晨就离巢飞出林间。在辽阔的天空自由飞翔，它们落脚憩息的地方离天空很近。温暖的春风吹拂，掉转方向，顺风飞翔，以求遂心。且看同伴叽叽喳喳，把那小小的身影藏在清幽的树荫底下。归鸟在空中自由翱翔，任意飞动。如今远飞的意志已消磨殆尽，只要一见到丛林便依依不舍。上下翻飞云层阻隔，呼朋唤友结伴而归。青云之路诱惑无限，天性恋巢实难舍弃。归鸟盘旋林间，悠然自在，谁还会对登天路心存希望，单是返回旧林就已满心欢畅。昔日的伴侣虽已离去，群鸟和谐的鸣唱一片欣然。黄昏的薄暮在夕照下清新宜人，林间的嬉戏闲适惬意。归鸟轻敛双翅，翩然落在枝头，它在空阔的林间尽情嬉闹，夜晚来临，安逸地栖在高高的树梢。晨风吹拂更添了兴致，百鸟和谐地鸣唱，叽叽喳喳乐陶陶。矰缴已废，派不上用场，藏起来的射猎者空操劳一场！

陶渊明在这首诗中表达了自己对自由生活的向往与追求，亲近天性、回归自然的心态跃然纸上。明代黄文焕在《陶诗析义》中评价这首诗的艺术手法说："以比体为赋体。"全诗沿用《诗经》中"比"的艺术手法，以归鸟喻陶渊明的归隐之志。陶渊明笔下的鸟不同于阮籍笔下的云间玄鹄，胸有超尘之志；也不同于祢衡笔下的娇贵小鸟，自恃有殊世之才。陶渊明笔下的鸟是最常见的鸟，普通而平凡。晨曦微露，它们便从林中飞出，飞向广阔的天空，自由自在，不用担心罗网。日暮时分，它们又成群地飞回林间，回到它们温暖的窝巢，不用担心漂泊无依。养育它们的树林，是它们生命的起点，亦是它们生命的归宿。自由和谐的人生是陶渊明思想的落脚点。他追求进取却常陷迷惘，曾经他出仕进入官场，就像误入罗网的鸟儿被官场的矰缴捕获，犹如一只"日暮犹独飞"的"失群鸟"，而他的生命和精神家园的依托就是回归田园。世俗表象下掩藏的黑暗使他彻底清醒过来，现在他挣脱了罗网，他就像那一群急匆匆回归树林的鸟儿一样，收拢了羽翼，栖息到他灵魂的家园里。

义熙元年（405 年）十一月，陶渊明同父异母的妹妹在武昌去世。这个比陶渊明小三岁的妹妹因为嫁给了一户程姓人家，故史书上称为程氏妹。程氏妹去世时，陶渊明正在彭泽令任上，接到丧报，他立马辞去彭泽令前去奔丧。过了一年半后，义熙三年（407年）五月，陶渊明写下祭文祭奠这个唯一的妹妹。

维晋义熙三年五月甲辰，程氏妹服制再周。渊明以少牢之奠，俯而酹之。呜呼哀哉！

寒往暑来，日月寖疏。梁尘委积，庭草荒芜。寥寥空室，哀哀遗孤。肴觞虚奠，人逝焉如！

谁无兄弟，人亦同生。嗟我与尔，特百常情。慈妣早世，时尚孺婴。我年二六，尔才九龄。爰从靡识，抚髫相成。

咨尔令妹，有德有操。靖恭鲜言，闻善则乐。能正能和，惟友惟孝。行止中闺，可象可效。我闻为善，庆自己蹈。彼苍何偏，而不斯报。

昔在江陵，重罹天罚。兄弟索居，乖隔楚越。伊我与尔，百哀是切。黯黯高云，萧萧冬月。白雪掩晨，长风悲节。感惟崩号，兴言泣血。

寻念平昔，触事未远，节疏犹存，遗孤满眼。如何一往，终天不返！寂寂高堂，何时复践？茕茕孤女，曷依曷恃？茕茕游魂，谁主谁祀？

奈何程妹，于此永已！死如有知，相见蒿里。呜呼哀哉！

陶渊明《祭程氏妹文》

晋义熙三年五月六日，为程氏妹服丧已满十八个月了。渊明我用猪、羊二牲来祭奠你，端一杯酒躬身洒地。唉，悲哀啊！

寒来暑往，逝者如斯，屋梁上布满了尘埃，庭院里杂草满径，处处是一片荒芜和凄凉。她留下的孤女独自在空荡荡的屋里悲哀地哭泣。供桌上摆放的酒肉只是空有的祭奠，你逝去了，魂归何处！

世上谁无兄弟姐妹，一样是父母所生。唉，我们的兄妹之情，超过常人百倍。慈母早逝，那时你还是个小孩，我十二岁，你九岁。在那无知懵懂的年代，我们相依为命，互相支持着长大。

唉，你是我最善良的妹妹，你有贤德的品行，又有美好的操守。你总是那么安静谦逊，少言寡语，听到又美又善的好事情，内心便喜悦无比。你的为人是那么端正温和，既与兄弟相爱和睦，又很孝顺长辈。你的言行都是淑女之典范，值得他人学习效法。我听闻行善之人只要通过自己的努力，就能过上幸福的生活，可是苍天并不善待你，生活以痛给你，你却报之以歌！

昔日在江陵之时，上天再一次痛击我们——母亲去世。你我由此分隔两地，异地而居。惟有我们兄妹二人，在无尽的哀痛中煎熬。天空乌云密布，寒冬腊月风雪凛冽，白雪覆盖了清晨的大地，北风在狂野恣肆地呼号。我悲恸地叩头痛哭，眼中不断落泪，心里也在滴血。

追思过去的年月，往事历历在目，如在眼前，互通的书信墨迹犹新，你的遗孤就在我眼前。为何你一去就永不返回！寂静的高堂上，何时再现你的足迹？幼小的孤女，谁能再给她温暖的怀抱？你的魂魄在孤独地游荡，将来由谁来为你主祭呢？

这该如何是好啊，程妹，如果你泉下有知，将来有一天我们在阴间再会吧。呜呼，悲哀啊！

这篇祭文以四言为主，行文时而高亢，时而低回，哀婉痛切的情感摧心断肠，物是人非的凄楚使人痛彻心扉。目之所及的悲怆景物，拉开了回忆往事的序幕。他们是同父异母的兄妹，在坎坷的生活环境中"特百常情"，兄妹之间的感情超过常人百倍。从小相依为命的情景历历在目，昔日相互依靠，今日阴阳两隔。更叫人痛断肝肠的是，幼小的孤女依靠谁呢？到处游荡的孤魂有谁可依呢？只有在此订下阴阳之约，"死如有知，相见蒿里"。在陶渊明饱经沧桑的笔下，全篇笼罩着锥心痛楚的凄凉之感，悱恻动人。

但愿长如此　躬耕非所叹

　　在陶渊明的朋友中，有一位姓郭的主簿。关于这位郭主簿，史料上没有明确记载他的出生情况、家庭背景，我们更不知道他的性格、模样，但从陶渊明的诗作中可以知道，他与陶渊明是私交甚好的朋友。此时，这位郭主簿就和陶渊明一同坐在堂前的树下，清凉的阴影下，两人悠闲舒适地感受着这一切。

　　　　　　蔼蔼堂前林，中夏贮清阴。
　　　　　　凯风因时来，回飙开我襟。
　　　　　　息交游闲业，卧起弄书琴。
　　　　　　园蔬有余滋，旧谷犹储今。
　　　　　　营己良有极，过足非所钦。
　　　　　　春秫作美酒，酒熟吾自斟。
　　　　　　弱子戏我侧，学语未成音。
　　　　　　此事真复乐，聊用忘华簪。

遥遥望白云，怀古一何深。

陶渊明《和郭主簿二首·其一》

堂前的林木葱茏一片，仲夏时节，莺儿枝头叫，绿影落满窗，大树亭亭如盖，阴凉宜人。季风从南面徐徐吹来，掀起了我的衣袂。这是仲夏的乡村景物之乐。脱离官场的劳役之事，回归田园，闭门谢客，终日读书弹琴，起卧随意。这是我理想的精神之乐啊。园中的蔬菜丰足有余，往年的陈谷囤积仓中。生活所需够吃够用，就当知足，非分之欲的享受并非我所歆羡，这是物质满足之乐。取来自家种的高粱，舂捣后酿成美酒，尽可自斟自酌。妻儿团聚，幼子绕膝，依偎身边嬉戏，口齿不清地咿呀学语，这是天伦之乐。淳朴的生活是那样甘美愉悦，富贵功名像浮云一样飘散。

这首诗富有浓郁的生活气息，意境浑成，淳真亲切之感弥漫全诗。陶渊明用白描手法勾画出一幅宜人的乡村画卷，让人读来恍如身临其境，沉浸在隐逸恬淡的画中，听到悠扬的琴声和读书声，看到农家的和谐自足。全诗用朴实无华的语言描绘出情景交融、物我浑成的意境，真挚动人。虽然未用典故，没有华丽的词藻，没有比兴、对偶来助阵，亦未渲染铺张，但写景、写人生动鲜明。明代儒学大师唐顺之在散文《答茅鹿门知县》中高度赞扬了陶渊明的作诗手法："陶彭泽未尝较声律，雕句文，但信手写成，便是宇宙间第一等好诗。何则？其本色高也。"而陶渊明的"本色高也"并非率性脱口而出，乃是千锤百炼之后，芳华落尽、归于自然的最高境界。

在陶渊明的心中，人在百年之后同归于灭，钱财富贵、名望利禄对一个人的生命而言，实在没有长远的价值。固然，他的人生苦短、及时行乐的思想有消极的成分，但对于那些热衷于追逐功名的人来说，无异于一剂清凉的良药。

不觉深秋到了，秋雨绵绵中，陶渊明的院子里又响起了郭主簿的脚步声。

> 和泽周三春，清凉素秋节。
> 露凝无游氛，天高肃景澈。
> 陵岑耸逸峰，遥瞻皆奇绝。
> 芳菊开林耀，青松冠岩列。
> 怀此贞秀姿，卓为霜下杰。
> 衔觞念幽人①，千载抚尔诀②。
> 检素不获展，厌厌竟良月③。

陶渊明《和郭主簿二首·其二》

风调雨顺一春，秋来清凉风萧瑟，露珠凝聚，晶莹剔透。天空中看不见一丝阴霾，秋高气爽，碧空万里，景色清丽。秀逸的山峰高高耸立，远眺群山连绵不绝，越发觉得奇绝壮丽。芳菊盛开，幽香四溢，装点得林间更加绚丽；岩上青松成列，经寒弥茂，身姿挺拔。面对独呈异彩的菊花，举杯饮酒；松菊霜中傲然挺立，千百年来坚守节操莫不与那些孤高傲世的古代高人隐士共通共鸣。在这清秋明月下，回顾自己平生有志不得施展，空负了这金秋十月。

写秋景突出其肃杀悲凉似乎是文人们一成不变的思维习惯。自战国时宋玉的《九辩》开其先河："悲哉，秋之为气也！萧瑟兮草木摇落而变衰。"后来悲秋便成了文人写秋景的基调，或触秋色顿生悲感，或借秋景一抒愁怀，莫不在悲秋的局域内创作。但陶渊明一反

---

①幽人：指古代隐士。
②抚尔诀：坚守你们的节操。
③厌厌：精神不振貌。竟，终。良月，指十月。

悲秋传统，他笔下的秋景清丽秀雅、灿烂耀眼，大有胜过春光明艳的奇绝。陶渊明笔下的"景澈""露凝""逸峰""芳菊""青松"等意象，物我融一，弥合无痕。由起兴怀念幽人，从怀念幽人而反省自身，在幽人的精神品质中，凸显出陶渊明的精神品质。在他的内心世界，潜藏着壮志未酬的激流，从激流喷涌而出的结尾两句"检素不获展，厌厌竟良月"实在是一声"有怀莫展"之叹。平素有志而不获用武之地，不由得使人厌厌无绪，这与那静穆的幽人是完全不同的两种境界。

　　陶渊明从彭泽县令任上辞官后，就在家乡躬耕自足，再也没有涉足官场。义熙四年（408 年）的东晋局势依然是兵荒马乱，由孙恩、卢循领导的起义军与官军继续作战，坐镇京口的刘裕控制了北府重兵，入扬州刺史录尚书事，成为控制东晋军政大权的要人。此时的刘裕篡晋野心一发不可收拾，他领兵四处征战，国无宁日，到处鸡飞狗跳，人祸不断。就在这年六月，天灾突然降临到陶渊明头上。陶宅遭遇了一场火灾，大火把他的家烧得精光，一家人只好栖身在门前的船舫中。

　　　　　　　　草庐寄穷巷，甘以辞华轩。

　　　　　　　　正夏长风急，林室顿烧燔。

　　　　　　　　一宅无遗宇，舫舟荫门前。

　　　　　　　　迢迢新秋夕，亭亭月将圆。

　　　　　　　　果菜始复生，惊鸟尚未还。

　　　　　　　　中宵伫遥念，一盼周九天。

　　　　　　　　总发抱孤介，奄出四十年。

　　　　　　　　形迹凭化往，灵府长独闲。

　　　　　　　　贞刚自有质，玉石乃非坚。

仰想东户时，余粮宿中田。

鼓腹无所思，朝起暮归眠。

既已不遇兹，且遂灌我园。

陶渊明《戊申岁六月中遇火》

在这场大火中，陶渊明眼睁睁地看着熊熊火焰霎时间蹿上了茅屋的屋顶，风卷残云般把他的茅屋烧得片草不留。在滋滋的火焰声中，木头做成的房梁、门窗在爆裂、折断、倾斜、坍塌。大火由红转黑，最后只剩一堆灰烬摆在他眼前。好在这场大火没有造成人员伤亡，栖身之所一夜之间化为乌有，一家人只好住在门前的船上。他们是否在废墟中重建家园不得而知，以船为家只是一个过渡，住在船上的很大的可能是想守住从火中抢出来的一点家产，比如粮食及生活用品。等陶渊明处理好火灾的善后事宜，已是初秋时节了。

陶渊明在这首诗中叙述了遭遇火灾前后的生活情景和心情，语调真切自然。遇火之前，心境平静如水，"草庐寄穷巷，甘以辞华轩"是说在偏僻的小巷有我的一间茅屋，心甘情愿住在这里，远避仕途，弃绝功名。一个"甘"字说得很真切，甘居陋巷，弃绝功名，完全是他发自内心的自愿行为。天有不测风云，事情来得很突然，天干物燥的夏天，阵风骤然卷起一团火球，瞬间烈火蔓延开来，茅舍化为一片灰烬。房屋尽毁，无处栖身，一家人只能将船翻盖在门前，遮避日晒雨淋。从诗中的"新秋""月将圆"来看，时令应该是七月将半，这时陶家遇火已近一个月了。秋夜漫长，陶渊明凝视秋月，遇火之后耿耿不寐的心情与火灾有关，当是他受了心理刺激的缘故。然而野火烧不尽，园圃里遭遇火灾重创的果蔬又开始破土而出，只是惊飞的鸟儿却不敢再回来。在后面的诗句里，他开始自述平生操行，身体、思想都随着时间的流逝而变化，"孤介""独闲"都是他正直耿介的性格与不同于流俗的真实表白。即便眼下遭遇了灾变，但依性格和行为准则，他决不会动摇信念。在这艰难时刻，他想起了古代君主东户季子的时代。那时人们安居乐业，余粮储放在田间也没有人偷盗。男耕女织，无忧无虑，日出而作，日落而息。但这毕竟是他的空想，"既已不遇兹，且遂灌我园"，既然我没遇上那样的时代，姑且还是隐居在此，灌我的园、耕我的田吧。

这首诗写得波澜起伏，遇火之后几经波折，陶渊明的情绪一落千丈。若一味把此诗写得旷达，必有矫揉造作之嫌，并不符合一个有血有肉之人的真实情感。但陶渊明的可贵之处在于可以用一以贯之的生活信念化解受灾带来的影响，以坚定的躬耕决心经受住了这次打击。

义熙五年（409 年），四十四岁的陶渊明回归园田居，躬耕四年有余。这四年中，他的母亲孟氏、程氏妹先后离世，这让陶渊明非常悲哀，益发有人生短促之感。去年又六月遇火，如今重新恢复了乡间的日常生活，今逢重九暮秋，不由得伤时悲逝。

> 靡靡秋已夕，凄凄风露交。
>
> 蔓草不复荣，园木空自凋。
>
> 清气澄余滓，杳然天界高。
>
> 哀蝉无留响，丛雁鸣云霄。
>
> 万化相寻绎，人生岂不劳！
>
> 从古皆有没，念之中心焦。
>
> 何以称我情，浊酒且自陶。
>
> 千载非所知，聊以永今朝。
>
> 陶渊明《己酉岁九月九日》

已是九月暮秋，零落晚秋与寒露时节交相到来，凄风楚楚。秋日将尽，生命力顽强的蔓草已稀疏枯萎，园中的林木都在纷纷凋零。然而重阳节这一天秋风一扫天空的阴霾，天空清澄不见尘埃。这里包含了天色和心理的双重因素，陶渊明抬头看到秋空时不觉有心旷神怡之感，精神为之一振。这两句虽然笔墨不着一"静"，但"静"之意境无声胜有声。深秋的蝉鸣已成一年最后的绝唱，大雁南飞，鸣声在云霄回荡。这两句写出了季节变化的声音，寒蝉哀鸣为息，雁声嘹唳为鸣，秋之意绪更加浓烈了。蝉、雁的鸣声标志着时间的流逝与四季交替变化，空间与感觉的变化历历分明。

　　陶渊明写秋写得出神入化。这首诗的章法高超朴真，写景抒情浑然一体。前八句写景，自然洒脱，毫无疏离之感；后八句抒情，写诗人心中独特的领悟。四季循环往复，交替变化，永无穷尽，人生亦是如此，生命无疑要走向终点，所以人生没有不忧劳的。自古生死轮回，此念萦绕心头，万般煎熬。一个"焦"字准确地表达了诗人莫可名状的痛苦，然而，陶渊明理智地控制一发不可收拾的颓废心态，为极端的情绪找一条出路。想恢复数百年前的淳朴社会已经不可能了，活在这个时代的他，何以解忧？唯有醇酒一杯。勿需纠结前尘往事，及时行乐尽在今朝。重阳节的习俗就是尽情喝酒，这正投其所好，那杯酒可以消解他心中的愁烦。

　　前文已述，陶渊明有三处宅所，一名上京，一名园田居，一名南村。上京在柴桑附近，"近城五里，地名上京，亦渊明故居"。从陶渊明《还旧居》诗中"履历周故居"一句来看，陶渊明的这处居所不是小门小院，是属于仕宦家族的居住所，而非田园隐居之所。陶渊明从小生于斯，长于斯，期间因为出仕做官而外出离开。因园田居被一把火焚烧殆尽，陶渊明一家搬到了靠近城邑的上京，但这处居所并非陶渊明回归田园隐居之志的最佳实现场所。他在这处居所大有百无聊赖之感，义熙六年（410 年），陶渊明带着家人离开了上京，回到南村居住，开始在南村经营他的菜园子。陶渊明在南村的隐居生活依然是躬耕与读书。南村即栗里，虽然也是田园之所，但靠近浔阳城，靠近通衢，是一个大村落，多有士人居住，不像他在园田居的住所，只有农人居住。虽然南村的房子小得只够铺张床睡觉，但在南村结识的新朋友却使他非常开心。那些来自五湖四海三教九流的人都与陶渊明谈得投缘，大家经常聚在一起喝酒聊天，谈古论今，两年前园田居被焚毁给他留下的阴影像隆冬的阴云被风渐渐吹散了。据史家考证，陶渊明这次移居南村后，一直生活在这里，直到他去世。

> 昔欲居南村，非为卜其宅。
>
> 闻多素心人，乐与数晨夕。
>
> 怀此颇有年，今日从兹役。
>
> 敝庐何必广，取足蔽床席。
>
> 邻曲时时来，抗言谈在昔。
>
> 奇文共欣赏，疑义相与析。
>
> 陶渊明《移居二首·其一》

　　《移居二首》是陶渊明迁至南村后的组诗作品，这两首诗都是写南村的生活，但各有侧重。前一首写新居虽然破旧低矮，但居室的简陋比起南村人的淡泊而言，就不算什么不爽之事了。他天天心情愉快地和南村人相处，谈古论今，好不乐哉。后一首写与邻人和谐相处，忙时为衣食操劳，勤于耕作；闲时往来随意，言笑无厌，兴味无穷。两首诗虽然写的事不同，但风格主旨都一样，充满温暖与欢欣。

《移居二首·其一》写了三个层次，每四句为一个层次。第一个层次写移居南村的初衷。移居南村并非因为此地风水好、宅院旺盛，只是听说这儿住了很多心性纯洁善良的人，愿意与他们为邻，朝夕相处。与人为邻不在乎宅地的吉凶，而在乎邻里的善恶。这里一语点明了陶渊明早就想移居此地的原因，他很愿意与淳朴善良的人为邻，这些乡人的品性与陶渊明很契合，都恨虚伪奸诈、蝇营狗苟的人世环境。在这个充满钻营、倾轧的社会，他最明智的选择就是全身而退，他躬耕自给、卜居求友，不祈福求显，但求善者为邻。

第二个层次写如愿移居。"居南村"的念头存在心里很多年，今天总算遂了心愿。他喜欢南村，不在乎住在"敝庐"中，房子不求多大，只要能摆张卧床就心满意足了。他不求华堂广厦，唯求与善邻朝夕相处，乐在其中。邻居朋友串串门、谈谈天，表现了陶渊明旷达不群的胸襟及物外之乐的情趣。

第三个层次具体写了得友之乐。陶渊明移居南村时四十六岁，正值中年，心智方面已臻成熟。此时他是一个谈吐风趣、心怀旷达的人，与一群情趣相投的友人在一起，他的妙趣和魅力自然会展露无遗。在乡村田园中，在亲人朋友的真挚情谊中，他找到了心灵的慰藉。"奇文共欣赏，疑义相与析"，有了好文章大家一同欣赏，遇到疑难之处一起辨析，这是陶渊明最乐意接受的生活。

陶渊明的田园诗风格以朴素淡雅见长，自然率真。搬家移居本是一件很平常的事，但在他笔下，在看似浅显平常如口语的文字中，却显得温润高妙，很有一番诗中思之情真、悟之意远的回味，生动地体现了陶诗淡而有味、似俗实雅的韵致。

春秋多佳日，登高赋新诗。

过门更相呼，有酒斟酌之。

农务各自归，闲暇辄相思。

相思则披衣，言笑无厌时。

此理将不胜，无为忽去兹。

衣食当须纪，力耕不吾欺。

陶渊明《移居二首·其二》

　　全诗写日常生活中的琐碎事，既似行云流水，又像一根红线串起颗颗玛瑙，趣味良多。"春秋多佳日，登高赋新诗"这两句与上一首的末句"奇文共欣赏，疑义相与析"首尾相接，巧妙过渡。在风和日丽或秋高气爽之时，我经常邀约友人一起登高，吟唱酬和。在风和日丽的春天或碧空万里的秋天登高赋诗，历来是文人雅士的兴致所在，对陶渊明来说，还有特别的一番滋味在心头。自从园田居遭遇火灾以后，迁至南村发现有此登高胜地，并且还有多位"素心人"共赏新诗，与一般士大夫的雅兴相比，意义不同寻常，个中深意绝不是那些优哉游哉的士大夫能够领略的。

　　除了赋诗之乐以外，更有与邻人的招饮之乐，"过门更相呼，有酒斟酌之"。这是乡村生活惬意之处的生动描写，从门前经过时，大家打一声招呼，围坐在一起，有美酒同饮同欢。这里没有士大夫之间拜会的繁文缛节，只有口无遮拦的大呼小叫，言谈举止豪放随意。"相呼"一词很生动，你家有酒时招呼一声从门前经过的邻人，我家有酒招呼邻家的人，或遇到邻居来串门，恰遇家里有酒，大家一起开瓮取饮。但务农人士的生活主要以农耕为主，他们不可能像士大夫那样终日饮酒赋诗。有酒有闲的时候，互相招饮，有事则要各自归去，"农务各自归，闲暇辄相思。相思则披衣，言笑无厌时"非常贴切地写出了在小小南村，人与人之间的关系就是这般实在而真诚，要干农活可以随意自便，闲暇时不免互相思念。想朋友了，大家不妨串门走走，有说有笑，其乐无穷。这几句诗轻松自如地将日常生活中的琐事连成一个整体，一句"各自归"给人曲终人散的印象，大家酒后散去，各自忙于务农，闲时相思，可见其情意浓厚。"相思则披衣"尤为感人，即便睡下了，友邻来敲门，披上衣服也要起来开门，心中毫无厌烦不满。

陶渊明将南村邻里深挚的情感写得淋漓尽致，那种毫无矫饰的自然之乐展露无余。是啊，这样饮酒言欢的生活实在美妙，没有理由抛弃这寻常百姓的生活。自食其力，丰衣足食，真实自然的躬耕生活永远不会欺骗我。"衣食当须纪，力耕不吾欺"这两句诗紧扣题目，表现了移居南村并在此久居的愿望，在有情趣的适意生活中悟出了高于一切的自然生活哲理。

晋宋之际，玄风大炽，诗人写诗都离不开谈理，山水诗中谈玄说理的成分触目皆是，颇遭后人訾议。而生于同时代的陶渊明的田园诗同样有谈理成分，但却很能为后世人们接受，这又是何缘故呢？大概是因为陶诗在谈理之中以情化理，理入于情，不在言理上纠缠不休，而在笔墨之外显出理趣，或者明言理而又有真情融于意象之中。晚清诗人施补华在《岘佣说诗》中曾说："凡作清淡古诗，须有沉至之语。朴实之理，以为文骨，乃可不朽。"陶诗的不朽之处在于淡而不枯、质而实绮，将渊深朴茂的哲理通过真率旷达的情意表达出来。

义熙五年（409年），南燕主慕容超袭位，纵兵肆虐淮北，驱掠百姓千余家，阳平太守刘千载和济南太守赵元都成为慕容超的阶下囚。刘裕为抗击南燕，大造声势，先声夺人，于四月自建康（今南京）率舟师溯淮水入泗水，一路所向披靡，大败燕军。被困于广固

（今山东青州西北）的慕容超愿意割地向东晋俯首称臣，刘裕不允。九月，南燕大臣相继降晋。义熙六年（410年）二月，刘裕率军攻城，南燕尚书悦寿打开城门投降，晋军潮水般攻入城内，慕容超率数十骑突围，被晋军追获，南燕灭亡。

官兵打仗，百姓遭殃。这两年，陶渊明的家乡在战火中千疮百孔，百姓的生活受到严重影响。这年九月，陶渊明下田收获稻谷。

> 人生归有道，衣食固其端。
>
> 孰是都不营，而以求自安！
>
> 开春理常业，岁功聊可观。
>
> 晨出肆微勤，日入负耒还。
>
> 山中饶霜露，风气亦先寒。
>
> 田家岂不苦？弗获辞此难。
>
> 四体诚乃疲，庶无异患干。
>
> 盥濯息檐下，斗酒散襟颜。
>
> 遥遥沮溺心，千载乃相关。
>
> 但愿长如此，躬耕非所叹。
>
> 陶渊明《庚戌岁九月中于西田获早稻》

人生归依有常理可循，民以衣食为天。谁人可以不劳而获求得温饱？初春耕种忙，一年收成勉强糊口。清晨荷锄下地忙，日落背稻把家还。居住山中霜露重，季节未到，寒气袭人。谁说农人的劳作不辛苦？可谁也不能推脱这劳苦。一天劳累，身体疲乏不堪，幸好没有遇到灾祸来纠缠。稍稍洗漱后，清爽地在房檐下歇息，一杯浊酒笑开颜。长沮和桀溺两位隐士矢志归隐，躬耕田园，他们的志向千年以来一直和我息息相关。但愿能长久过这自食其力的生活，躬耕田亩，甘之如饴。

　　陶渊明在这首诗中叙述了对劳动的体验和沉思，他夹叙夹议，既叙说收稻的欢喜，也抒发躬耕之情怀。他在这首诗里表达了一种新思想——农业生产乃衣食之源。这种思想在当时尤为可贵。同时，他也表明在无法改变的乱世中保全人格自由的唯一出路是弃官归田、躬耕自资。长沮和桀溺矢志归隐，乃是这首诗要表达的真实意义。躬耕辛苦，但乐在其中，这是陶渊明在自由与劳动价值中收获的双重喜悦，陶渊明诗中所闪耀的思想之光在诗歌史上，显得尤为珍贵。

　　陶渊明的田庄似乎并不止园田居和南村两处，另外还有两处就是西田和下潠。但这两处田庄不是陶渊明的日常居所，只有在农事时节，他才会到这两处居住耕获。因为在义熙十二年（416年），度过了十二年躬耕生活已五十一岁的陶渊明写了另一首在农田中收获的诗歌，但这一次收获的地点不在西田，而在下潠。

> 贫居依稼穑，戮力东林隈。
>
> 不言春作苦，常恐负所怀。
>
> 司田眷有秋，寄声与我谐。
>
> 饥者欢初饱，束带候鸣鸡。
>
> 扬楫越平湖，泛随清壑回。
>
> 郁郁荒山里，猿声闲且哀。
>
> 悲风爱静夜，林鸟喜晨开。
>
> 日余作此来，三四星火颓。
>
> 姿年逝已老，其事未云乖。
>
> 遥谢荷蓧翁，聊得从君栖。
>
> 陶渊明《丙辰岁八月中于下潠田舍获》

比起之前创作的田园诗，这首诗更真切地反映了陶渊明农耕生活的实际情况，对陶渊明来说，务农并不是做样子、走过场，而是对农业社会理想中务实精神的真正体现。"不言春作苦，常恐负所怀"，尽力耕作东林边，春种一粒粟，但愿秋获万担粮，不要辜负春耕的辛劳。与那些有丰富农耕经验的农民相比，陶渊明的务农生活要艰辛得多，常常是收获不足以自给，特别是到了后期，家里拮据，吃了上顿没有下顿是常态。这时他的田园诗多了纪实成分，少了前期田园诗的情趣盎然。但他并不怨天尤人，生活的艰辛并没有压倒他对生活的热爱，当他在诗中叙述生活的艰难时，仍然表现出对自然景物的热爱。

从诗中"戮力东林隈"一句来看，下潠应该在园田居的东边，而西田的地理位置则在园田居或南村的西边。在下潠的农庄上有一位老农，陶渊明称他为"司农"。司农何许人也，乃管理田业者也，可见这位司农替陶渊明管理田业，他来告诉陶渊明下潠农庄里的稻子熟了。"饥者欢初饱"，长期挨饿的人因为能吃上饱饭而欢喜，这是非常辛酸的经历，没有挨过饿的人写不出这样的诗句。陶渊明听了好不高兴，"束带候鸣鸡"一句非常生动形象地描写出陶渊明急切地想去收稻子的心情。

他起了一个大早，到下潠去收获稻子。从"扬楫越平湖"一句可知此地与陶渊明的居所还隔着一个湖，划动船桨渡过平湖，再沿着一条人烟稀少的涧壑进去，在这片荒山之中就是陶渊明在下潠的农庄。这儿似乎比西田偏僻，山野中草木繁茂，深山猿啼声凄凉哀怨。在黑夜中呼啸的夜风随着残夜消失后，鸟儿唱着歌迎接阳光明媚的早晨。陶渊明虽然热爱农耕生活，但他并非农民，他是一位受传统文化熏陶的士人。当他在自家屋檐下把酒开怀之时，他心灵的翅膀已经飞越千载，与古人执手相对，与长沮、桀溺那样的隐士达成心意相通的契合。岁月流逝，华发早生，陶渊明已五十二岁了，老之将至，怎不叫人感慨万分。在这个寂静清冷的早晨，陶渊明想到自己自从辞官归隐以来始终不渝的农耕生活，为了这份初衷，他宁愿这样固穷守节，终不反悔。

一杯浊酒话寂寞　　江湖多贫贱

义熙七年（411 年）八月十九日的凌晨，一行出殡的队伍即将出发。之前，陶渊明用蓍草和龟甲为敬远弟占卜选定了这个吉日，天还没亮，披麻戴孝的人们迈着沉重的步伐缓缓行走在土路上。四十六岁的陶渊明悲痛万分，他把一杯秋季新酿的粳米酒洒在前往墓地的路上。那个躺在棺材中的人不是别人，正是与他感情深厚的堂弟陶敬远，殁年仅三十一岁的陶敬远将在这天被埋入永远不见天日的地下。

岁在辛亥，月惟仲秋，旬有九日，从弟敬远，卜辰云窆，永宁后土。感平生之游处，悲一往之不返。情恻恻以摧心，泪悠悠而盈眼。乃以园果时醪，祖其将行。呜呼哀哉！

于铄我弟，有操有概。孝发幼龄，友自天爱。少思寡欲，靡执靡介。后己先人，临财思惠。心遗得失，情不依世。其色能温，其言则厉。乐胜朋高，好是文艺。遥遥帝乡，爰感奇心，绝粒委务，考槃山阴。淙淙悬溜，暧暧荒林，晨采上药，夕闲素琴。曰仁者寿，窃独信之；如何斯言，徒能见欺！年甫过立，奄与世辞，长归蒿里，邈无还期。

惟我与尔，匪但亲友，父则同生，母则从母。相及龆齿，并罹偏咎，斯情实深，斯爱实厚。念畴昔日，同房之欢，冬无缊褐，夏渴瓢箪；相将以道，相开以颜。岂不多乏，忽忘饥寒。余尝学仕，缠绵人事，流浪无成，惧负素志。敛策归来，尔知我意，常愿携手，寡彼众议。每忆有秋，我将其刈，与汝偕行，舫舟同济。三宿水滨，乐饮川界，静月澄高，温风始逝。抚杯而言，物久人脆。奈何吾弟，先我离世！

事不可寻，思亦何极，日徂月流，寒暑代息。死生异方，存亡有域，候晨永归，指涂载陟。呱呱遗稚，未能正言；哀哀嫠人，礼仪孔闲。庭树如故，斋宇廓然。孰云敬远，何时复还？余惟人斯，昧兹近情，著龟有吉，制我祖行。

望旐翩翩，执笔涕盈，神其有知，昭余中诚。呜呼哀哉！

陶渊明《祭从弟敬远文》

辛亥年八月十九日，为堂弟敬远的下棺安葬占卜择定了日子，让他永远安息于地下。感念往昔我们朝夕相处的日子，你的一去不返使我悲痛，我哀痛欲绝，伤心的眼泪夺眶而出。我用园中之果和新酿制的酒为你的入土安葬送行。呀，悲哀啊！

我那胸襟磊落的弟弟啊，你是既有节操又有气度之人。还在年幼时即知孝顺父母，对待兄弟也是源自天性之爱。你心地单纯，无忧无虑，没有奢求，既不固执也不孤僻。你总是先人后己，遇事先为别人打算，然后才考虑自己。在利益面前，总是先将财物惠及他人，打心眼儿里不计较得失，也没有趋炎附势的心思。你态度谦和有礼，言辞庄重严肃，以结交高明的朋友为乐，爱好辞赋文章，又喜琴棋书画。尤其神秘莫测的仙幻世界最让你感到好奇，于是学着不食人间烟火，抛开世俗事务，在山林深处隐居。林中深处有淙淙作响的瀑布，荒林深处昏暗不见曦月。清晨上山采摘仙药，夜晚抚弄素琴。孔子曾说"仁者长寿也"，我竟相信了。可是为什么这句话竟将我骗了呢？敬远刚刚年过三十，却忽然与世长辞，永远长眠黄泉之下，遥遥无有回还之日。

你我之间，不仅亲爱友善，我们的父亲还是亲兄弟，母亲也是堂姊妹。童年时代，我们的父亲撒下我们走了，兄弟相依为命，感情何其深矣，友情何其厚矣！回忆往昔的时日，同住一处其乐融融，虽然寒冬腊月没有粗布棉衣，夏天饥渴难耐，共享一箪食、一瓢饮，勉强度日，但我们以道义相互勉励，共享愉悦，忘却忧愁。难道生活不是经常贫乏拮据吗？但我们把饥寒之苦抛到九霄云外了。我曾经出仕做官，官场往来应酬之事缠身，为公务四处奔波，却一事无成。只怕平日志向沉沦在官场，我辞职回归故里。你最理解我的心意，常与我携手出游，不在乎那些世俗的说长道短。当我回忆起那些秋收之时，我要往田里去开镰收割，你我一道前往，一同乘舟渡水。在河那边，我们共度了三个美好的夜晚，一同饮酒取乐。澄静的夜空，明月高悬，夏季的热风在夜里也温柔起来。我们持杯畅怀交谈，事物永存，人生苦短。这是为什么啊，我的弟弟，你竟然走在我的前面，离开了人世！

往事难寻，思念哪有尽头？岁月转瞬即逝，寒来暑往，永不停息。生死天各一方，存亡阴阳相隔，在清晨的等待中，准备为你踏上去往坟墓的路。你遗下的孤儿在啼哭，还不会说话；你丢下悲哀的寡妇，礼仪周全。植于庭院的树木依然葱茏，屋舍却冷冷清清、空空荡荡。谁能说出敬远何时再回还？没人能理解我们之间亲密无间的感情。占卜了吉祥之日，按照丧礼之规为你送行。

魂幡在空中随着微风轻轻飘动，我拿着笔泪流不止。你若有知，当会知道我心中的诚意。啊呀，悲哀啊！

当黄土纷纷扬扬地落在棺木上那一刻，昔日所有的衣食荣辱、贫富贵贱都烟消云散，归于尘土。此时的陶渊明大脑一片空白，他恍然觉得堂弟并没有走，可他又无从寻觅堂弟的身影。那个曾与他一起躬耕田园、志趣相投又超然物外的文艺青年，是陶渊明的亲人中最理解他、支持他的人。"每忆有秋，我将其刈，与汝偕行，舫舟同济"。有一年秋季，陶渊明外出收割庄稼，敬远陪着他一起坐船前往，哥儿俩在江水边上住了三宿，白天下地收割庄稼，晚上一起坐在屋檐下欣赏天上的静月，在凉爽的秋风中谈论人生的得失。现在，陶渊明再也无法与他诉说平生的志趣。

陶渊明的这篇祭文以事寓情，行文直白朴素，每一个字都是从心底流露出来的切肤之言，最能体现陶渊明文章的淳朴本色。堂弟陶敬远是个有思想的文艺青年，常突发奇想。这个充满幻想的年轻人和陶渊明一样，喜欢琴棋书画，爱好诗文辞赋，而且热爱劳动，"晨采上药，夕闲素琴"。他的爱好与陶渊明有很多共同之处。当陶渊明辞官归隐后，在承受巨大压力之时，陶敬远是他最困难时期的"铁杆粉丝"，"常愿携手，寘彼众议"。现在，陶渊明与堂弟陶敬远"死生异方，存亡有域"，但他们之间独有的亲情使陶渊明异常悲痛，他不由得仰天而问："孰云敬远，何时复还？"

义熙八年（412 年），陶渊明把家从南村搬回上京。陶渊明在上京居住时，常来往于柴桑之间。陶渊明的故居在浔阳柴桑（今江西九江西南），上京离柴桑不远，陶渊明彭泽归田那一年，从旧居柴桑迁往上京居住，迁至南村后，多年未回柴桑。此次回到阔别多年的柴桑故地，只见物是人非，不禁心生沧桑之感。他感慨人生无常，尤觉岁月易逝，写下了这首凄婉的诗。

畴昔家上京，六载去还归。

今日始复来，恻怆多所悲。

阡陌不移旧，邑屋或时非。

履历周故居，邻老罕复遗。

步步寻往迹，有处特依依。

流幻百年中，寒暑日相推。

常恐大化尽，气力不及衰。

拨置且莫念，一觞聊可挥。

陶渊明《还旧居》

昔日在上京居住，此次离别六年后再次归来。今日重回旧居，深感凄凉悲伤。东西街道如故，一些破败的房屋已经坍颓。走遍故居周围，能够访谈的邻里鲜见还有活着的旧人。漫步四周，探寻遗迹，有一处令我怦然心动，深情依依。百年就像一场幻影，弹指一挥间，寒来暑往，斗转星移。经常忧虑生命走到尽头时，身体气力还未尽衰。干脆抛开一切杂念不去多想，姑且端起一杯浊酒，一醉方休。

重回故地的陶渊明感到前所未有的孤独，可以倾诉的对象大多已离世，能够安慰他惶恐不安灵魂的只有故乡的家园。当陶渊明辞官归隐六年以后，历尽艰难困苦的他回到老家，映入眼帘的是一幅萧瑟衰败的景象。故里的破落最直接的原因是社会动荡，在兵荒马乱的年月，浔阳一带常有激战发生，百姓民不聊生，浔阳百业凋敝。陶渊明的这首诗基调凄凉，充满哀怨，细细玩味，不难看出因为环境、体衰而生发的感慨，他又无力改变现状，眼下唯一能安慰自己的是忘却，用那一杯浊酒让自己醉在其中，因为在"拨置且莫念，一觞聊可挥"两句话中，已经欲藏还露地告诉我们，他有很多悲哀深藏于心，无法言说。

此次重回故里，最使他伤怀的是凭吊堂弟陶仲德的旧宅，功业未成的陶仲德在上有老下有小、最需要他的时候撒手人寰。如今旧宅庭园荒草丛生，覆盖小径，屋里只剩下他和妻子落满灰尘的灵牌，陶渊明不由得步履沉重，泪满衣襟。

> 衔哀过旧宅，悲泪应心零。
> 借问为谁悲？怀人在九冥。
> 礼服名群从，恩爱若同生。
> 门前执手时，何意尔先倾。
> 在数竟不免，为山不及成。
> 慈母沉哀疢，二胤才数龄。
> 双位委空馆，朝夕无哭声。
> 流尘集虚坐，宿草旅前庭。
> 阶除旷游迹，园林独余情。
> 翳然乘化去，终天不复形。
> 迟迟将回步，恻恻悲襟盈。

陶渊明《悲从弟仲德》

凭吊旧宅，物迁人非，心生恻怆，悲痛得泪飞如雨。若问我今天为谁如此悲痛？怀念之人今在九泉之下。按血缘辈份来说，他是我堂弟，但挚爱之情不逊同胞所生。还记得多年前两人门前执手依依话别，想不到你的生命竟先我凋殒。生死有命在天定，建功立业，壮志未酬。慈母丧子，哀痛伤悲，身后留下的二子尚且还是稚童。

124

夫妻灵位在馆内空置，从早到晚寂寞无声。空座上落满厚厚的灰尘，年复一年，杂草长满了整个庭院。荒芜的台阶前寻不到踪迹，唯有园林处处有遗情。一切都随时间的流逝而消失，终古再也不见身影。迈着沉重的步伐，陶渊明缓缓而归，忧伤悲痛的泪水湿透了衣襟。

陶仲德是与陶渊明同祖父的堂弟，除了陶敬远，他与陶渊明也感情很好。现在，陶渊明满目凄凉，空旷的街巷、荒芜的庭院，几只飞鸟迅疾从空中飞过，令人脊背发凉，野草洪水般地掩盖了门前屋后，墙内墙外无路可进退。灶火熄灭，木头腐烂，阳光从裂开的墙壁缝隙射进来，倍增荒凉之感。

生老病死的自然规律不可抗拒，这个道理陶渊明当然懂得，但他仍为堂弟功业未成、过早离世而悲哀，故言辞悲怆。这首诗写得较长，有的句子似随口而出，悲之至而不择语，未经雕琢，反倒显得任真，现代名士龚望先生在《陶渊明集评议》中评此诗："说尽真情，使人一读惨然。……凄怆之状如见。"

居常待其尽　曲肱岂伤冲

　　义熙九年（413 年）五月，万物欣欣向荣。陶渊明的庭院里，无论南窗还是北林，花草树木都生机盎然，堂上陶渊明与戴主簿相对而坐。关于这位戴主簿的具体情况，史上不可考，大概是个热衷于寻仙访道的人。今天来拜访陶渊明，陶渊明看完这位戴主簿写给自己的诗后，又写诗酬答。

虚舟纵逸棹，回复遂无穷。

发岁始俯仰①，星纪奄将中②。

南窗罕悴物，北林荣且丰。

神萍写时雨，晨色奏景风。

---

　　①俯仰：就在低头抬头之间，新年刚刚开始，马上就到五月了。

　　②星纪奄将中：星纪，指天上的日月星辰，古代实行星岁纪年法，《晋书·天文志》载："自南斗十二度至须女七度为星纪，于辰在丑。"晋义熙九年为癸丑岁，即癸丑年（413 年）。奄，表示时间之快。将中，将到正中，指年中。这句是说在俯仰之间，不觉一年过半了。

既来孰不去，人理固有终。

居常待其尽，曲肱岂伤冲①。

迁化或夷险，肆志无窊隆②。

即事如已高，何必升华嵩。

陶渊明《五月旦作和戴主簿》

怎样理解第一句诗中的"纵"？所谓"纵"，操纵也，但在此处可以理解为被动用法，被谁操纵？被"逸棹"所操纵。"逸棹"二字说明把船划得飞快，"虚舟"即空船之意，"虚舟纵逸棹"，在轻舟上把船划得飞快，隐喻时光飞速流逝。"回复遂无穷"，这里的"回复"是指时间循环往复，寒来暑往，周而复始以至无穷无尽。前两句用虚拟的手法，写的是大概念，比喻时间飞逝且循环往复以至无穷尽。

新年刚过不久，俯仰之间就到五月了。陶渊明写这首诗的时间是五月，自然界的万物在五月是什么景象呢？"南窗罕悴物，北林荣且丰"，南窗已不见败落的枯木，北面的树林在阳光下欣欣向荣。陶渊明在这里把南窗和北窗的景物作为一个整体来描述，南窗、北窗都没有枯萎的花草，都林木茂盛。乌云密布的天空就像一个深不可测的深渊，雨神大驾光临，倾下甘霖。万物淋浴在清晨的阳光中，

---

①曲肱岂伤冲：出自成语"曲肱而枕"。据《论语·述而》："饭疏食饮水，曲肱而枕之，乐亦在其中矣。"吃粗粮，喝冷水，弯曲胳膊当作枕头，这样的生活也很有乐趣。冲：虚，淡泊，言道的最高境界。《老子》中有"道冲而用之，或不盈""大盈若冲，其用不穷"的说法。

②迁化或夷险，肆志无窊隆：迁化，日月星辰在不断变化，人生亦如此，或夷或险，逆顺难料。肆志，指任性而为。窊，低洼。隆，隆起。如果保持心灵的自由，不受富贵的束缚，不去惦记长生不死的幻想，那就无所谓高低不平的"窊隆"了。这里的"窊隆"可引申为穷通贵贱，只要心灵是自由的，穷通贵贱就不值一提了。

五月的南风祥和地吹拂，非常美好。

即便大自然的景象美不胜收，但季节一过，它们也会消失。该来的都来了，应时的雨、应时的南风，南窗、北窗的花草树木在时雨和温暖的南风中郁郁葱葱。接下来的"既来孰不去"是一个问句，陶渊明为什么要明知故问呢？因为他知道来的要来，去的要去，既然来了，肯定也要去，这是自然规律，"人理固有终"。人生自古谁不死？生老病死乃自然规律，不可抗拒。在清贫的生活中安于贫困，等待最后那一刻的到来。

陶渊明在诗中把自己的观点阐释得很清楚，他将归隐之后的决心，对生与死、贫穷与富贵，都由一颗平常心对待。诗中的"居常待其尽"与春秋隐士荣启期的故事有关，耐人寻味。

春秋隐士荣启期是一个博学多才、精通音律的人，这个思想上很有见解的人在政治上并不得志。当他年老的时候，常常在郊野"鹿裘带索，鼓琴而歌"。《列子·天瑞》记载，孔子游泰山时，路遇荣启期，只见荣启期的衣着"鹿裘带索"。此处的"鹿裘"并不是用鹿皮做的衣服，而是一种较为粗糙的外衣，腰间随便用绳系上，这是古代的丧服或隐士穿的衣服。从荣启期的这身行头，可见寒素至极，但他却鼓琴而歌，依然那么快乐自足，一边弹琴一边唱着歌而行。

孔子上前行礼后问他："先生所以乐，何也？"答曰："吾乐甚多，天生万物，唯人是贵。而吾得为人，是一乐也。男女之别，男尊女卑，故以男为贵，吾既得为男矣，是二乐也。人生有不见日月，不免襁褓者，吾既已行年九十矣，是三乐也。"孔子听了，不胜感慨，叹曰："以先生高才，倘逢盛世，定可腾达，如今空怀瑾瑜，不得施展，不免遗憾。"不料荣启期的回答显示出他惊人的智慧："古往今来，读书人多如过江之鲫，而能飞黄腾达者有几人？贫穷是读书人的常态，而死亡则是所有人的归宿。我既能处于读书人的常态，又可以心安理得地等待最终的归宿，这又有什么可遗憾的呢?"

在陶渊明的很多诗中，反复提到历代先贤，有的是著名隐士，有的是儒学始祖，有的是安贫乐道的典范。因此可以认为，陶渊明甘心固守穷节，很大一个原因是他从历代高士先贤那里获得了无穷的精神力量，他景仰那些不肯与世俗共沉浮的先贤。他很愿意过粗茶淡饭、曲肱而枕的日子，他喜欢这种不牵挂世俗荣辱的淡泊生活，认为这也不失为人生之乐事。

大概这位戴主簿是个学道求仙的人。魏晋时的自然崇拜者甚多，他们纵情山水，服食求仙，引为时尚，或于酒中寻求解脱，以求在乱世中自保。陶渊明的人生观则与此不同，他与戴主簿唱和这首诗表明自己的人生态度，时间循环往复没有穷尽，但人的生命是有限的，正确的态度是坦然地生活，顺其自然，不必求仙问道求长生。

魏末西晋时代是清谈玄学的前期，与东汉讨论抽象玄理的清议风气一脉相承，这些反复辩论与当时士大夫的进退关系密切，理论上有老或庄之偏重，但主要是对儒家名教①的理解不同而导致政治倾向不同。概括来说，可分为正始、竹林和元康三个时期。正始时期的玄学家以何晏、王弼为代表人物，从研究名理而发展到无名。竹林时期的玄学家代表人物是"竹林七贤"的阮籍和嵇康，这一派的理论以自然为宗，标榜老庄之学，对司马氏政权消极抵抗，不与合作。元康时期的玄学家以向秀、郭象为代表，主张名教即自然，强调更加和谐地与儒家精神相融，元康玄学再度兴盛。到了东晋一朝，则变为口中或纸上的清谈玄言，完全失去了政治上的实际性质，只是作为士大夫装点门面、附庸风雅的装饰品。玄学家们所讨论的问

---

①名教：指封建的等级名分和道德规范。

题都是从《易经》《老子》《庄子》而来，以老庄思想为骨架，究极宇宙人生的哲理，以修辞技巧和谈说论辩"本末有无"的问题，这在当时是一种很时尚的学术社交活动。

到汉魏之际，清谈之风大盛，佛经的译出较多，这为佛教脱离方术而独立提供了土壤。这时北方世道混乱，隐居在庐山的高僧慧远研究般若①、毗昙②，倡导弥陀净土，一时名贤云集。早在元兴三年（404年），慧远作《形尽神不灭论》，宣扬生死轮回的宗教理念。义熙八年（412年），慧远在庐山刻石立佛影。义熙九年（413年），慧远作《万佛影铭》，铭文共有五章，其中有"廓以大象，理玄无名，体神入化，落影离形"之句，宣扬神形分离、各自独立的主张。这种对形、影、神三者关系的见解代表了佛教徒对形骸与精神的认识，影响广泛，铭立之后，文人歌咏者如潮，一时流布极广。陶渊明是一个常对现实社会作深刻思考的人，重视真实生命的体验，写下了《形影神》组诗，与慧远等人展开了辩论。

　　贵贱贤愚，莫不营营以惜生，斯甚惑焉。故极陈形影之苦，言神辨自然以释之。好事君子，共取其心焉。

——陶渊明《形影神·序》

人无论贵贱贤愚，都在殚精竭力、操持经营，对自己的生命备加珍惜。这种做法实在叫人感到困惑而且糊涂。故在此极力陈述一番形影对比的抱苦含怨之辞，讲述神辨析自然之理，予以开释。对此事有兴趣的人可以于此获得普遍真理，茅塞顿开。

---

①般若：宗教术语，禅法中的一支。
②毗昙：佛学术语，是三藏中"论藏"的总名。

天地长不没，山川无改时。

草木得常理，霜露荣悴之。

谓人最灵智，独复不如兹。

适见在世中，奄去靡归期。

奚觉无一人，亲识岂相思？

但余平生物，举目情凄洏。

我无腾化术，必尔不复疑。

愿君取吾言，得酒莫苟辞。

陶渊明《形影神·形赠影》

天地恒久，永远不会被湮灭，山川永远不会变更。寻常可见的一花一木，它们即便朝生暮死，但仍然符合大自然恒久不变的规律：冬霜无情地摧残它们，使它们枯萎，但在春天雨露的滋润下，它们又会重新焕发生机。人类乃万物之灵长，但是生命这个话题对人来说却是残酷的，反而没有植物那般周而复始的生命力。适才还在世间相会，谈笑风生，转眼之间却去了另一个世界，再也不会回来。这个世界上，一个人的离去，在旁人是不会过多留意的，但在亲戚朋友心里，哪能轻易放下、不思念的！只要看到他生前留下的物品，无限伤感便会填满胸怀。我乃一个形体，没有长生不死的法术，必然会离世死去，这毫无疑问！劝君听我一席言，有美酒赶紧笑纳不要推辞。

存生不可言，卫生每苦拙。

诚愿游昆华，邈然兹道绝。

与子相遇来，未尝异悲悦。

憩荫若暂乖，止日终不别。

此同既难常，黯尔俱时灭。

身没名亦尽，念之五情热。

立善有遗爱，胡为不自竭。

酒云能消忧，方此讵不劣！

陶渊明《形影神·影答形》

　　要想长生不死是不可能的，这是定论，没什么可说的。呵护生命、保持健康，也不是件容易的事，没有一劳永逸的好办法。我本来起意去那昆仑山和华山，到仙境中去学习养生之道，无奈路途遥远，舟车不通。自从我影跟你形搭伙，一直形影不离，无论悲喜，我们共同承受。在那树荫底下我们暂时分离，而在阳光下，我们始终不离不弃。可是，形影不离并不是永久性的，终究有一天，形将灭亡，影也会随着形亡而黯然消灭。身体湮灭于世，名声也销声匿迹，想到此不禁心情复杂。如果多多积德行善，建立功业，庇荫后人，为什么不能尽你所能而为之呢？酒虽然有解忧之味，但与之相比，岂不是拙劣不堪、不足挂齿吗？

大钧无私力，万理自森著。

人为三才中，岂不以我故。

与君虽异物，生而相依附。

结托既喜同，安得不相语！

三皇大圣人，今复在何处？

彭祖爱永年，欲留不得住。

老少同一死，贤愚无复数。

日醉或能忘，将非促龄具。

立善常所欣，谁当为汝誉？

甚念伤吾生，正宜委运去。

纵浪大化中，不喜亦不惧。

应尽便须尽，无复独多虑。

陶渊明《形影神·神释》

　　大自然的造化是公平的，万物顺应自然生长，繁茂而富有生机。人能位列天、地、人"三才"之中，完全是神的缘故啊。虽然神与形、影有别，但三者生而彼此依附。形、影、神缺一不可，相互依托，休戚相关。目睹形与影为生命而困扰不已，位格高一等的神必须发言了。上古时代的三皇，今在何方？民间传说彭祖活了八百多岁，最后还是要终结，再想多留一更的时刻都不可能。可见，无论童叟，无论贤愚，都难逃一死，且结局都一样——归于尘土。倘若要依形之所言，每天喝点酒，或许可以暂时解忧，暂时忘却不能长生的苦恼，但长期饮酒会伤害身体，说不定不会有益于长生反倒会减寿。倘若依影所言，积德行善是件美事。可留名于世容易吗？有谁会追随你的名声呢？纠结这些事情对我们的生命是有损的，不如随遇而安，顺应天命，在造化之间无拘无束，不以长寿而喜，也不以短寿而悲，静待老天安排人生结局。此外，没有什么可忧虑的了吧！

　　《形影神》是陶渊明创作的一组五言诗。形、影、神三者各有指代，形指的是人乞求长生的愿望，影指代人求善立名的愿望，"神"则是以自然之义来化解人们的欲望。这组诗构思颇为巧妙，先以形影之言引出神辩，分别以辩论的形式阐明各自的观点。

　　第一首写形对影的赠言，天地、山川之形可以永存于世，草木也能"春风吹又生"，而人之形体则必然随着死亡而消失于尘土之中，所以陶渊明提倡及时行乐，抓紧时间享受生活中的乐趣，不要留下遗憾。第二首写影对形的回答，既然生命不能永存，神仙世界亦渺茫无路，最好广施善德，荫庇后人，积德行善岂不比饮酒行乐高尚吗？第三首是神针对形、影的苦衷和不同观点进行释疑解惑，长生不死的幻想是虚无的，人终究难免一死；饮酒行乐透支生命，只能短寿，立善也不见得会被人纪念，过分在生死问题上纠结只能带来一个后果，反而有损寿命。与其这样，莫如顺其自然，随遇而安，以豁达的态度等闲视之，多虑并不能使生命延长一分一秒。

与魏晋时士大夫群体中流行的政治思想、人生观念迥然不同，陶渊明在诗中抨击长生求仙之术，提出顺其自然使个人成为自然的一部分的观点。对于永恒的大自然来说，人不过是大自然中匆匆的过客，存在极其短暂。陶渊明不同意佛教生命轮回、向往来世的说法，他劝人们理性地对待生命，不要刻意追求长生不老以及生命的轮回。在陶渊明眼中，生命其实是很简单的事，人活着的时候，有形、有影、有神。人一死，什么都没有了。《形影神》是陶渊明最杰出的哲理诗，诗中以形、影、神之言引发的辩论分别写了形、影、神各自的观点，代表了陶渊明自身矛盾的三个方面。形，代表肉身的自己，沉醉于饮酒，追求及时行乐；影，代表儒家思想的自己，追求立善以不朽；神，代表真正的自己。三者的对话充分反映了他人生观里的冲突与调和，这组诗对理解陶渊明一生的思想极为重要。

语言风格上，《形影神》深入浅出，把深奥的人生哲学用生动的语言娓娓道来，亲切如叙家常。遣词造句率真流畅，全诗没有过多的修饰成分，音调高朗，如金石之声，简洁有力。此诗艺术构思也颇见功力，采用寓言形式，切合寓言故事拟人化的特点，使枯燥的哲学讨论变得生动活泼。他用诗歌诗意地述说从最初世俗生活之下引发的激烈内心震荡，从而抵达真正的精神家园。

人生无根蒂　飘如陌上尘

　　永和九年（353 年）三月三日，这是个不同于以往的日子。这一天，"初渡浙江有终焉之志"的王羲之与谢安、孙绰等四十一位军政高官举行风雅集会，在会稽山阴（今浙江绍兴）的兰亭饮酒赋诗。与会者无不尽情各抒文彩，抄录成集，此次禊礼①的召集人王羲之被推选为这次雅集写序，王羲之即兴挥毫，于是被誉为"天下第一行书"的《兰亭集序》诞生了。据说因为当时天时、地利、人和一应俱全，王羲之的即兴发挥效果达到了无以复加的极致，其中的二十多个"之"字写法各异，后来再写时已不能逮其风采。

　　义熙十年（414 年）正月五日，也是一个特殊的日子。这天，陶渊明邀约了几个邻人同游斜川，写下《游斜川》。王羲之的《兰亭集序》写于永和九年（353 年）暮春之初，陶渊明的《游斜川》写于义熙十年（414 年）的正月初春。他们一个是东晋书法家，一个

---

　　①禊礼：一种被除疾病和不祥的仪式。

是东晋诗人、辞赋家；王羲之在浙江，陶渊明在江西，他们都在春天留下了千古名篇。当年的会稽山阴还在，但斜川已无踪可觅，人们猜测，斜川已悄无声息地潜入湖泊之下。据考证，斜川，就在今天江西都昌县附近的庐山石门涧一带，与它遥遥相对的曾城山又名鄡山，西携黄山的鄡山是庐山的余脉。春秋时期，吴、越以此为界，有一块百丈巨石岩立在此地，成了一块天然界碑。秦代设立"鄡郡"，以山为名。据《祥符州县图经》载，轩辕黄帝携容成子、浮丘公在此采药炼丹。历代文人学者在探险游览鄡山后，写下了大量的诗文，生动地描述了鄡山鬼斧神工的景色。

此时，陶渊明一行人就在清澈的斜川之上，淙淙流水声在风中不绝于耳，蓝天万里无云，阳光和煦，野外的山坡上，四处可见绿意盎然。置身于美丽怡人的山水间，陶渊明心情大好，他视线内的曾城山虽然不是神仙世界里的昆仑山，却也秀美挺拔。他由此想到了那个神仙居住的"灵山"，不禁感叹岁月流逝，生命短暂，一方面感年时易往，一方面喜景物宜人，欣慨交加。

辛酉正月五日，天气澄和，风物闲美。与二三邻曲，同游斜川。临长流，望曾城，鲂鲤跃鳞于将夕，水鸥乘和以翻飞。彼南阜者，名实旧矣，不复乃为嗟叹。若夫曾城，傍无依接，独秀中皋，遥想灵山，有爱嘉名。欣对不足，率共赋诗。悲日月之遂往，悼吾年之不留。各疏年纪乡里，以记其时日。

> 开岁倏五日，吾生行归休。
>
> 念之动中怀，及辰为兹游。
>
> 气和天惟澄，班坐依远流。
>
> 弱湍驰文鲂，闲谷娇鸣鸥。
>
> 迥泽散游目，缅然睇曾丘。

虽微九重秀，顾瞻无匹俦。

提壶接宾侣，引满更献酬，

未知从今去，当复如此不？

中觞纵遥情，忘彼千载忧。

且极今朝乐，明日非所求。

陶渊明《游斜川并序》

　　正月初五辛酉日，晴空万里，风和日丽，蓝天下的景物显得宁静而优美。邀约两三位邻居，同游斜川。站在这边眺望曾城山，山下悠然远去的流水尽收眼底。不久便到了傍晚时分，欢快的鱼儿跃出水面，鳞片在余晖下闪着耀眼的光芒。和风中，水鸥尽情地翱翔。久负盛名的南山是我的老友，对于熟稔于心的它，今天不想为它吟诗作赋。现说直冲云霄的曾城山，高耸挺拔地独立于平泽之中；还有那勾起非分之想的昆仑曾城，那是神仙们居住的地方。由于这些原因，才令人更加喜爱有美名的高山。欣然面对曾城，赏心悦目尚不足以尽兴，最好还是即兴赋诗，抒发情怀。想到岁月流逝，逝者如斯，不禁心生忧伤；美好的年华飞一般地离我而去，再也唤不回它，这不禁使我心生哀痛。还请各位游伴将自己的年龄、籍贯写下，好纪念这难忘的一天。

　　晋安帝义熙十年（414 年），陶渊明四十九岁，已进入知天命的年龄，恰如日已过午，岁已入秋。这是一个令人震撼的警示，在古代，人一到五十岁，意味着生命离停止脚步的时间不远了。"开岁倏五日，吾生行归休"是说，新岁匆匆，不觉又过五日，我的生命恐要写下休止符了。想到此，胸中风云激荡，不如趁此良辰携友春游。

　　风和日丽，碧空如洗，依次列坐在清澈的溪流旁。鱼儿摇头摆

137

尾，畅游在缓缓的流水中，鸟鸣山幽，鸟雀在空谷中振翅飞翔。湖泽广阔，极目远望，视野中的曾城使人沉思良久。秀美不及曾城九重，放眼望去，四周无有与之匹俦之所。欣然面对曾城，赏心悦目尚不足以尽兴，最好即兴赋诗抒发情怀，再加上一壶助兴的浊酒。美好的年华飞一般地离我而去，再也唤不回它，不禁心生哀痛。今后如何尚且没有答案，只愿能像今日这样欢乐。这是陶渊明在酒酣耳热之际对良辰美景、佳友胜游发出的一声率真之言。他虽然有愁苦失意，但他的精神实质是强大的，人生观是超脱的，胸怀是旷达的，所以他此时的心境与"今朝有酒今朝醉，明日愁来明日愁"的颓废心态不能相提并论。他喜欢饮酒，但求今日有酒，不求明朝做官，坦诚地表达了他热爱田园生活、不屑于官场游宦的心志。

写于陶渊明四十九岁时的这首诗，真实地纪录了他进入半百之年的复杂心态。在赞美斜川美丽的自然风光时，他抑制不住将入暮年的苦闷心情。但在流露出及时行乐的消极情绪的同时，也卓然可见他那孤高不群的情操。此诗还有一个亮点，就是写在诗歌前面的序文堪称一篇精致的山水游记，言情并茂，充满浓郁的诗情画意，与正文的长歌短叹交相辉映。

在义熙十年（414 年）这一年中，陶渊明或下田劳作，或读书写诗，或邀约几个朋友一同饮酒酬唱。在那一条隐蔽的田园小径尽头，简陋的屋檐下筑着鸟巢，绕过养着牲畜的圈棚，就是东园的篱笆栅栏。在那里，常常可以看见陶渊明独自一人的身影，他独斟独饮，沉浸在个人的精神世界中。就在这时，他将对生命的理解写进了《杂诗十二首》中。

> 人生无根蒂，飘如陌上尘。
> 分散逐风转，此已非常身。

落地为兄弟，何必骨肉亲！

得欢当作乐，斗酒聚比邻。

盛年不重来，一日难再晨；

及时当勉励，岁月不待人。

陶渊明《杂诗十二首·其一》

人生在世没有根蒂，就像路上飘飞的尘土，随风飘转零落。蒂即花果与枝茎的连接部分，如果少了这个连结，便是无根之木、无蒂之花，就像大路上随风飘转的尘土。世间的人人都当视为兄弟手足，何必非要亲生的同胞弟兄才相亲相爱呢？写至此，陶渊明在战乱年代渴望和平、渴望人间至爱的理想跃然纸上，"得欢当作乐，斗酒聚比邻"两句是说遇到高兴的事情就当抓紧时间快乐，有酒就要邀请邻里朋友共饮。

"盛年不重来"四句常被人们作为金玉良言，以此勉励年轻人须只争朝夕、珍惜光阴。光阴易逝，且不会重新再来，因此当趁着年轻力壮，努力勉励自己，尽量多做该做的事。但陶渊明在此诗中的本意却与后世人们的理解大相径庭，他的本意在于提醒人们珍惜当下，及时行乐。在他眼里，人生短暂而且不易把握，如果生活中出现了一点点快乐，就要及时抓住。

白日沦西阿，素月出东岭。

遥遥万里晖，荡荡空中景。

风来入房户，夜中枕席冷。

气变悟时易，不眠知夕永。

欲言无予和，挥杯劝孤影。

日月掷人去，有志不获骋。

念此怀悲凄，终晓不能静。

陶渊明《杂诗十二首·其二》

　　夕阳沉没于西山之下，皓月从东岭升起。时间交替，日落月出，清辉万里遥遥，皓月把夜空照得亮如白昼。寥廓的天幕下是陶渊明孤独的身影，比之无穷大的宇宙，人渺小得像一颗飘忽不定的尘埃。风从窗户吹入，夜间枕席生凉。气候的变化使人感受到季节的更替，难以入眠，方知夜是如此漫长。在"气变"与"不眠"中，无限的时间运行转换过程与静止的夜晚之间产生了距离，凸显了陶渊明在这一夜对生命的体验与感受。

　　他想倾诉衷肠，诉说心中的愁思，却苦于无人倾听，只能独自举杯对着孤影饮酒。时间无情地抛弃了生命，光阴流逝，不舍昼夜，时光容易把人抛。当人把希望播种在心灵的田野上时，还没来得及发芽，人生的好戏尚未开场，时间便把舞台的帷幕落下。他虽志向远大，却空怀壮志不得伸展，想到此，不禁满怀悲凄，通宵达旦辗转不能平静。

荣华难久居，盛衰不可量。
昔为三春蕖，今作秋莲房。
严霜结野草，枯悴未遽央。
日月有环周，我去不再阳。
眷眷往昔时，忆此断人肠。

陶渊明《杂诗十二首·其三》

　　荣华是难以长久停留的，盛衰也难以预料。昨日还是春末艳丽的荷蕖，今日便成了秋日结子的莲房。"秋莲房"既暗示生命成熟，也意味着生命的衰老。寒霜无情，野草虽然枯萎但未"死心"，生命在残酷的自然环境中既有无奈又有抗争。荣华难以长久维持，万物盛衰永不停息地变化着。日月周而复始，春风又吹绿了野草，而人一旦死去就不能重生。相比于短暂无常的人的生命和不可预测的朝夕祸福，宇宙间还存在着一个永恒不变的法则。在这些非人力可抗拒的自然因素面前，眷恋往昔岁月的种种事，怎不叫人痛断肝肠！

> 丈夫志四海，我愿不知老。
> 亲戚共一处，子孙还相保。
> 觞弦肆朝日，樽中酒不燥。
> 缓带尽欢娱，起晚眠常早。
> 孰若当世士，冰炭①满怀抱。
> 百年归丘垄，用此空名道！
>
> 陶渊明《杂诗十二首·其四》

大丈夫志在四海，我愿忘却老之将至。退而求自乐，在隐居之处怡然自得地生活，亲戚和睦相处，子孙绕膝，孝敬平安。面前有琴酒相伴，终日乐此不疲，酒樽里的酒从来是满的。虽然官场失意，但隐居的日常生活与理想生活正好一致，安逸闲适，比起那些在官场上如履薄冰、战战兢兢的"当世士"，幸福感不知要高出多少。百年身死同归墓穴，生前的一切富贵荣华都烟消云散，陶渊明在乎的是眼前的闲居之乐。

---

①冰炭：出自《淮南子·齐俗训》。"夫重生者不以利害己，立节者见难不苟免，贪禄者见利不顾身，而好名者非义不苟得。此相为论，譬犹冰炭钩绳也，何时而合？"陶渊明在此诗中用"冰炭"来比喻重生立节和贪禄求名的一对矛盾，暗喻他的隐居之志与追求名利之人格格不入，很有轻蔑意味。这一句大意是谁像当世人，满怀名利如冰炭揣怀。

忆我少壮时，无乐自欣豫。

猛志逸四海，骞翮思远翥。

荏苒岁月颓，此心稍已去；

值欢无复娱，每每多忧虑。

气力渐衰损，转觉日不如。

壑舟无须臾，引我不得住。

前涂当几许？未知止泊处。

古人惜寸阴，念此使人惧。

陶渊明《杂诗十二首·其五》

想我当年少壮时，虽无乐事但能自欢自娱。胸怀壮志超四海，展翅腾飞思远去。这个时期的陶渊明，他的生命主旋律是昂扬，即"欣豫"。但展翅腾飞的大鹏难免出现衰颓与磨损，通过"荏苒岁月颓"以下六句，可以明显看到忧虑、消极的因素开始侵袭到他旺盛的生命当中。当年少时的志向日渐消减，虽逢乐事心犹不欢，每每胸中充满忧虑，气力渐觉衰减。眺望未来，生命意象如一只孤舟，从"壑舟无须臾"以下六句可知陶渊明对前途心生畏惧，岁月匆匆流逝，自然变化无穷而难以揣测。前程中有多少未知，谁知归宿在何方。自古人们惜时如金，念此不禁使人既汗颜又畏惧。

陶渊明在这首诗中上演了一个生命由盛而衰的过程，其中杂糅了忧、乐、惧，情调丰富。读此诗可以与陶渊明一起感受他丰富而深沉的人生体验，少年时之欣悦、中晚年时之忧虑，以及珍惜光阴之警惧，莫不让人抚卷沉思。大自然运转变化不以人的意志为转移，叹生命之脆弱，不能等闲视之。全诗风格苍凉，诗情波澜起伏，文风简练而意蕴深远，很能体现陶诗艺术造诣的极致特色。

昔闻长者言，掩耳每不喜。

奈何五十年，忽已亲此事。

求我盛年欢，一毫无复意。

去去转欲速，此生岂再值。

倾家持作乐，竟此岁月驶。

有子不留金，何用身后置！

陶渊明《杂诗十二首·其六》

　　这首诗道出了陶渊明感叹时日无多，此生再难企求盛年而及时行乐的生活态度。少年不知愁滋味，不愿听长者珍惜光阴的忠告。当五十岁倏然来临时，才幡然领会到昔日长者频频告诫中的真谛，仿佛突然亲身经历此事。现在不复少年时，五十垂垂老矣，求我盛年时的欢悦，竟已没有丝毫激情。如何度过余下的光阴？日月如梭，光阴似箭，岂能再现当年情景！而今阅尽人间悲喜之后，心中沉淀了沧桑岁月留下的沉重，虽然已经没有欢娱的理由，但也要倾尽家产求欢乐。余下的岁月只须照顾好此身，无需为子孙留金钱，活人岂能为死操心！

日月不肯迟，四时相催迫。

寒风拂枯条，落叶掩长陌。

弱质与运颓，玄鬓早已白。

素标插人头，前涂渐就窄。

家为逆旅舍，我如当去客。

去去欲何之，南山有旧宅。

陶渊明《杂诗十二首·其七》

　　斗转星移，岁月转瞬即逝，四时步步相催，不肯停步。枯枝败叶在寒风中颤抖，落叶纷纷飘下，覆盖了街道。弱体随时运共减损，黑发早已改变颜色。头上的白发时刻提醒我日暮途穷，当知眼下居住的家似迎宾之客栈，我如匆匆过客，迟早将行去。前行要去何方？南山陶氏旧墓冢。

入冬以后，陶渊明从草木零落联想到生命渐进衰老、死亡，感叹岁月无情。不知不觉间，他的容颜已改，鬓发斑白，到晚年之时，他是怎样的心态呢？他从容地把人生看作一次旅行，坦然地面对衰老甚至死亡，视死如归，就像回家一样平静。

> 代耕本非望，所业在田桑。
>
> 躬亲未曾替，寒馁常糟糠。
>
> 岂期过满腹，但愿饱粳粮。
>
> 御冬足大布，粗絺以应阳。
>
> 正尔不能得，哀哉亦可伤！
>
> 人皆尽获宜，拙生失其方。
>
> 理也可奈何，且为陶一觞。
>
> 陶渊明《杂诗十二首·其八》

做官食俸并非我所愿，耕作植桑才是我热爱的本行。自从躬耕以来，我未曾停止，可却常常饥寒，只能食糟糠过日子。对于饮食，岂可心存奢望，但愿粗茶淡饭吃得饱。粗布足可御冬寒，夏天葛布可以遮骄阳。纵然心愿小，却也难得如愿，实在令人心寒悲伤。他人皆已得其报，我却笨拙得拿不出好方法。天理不通莫奈何，姑且举杯痛饮，忘却忧愁。

在这首诗里，陶渊明承认任何人都可以用适当的方式谋生，"人皆尽获宜，拙生失其方"。这是一个很大的悲哀，一个人连起码的衣食都无法保证。从"理也可奈何，且为陶一觞"两句中，可以看出陶渊明在忧怨中有坦然，坦然中又怀怨的复杂心理。

> 遥遥从羁役，一心处两端。
>
> 掩泪泛东逝，顺流追时迁。
>
> 日没星与昂，势翳西山巅。
>
> 萧条隔天涯，惆怅念常餐。
>
> 慷慨思南归，路遐无由缘。
>
> 关梁难亏替，绝音寄斯篇。
>
> 　　　　　　陶渊明《杂诗十二首·其九》

离家万里远，受宦途羁绊，回家与宦游在我的一颗心中分开两端。掩面拭泪，泛舟东去，顺流而下，任凭风浪迭起，时势变迁。太阳落下，星辰显现，须臾间又隐没于西山之巅。我与家人天各一方，过得萧条寂寞，惆怅不已之时尤其想念家乡的可口饭食。心中总想何时南行回到故里，可即便归心似箭，却又无奈路途遥遥，徒留一声叹息。归乡的水陆要道都不易通行，为解音信断绝之苦，只好寄情于这一诗篇。

对陶渊明这个并不热衷做官的人来说，出仕本来就很勉强，现在又奔波在宦游路上，在这个特定的环境中，他非常疲惫。从"遥遥从羁役，一心处两端"来看，更重要的是表现继续为官还是归隐的两难选择。陶渊明十分坦率，"掩泪泛东逝，顺流追时迁"这两句，一览无余地使读者看到了他在这次行役途中的矛盾心理。

> 闲居执荡志，时驶不可稽。
>
> 驱役无停息，轩裳逝东崖。
>
> 沉阴拟薰麝，寒气激我怀。

岁月有常御，我来淹已弥。

慷慨忆绸缪，此情久已离。

荏苒经十载，暂为人所羁。

庭宇翳余木，倏忽日月亏。

陶渊明《杂诗十二首·其十》

时光在似水流年中急驰，不肯停下脚步，闲居的心志仍然桀骜不驯。差遣在身，一刻也不停息，驾起帷车驰向东方山际。天空弥漫着熏香的烟雾，阴沉如铁，激荡沉积在胸的阵阵寒气。岁月在有序的轨道上照常运行，归来乡居已有时日。曾为国事慷慨激昂，这样的心情如今已淡漠远去。不觉间十年已过，今日暂且又被他人羁系。庭院森森，大树亭亭如盖，须臾间，岁月已无踪迹可寻。

这首诗与其九一样，也是表现"一心处两端"、进退维谷的矛盾心理，一方面写出仕身不由己，为人所羁是很痛苦的一件事；而闲居无事时又因岁月流逝而惶惶然，身在仕途心在隐。这是一对难以调和的矛盾，也是两种生活方式的冲突，当一种生活方式违背了个人意愿的时候，另一种生活方式就会产生不可抗拒的吸引力。

我行未云远，回顾惨风凉。

春燕应节起，高飞拂尘梁。

边雁悲无所，代谢归北乡；

离鹍鸣清池，涉暑经秋霜。

愁人难为辞，遥遥春夜长。

陶渊明《杂诗十二首·其十一》

此行离家还未走远，回望时一阵风迎面吹来，只觉悲凄难掩。这春燕依照时节返回，高飞绕屋梁。从边地而来的大雁居无定所，陆续北飞回归故里，鸧鸡落在清池中的声声鸣叫，历经夏暑与秋霜。陶渊明借春燕应时而至、边雁北归、鸧鸡落池这些自然界候鸟的迁徙，为诗的末尾部分铺垫。"愁人难为辞"两句深刻地反映了陶渊明凄然徘徊的心境，"春燕""边雁""离鸧"，它们都能应时归来，而他自己却"我行未云远"，迟迟不得归，只落得惆怅满怀一言难尽，春夜难眠徒添愁。

> 嬛嬛松标崖，婉娈柔童子。
> 年始三五间，乔柯何可倚？
> 养色含津气，粲然有心理。
>
> 陶渊明《杂诗十二首·其十二》

细长的松梢在山崖随风摇曳，恰似柔美少年。美男年约十五岁，高枝尚嫩不能攀。当日养精蓄锐细培养，他年必然卓而不群可参天。

这首诗借咏幼松、童子，实则借以喻松，但与以往咏松之作又有不同之处。陶渊明在诗中常借咏松赞扬其坚贞不屈、经冬不凋更显苍翠的品质。但这首诗却把着眼点放在了幼松的培养方面，道理不言而喻，他是借培育幼松说明人才培养的重要性，表达自己对年轻一代的殷切期待。

作为一组咏怀诗，《杂诗十二首》内容丰富，有的反映旅途行役之苦，有的咏家贫年衰、奋力图强的自勉之意，有的表现陶渊明有志难骋的苦闷，有的抒发自己与世俗冰炭不容。诗中处处可见陶渊明深刻的人生体验、生命价值未能实现的忧患意识以及高洁的人品。全诗语言质朴纯净，内涵深厚，很能体现陶诗的基本特色。

孤独向善　莫可善之可保

　　早在义熙元年（405 年），谯纵叛晋，建立西蜀政权，仇池王杨盛趁机发兵占据了无主的汉中。义熙九年（413 年），刘裕发兵征蜀，攻占益州。晋军成功灭蜀后，乘胜出击汉中，仇池兵败如山倒，一溃千里，撤出汉中的仇池众将向刘裕献上降表，愿向东晋俯首称臣。自桓玄作乱以来，南方各大割据势力全部被刘裕征服，东晋几乎全部落入刘裕的掌控之中。刘裕统掌朝政以后，派遣专使来到浔阳，以东晋朝廷的名义，征命陶渊明、刘程之（遗民）和周续之"浔阳三隐"入京，担任著作郎之职。陶渊明以身体有疾为由婉言拒绝了。

　　时周续之入庐山，事释慧远，彭城刘遗民亦遁迹匡山，渊明又不应征命，谓之"浔阳三隐"。

萧统《陶渊明传》节选

　　周续之，字道祖，雁门广武（今山西代县）人。在玄学兴盛的

148

东晋时期，周续之兼通儒、道、释三学，以老庄为主，不趋时尚，唯求知识的博大精深与个人精神的优游自在。周续之的祖辈由雁门迁居豫章建昌县（今江西宜春市奉新县），八岁丧父的周续之由兄长抚养，十二岁到郡学读书。彼时豫章太守范宁非常抵触魏晋以来的玄学思潮，倡导以儒家经典教授学子。周续之在范宁门下受业几年，得了一个"颜子"的美誉。

周续之后来闲居在家读《老子》《庄子》《易经》，偶尔也涉猎佛教典籍，尤对老庄之学的心得体会最深，故老庄思想对他的人生观产生了很大影响。在东晋后期腐朽的社会中，他认为有名节的高士都不应该出仕做官。他对嵇康的《高士传》爱不释手，常常通篇诵读，对高士的风度非常仰慕。他还认为娶妻生子是徒增累赘，因此一直过着布衣蔬食的独身生活。周续之与高僧慧远有同乡之谊，他常去庐山敬事慧远，史载他是慧远门下"五贤"之一，与刘程之、陶渊明被时人合称为"浔阳三隐"。

东晋时期，帝王与高门士族除了生活腐化以外，还喜欢附庸风雅、迎合时尚，故而常常征用一些有名望的人以示礼贤下士。当时豫州刺史刘毅镇守姑孰（今安徽马鞍山市当涂县）时，请周续之去当抚军参军，晋安帝也征聘周续之为太学博士，周续之一概拒绝不就。身为大将军的刘裕有心成就帝业，对征用名士也很重视，周续之又被辟为太尉掾，他拒绝征辟。刘裕知道他是个心气高洁的人，不肯出来为官，不禁叹道："真高士也！"只好赐给他丰厚的礼物。但周续之在高官厚禄的礼遇下，不为所动，不变节，不欣喜，还是平静地在山中过着与世无争的平民生活。但江州刺史刘柳每次邀他同游山水，他便欣然前往。

刘裕称帝后，为周续之在东城外设立书馆，支持他召集门徒进行教学。周续之学识渊博，时人称为"名通"，刘裕还亲自到学馆请教周续之。义熙十二年（416年）八月，刘裕北征后秦，世子刘义符留守建康。这时的刘义符只有十岁，为了这个儿子能成才，刘裕特意延请周续之在安乐寺讲《礼》月余。

刺史檀韶苦请续之出州，与学士祖企、谢景夷三人共在城北讲《礼》，加以雠校。所住公廨，近于马队。是故渊明示其诗云："周生述孔业，祖谢响然臻。马队非讲肆，校书亦已勤。"

萧统《陶渊明传》节选

义熙十二年（416年）八月，左将军檀韶接替刘柳成为新的江州刺史，请来周续之、祖企和谢景夷三位学士在城北讲《礼》，三人所住的公所紧邻一个马队的驻所。陶渊明与周续之等三人亦为好友，得知三人的办公地点与马队相邻，马队并非是讲习场所，请饱学之士到那个武事畜力所在的地方校书讲《礼》，这似乎有点风马牛不相及的意味。故而，陶渊明写下这首诗，希望周续之、祖企、谢景夷与自己为邻，他为了听他们讲习《礼》，甘愿洗耳于颍水之滨。

> 负疴颓檐下，终日无一欣。
> 药石有时闲，念我意中人。
> 相去不寻常，道路邈何因？
> 周生述孔业，祖谢响然臻。
> 道丧向千载，今朝复斯闻。
> 马队非讲肆，校书亦已勤。
> 老夫有所爱，思与尔为邻；

愿言诲诸子，从我颍水滨①。

陶渊明《示周续之祖企谢景夷三郎时三人共在城北讲礼校书》

陶渊明写给周续之、祖企、谢景夷三人的这首五言诗意味深长，在对老友们的称赞中又有调侃，可以看出他试图以一己之力说服三人的良苦用心。全诗格调抑扬顿挫，很能代表陶诗委婉中不失讥讽的特色。

陶渊明先从自己眼下的境况说起。抱病居住在破败的茅屋中，终日没有一事可以心情舒畅。药石治疗时停时用，病中特别思念朋友。行文到此，引入正题，陶渊明在病中特别想念老友们，彼此相隔得并不遥远，但为什么心里却有千山万壑的阻隔？时下，周续之正在著述孔子的学说，还有祖企和谢景夷两位帮手，这本是一件大好事。近千年来，儒家之道日渐衰微，如今又开始兴盛起来。问题是，马队附近哪里是讲习儒家学说的场所呢？尔等在此地校书再勤也非长远之事。接下来，陶渊明开始和盘托出自己的心思意念：我爱古书，崇尚儒道，愿与你们做近邻。但其真正意图并不仅仅是做邻居而已，而是劝他们放弃一切尘念，做真正的隐者。"愿言诲诸子，从我颍水滨"两句是真心奉劝诸位好友，希望大家与他一起隐居在颍水滨。

陶渊明在这首诗中很坦诚地告诉三人"老夫有所爱，思与尔为邻"，他很想与那三位博学之士朝夕共处，重振孔子学说。他很愿意和友人们比邻而居，听他们讲习《周礼》，他希望友人抛弃名利的羁绊，大家一起终生隐居林泉。因为东晋末年时尊重学养智慧的道德

①颍水滨：颍水发源于河南登封县境，入安徽省境的淮水。颍水滨是巢父、许由的隐居之地。根据晋时皇甫谧的《高士传》记载，传说尧时有位叫许由的隐士居住于颍水之滨、箕山之下。尧帝召他出来做官，他不愿听这些话语，跑到颍水去洗耳。巢父牵着小牛到此处饮水，巢父看不惯许由洗耳的行为，说他是作秀，故意做给别人看，为的是博得一个好声誉。他怕此地的水污染了小牛的口，牵着小牛到颍水的上游去饮水。这两位上古高士的故事在中古时代广为传播，颍水因此逐渐成为隐逸之所的代称。

观已经崩溃，把周续之三人请出来讲《礼》，只不过是官吏们用来装点门面而已。当然他这一番劝说并没有达到预期效果，周续之在北城讲学月余后，复归庐山。

魏晋权贵喜欢招揽名士不过是为了满足他们附庸风雅的虚伪作派，其实他们并不尊重有才德的人，很多有才有德的人都处在怀才不遇的艰难处境中。这一点，陶渊明再清楚不过了。

昔董仲舒作《士不遇赋》，司马子长又为之。余尝以三余之日，讲习之暇，读其文，慨然惆怅。夫履信思顺，生人之善行；抱朴守静，君子之笃素。自真风告逝，大伪斯兴，闾阎懈廉退之节，市朝驱易进之心。怀正志道之士，或潜玉于当年；洁己清操之人，或没世以徒勤。故夷皓有安归之叹，三闾发已矣之哀。悲夫！寓形百年，而瞬息已尽；立行之难，而一城莫赏。此古人所以染翰慷慨，屡伸而不能已者也。夫导达意气，其惟文乎？抚卷踌躇，遂感而赋之。

咨大块之受气，何斯人之独灵！禀神智以藏照，秉三五而垂名。或击壤以自欢，或大济于苍生；靡潜跃之非分，常傲然以称情。世流浪而遂徂，物群分以相形。密网裁而鱼骇，宏罗制而鸟惊。彼达人之善觉，乃逃禄而归耕。山嶷嶷而怀影，川汪汪而藏声。望轩唐而永叹，甘贫贱以辞荣。淳源汨以长分，美恶作以异途。原百行之攸贵，莫为善之可娱。奉上天之成命，师圣人之遗书。发忠孝于君亲，生信义于乡闾。推诚心而获显，不矫然而祈誉。嗟乎！雷同毁异，物恶其上，妙算者谓迷，直道者云妄。坦至公而无猜，卒蒙耻以受谤。虽怀琼而握兰，徒芳洁而谁亮。哀哉！士之不遇，已不在炎帝帝魁之世。独祇修以自勤，岂三省之或废；庶进德以及时，时既至而不惠。无爰生之晤言，念张季之终蔽；悯冯叟于郎署，赖魏守以纳计。虽仅然于必知，亦苦心而旷岁。审夫市之无虎，眩三夫之献说。悼贾傅之秀朗，纡远辔于促界。悲董相之渊致，屡乘危而幸济。感哲人之无偶，泪淋浪以洒袂。承前王之清诲，曰天道之无亲；澄得一以作鉴，恒辅善而佑仁。夷投老以长饥，回早夭而又贫；伤请车以备椁，悲茹薇而殒身；虽好学与行义，何死生之苦辛！疑报德之若兹，惧斯言之虚陈。何旷世之无才，罕无路之不涩。伊古人之慷慨，病奇名之不立。广结发以从政，不愧赏于万邑；屈雄志于戚竖，竟尺土之莫及。留诚信于身后，恸众人之悲泣。商尽规以拯弊，言始顺而患入。奚良辰之易倾，胡害胜其乃急。苍旻遐缅，人事无已。在感有昧，畴测其理。宁固穷以济意，不委曲而累己。既轩冕之非荣，岂缊袍之为耻。诚谬会以取拙，且欣然而归止。拥孤襟以毕岁，谢良价于朝市。

陶渊明《感士不遇赋并序》

　　昔日董仲舒有一篇《士不遇赋》问世，继而，司马迁也作了一篇《悲士不遇赋》。我曾经在冬闲、深夜及阴雨天的闲暇之时，包括在讨论学习的间隙时光，阅读了他们的作品。深为感慨之余，不禁生出发自肺腑的哀伤。遵守信义，尽忠尽孝，乃人类高贵的品德；胸襟淳朴，心地纯良，是君子恪守的品性。当淳朴的风尚从世间消失，伪善之风就炽烈盛行起来，廉洁谦卑的操行在世间逐渐被遗忘，追逐高官厚禄的侥幸之心却在官场上泛滥成灾。一些高尚正直、怀匡世济世之志的志士，正当壮年却隐居不仕；一些洁身自好、不甘同流合污的节操清廉之人，却徒劳终身。因此伯夷、叔齐和"商山四皓"异口同声地发出"归往何处"的悲叹，三闾大夫屈原也有"算了吧"的哀怨。可悲啊！人生百年，转瞬即逝，建功立业举步难艰，却没有相应的赐爵封地作为赏赐。这也就是古人挥笔疾书，一再抒发而难尽其情的缘故。可以抒发胸臆的媒介，大概只有文章了吧？手抚古人的书卷，徘徊沉思，深有感触而写下此文。

可叹承天地自然之气而万物生，为何只有人类独享万物之灵智！禀受神智，蕴藏着丰富的智慧之灵，凭天、地、人三才与仁、义、礼、智、信五常之道名垂青史。黎民百姓居乡野游乐，怡然自得，君主百官则施政以救济天下庶民百姓。无论退隐或出仕，都是本分使然，各适其情。时光转流，逝者如斯，好人坏人，则有群体之分，而显出高低对比。捕鱼鸟之网密织而使鱼鸟惊心，民众则因政治法律的严苛而形同罗网中之鱼鸟。通达明智之人先知先觉，选择避开官禄，隐退躬耕。崇山峻岭中阴影常存，有如山峦将阴影环抱着，辽阔无边的河流上不闻声响，有如大川将声响隐藏起来。大隐之士正如这山与水，他们度量深沉，不露声色。遥想远古轩辕、唐尧的治世，深为叹息，甘居贫贱，辞却富贵虚荣。清澈源头和流急变浊的水大为不同，善恶殊途不同归。深究种种行为中最可贵者，莫如施行善举最使人身心欢畅。顺上天既定之命，效法圣人遗训。忠于君主、孝敬双亲，乡里建树信义之德。凭赤诚之心获得显达，拒虚伪造作妄求名誉。可叹哪！人云亦云，众口铄金，憎恨别人，尤忌胜己；说深谋远虑之人是愚钝，视正直之士为狂妄。本是坦诚公正无猜忌，到头来却反遭诬陷诽谤。纵然志洁行芳，也徒然芳洁，谁颂扬呢？悲哀呀！贤才遭摒弃，那是生不逢时，没遇上炎帝、帝魁时的太平盛世。谦恭修身，独自勤勉，一日三省，哪能废弃；希望修身以增进品德、等待良机，可惜良机不顺，荆棘阻逆。若非中郎将爱盎向汉文帝举荐，那张季将永远埋没于尘世，无人问津；可怜冯唐官职卑微，凭谏魏尚之事才重提官职。虽勉强可称终遇知己，却愁苦煎熬，蹉跎岁月。明知闹市无虎，众人皆说有虎便有虎。曾作梁怀王太傅的贾谊才华出众，却如委屈的骏马受制于缰绳。可悲

154

董仲舒行事深沉，屡遭危难，幸免一死。感悟哲人情到深处人孤独，涕泪横流，沾湿衣襟。恭承前代圣王英明教诲，说是天道无私，善者受恩；天道清澄，明察秋毫，助善者，佑仁士。伯夷、叔齐不食周粟，挨饿终老，颜回早逝，家境赤贫；伤哉，颜路请求孔子卖车以葬其子颜回，悲哉，伯夷、叔齐食薇而死，终丧其身；虽然颜回学识渊博，伯夷、叔齐仁义忠贞，为何无论生死他们都难逃艰难苦辛！如此恩德有报，令人费解，恐怕天道无私之说只是虚言。说什么世世代代缺少贤才，只因条条道路阻塞不通。古人难免感慨悲叹，忧虑无以得建功名。李广年少从军，拼搏疆场，盖世之功可配封万户侯；屈原有雄才大略，竟受辱于外戚小人，尺寸土地未得赏赐。他们的真诚信义，桃李不言，下自成蹊。西汉王商殚精竭虑，拯救弊端，开始顺风顺水而后遭人构陷而祸患殃及。为何施展才能的良机昙花一现，为何陷害忠良的邪心那般急迫！苍天遥远，人事难休；一半明白一半迷惑，谁能解开其中的奥秘！宁愿固守穷困而保全心志，也不愿委曲逢迎，伤及自身。既然仕途险恶，荣耀难得，莫非破袍在身就是羞耻？领会实谬，守拙以攻，姑且欣然隐退避世。怀抱孤介之情安度余生，绝不再对朝市求善价。

陶渊明的这篇《感士不遇赋》究竟作于哪一年，史家说法不一，最有代表性的是龚斌、逯钦立和钱志熙三家。龚斌认为此篇"殆彭泽去官后作也"，也就是义熙十一二年间，与《归去来兮辞》作于同一时期。这时的陶渊明对官场心生厌倦，有归隐之意，参照他这时的其他诗作中"即理愧通识，所保讵乃浅"的诗句，可见陶渊明已经厌倦官仕，决意归田。

逯钦立认为"本篇约写于义熙二年（406年），陶渊明四十二岁，彭泽归田后之次年"。而钱志熙则认为此赋应该是陶渊明出仕之初的作品，是陶渊明早年闲居时的赋作。很大的一个可能性是写于辞江州祭酒之后，诗人早已有固穷守节、辞官归隐的思想，"感叹不遇，正是功业之心盛隆的另一种表现方式"。因此，他认为这应该是陶渊明出仕初期的作品。另有一说认为，该作应该是陶渊明在丁母忧时所作，也就是写于元兴二年（403 年），与《癸卯岁十二月中与从弟敬远》是同期的作品。还有一说认为作于晋宋易代后，即永初三年（422 年），诗末"拥孤襟以毕岁，谢良价于朝市"二句是暗指义熙末称疾不应征召命之事，故推测此文大致写于义熙十一二年间。

自屈原以来，表现"士不遇"主题的诗文形成了源远流长的传统，卷帙浩繁。不同作者表达的情感或激烈或淡然，不一而足，但此类诗文的主旨无一例外都表现了生不逢时、怀才不遇的感喟。高士归隐，这是中国古代的一个社会问题。很多时候，由于社会黑暗、君王昏庸、奸佞当道，国君亲小人远君子，许多正直之士虽胸怀济世安民的壮志，却不能为权高位重者容忍，只得纷纷远弃朝堂。固守穷节，逃禄而归耕，这对他们来说是唯一可行的路。污秽浑浊的社会是他们的噩梦，抱朴守静、真淳廉洁之社会风气淹没于大伪斯兴、世俗趋进的恶劣世风之中。在这个充满虚伪狡诈、如同一潭浑水的社会现实中，陶渊明高调宣扬了自己的处世原则：宁愿做一个孤独向善的隐者。他的生活准则决定了他注定是一个孤独的前行者。饮酒赏花、读书写作、劳动郊游都是陶渊明积极的生活方式，是陶渊明浓重的悲剧意识倾泻的出口。庶族出身的陶渊明注定不可能在门阀当政的时代有所作为，这就必然会使他产生不遇之感，追求美好事物的失败与迷惘使他选择了向前贤看齐，选择了守善固穷的归隐之路。

陶渊明少年时曾立下"猛志逸四海，骞翮思远翥"的壮志，但走上仕途后又因官场腐败，他的多次出仕都以失败告终。这几次失败的出仕经历证明陶渊明也是一个不遇之士，他的怀才不遇其实是时代的悲剧，是那个时代和陶渊明有着共同理想的有志之士的共同命运。这些坎坷不平的经历，造就了陶渊明悲慨激烈的气质。陶渊明的这首赋带着强烈的感情色彩，赋中表露了他强烈的思想感情，是他仕隐思想斗争异常激烈的反映。在陶渊明的全部作品中，鲜见这样悲慨激烈、直抒胸臆的作品，故史家认为这是研究陶渊明思想的最重要的作品。在古典文学研究专家叶嘉莹看来，"渊明的归田，既非为了虚浮的隐居的高名，也非为了世俗的道德忠义，而只是为了在'大伪斯兴'的此一人世，保全其一份质性自然的'真我'。此一原因，看似简单，而其间却曾经过多少徘徊与彷徨，也蕴蓄着多少对此世的失望与悲痛"。这番评论真正一语中的，再中肯不过了。

饮酒二十首　酒中有深意

　　义熙八年（412 年），刘裕讨伐荆州刺史刘毅，刘毅伏诛后，刘裕以司马休之为荆州刺史。司马休之，字季预（一作季豫），河内郡温县（今河南焦作市温县）人，东晋宗室名将、谯敬王司马恬第四子。少仕清贵的司马休之曾参与过平定王恭和庾楷的叛乱。

　　义熙十年（414 年），治理荆州的司马休之在当地颇得人心，且拥兵自重。时在建康的谯王司马文思是司马休之的长子。"性凶暴，好通轻侠"，使刘裕起了戒心。当年三月，有人指控司马文思擅杀官吏，其党羽被下诏诛杀。司马休之遂上表请解职，但刘裕不允，并将司马文思送到荆州交给司马休之，要其对司马文思"令自训厉"，暗示司马休之杀子明志。但司马休之不愿杀司马文思，只是上表请求将司马文思废为庶人，这使刘裕大为不满。义熙十一年（415 年）正月，刘裕将司马休之在京城建康的次子司马文宝及侄子司马文祖收捕，并将二人赐死，又亲自率兵讨伐司马休之。司马休之含恨忍辱，绝地反击，联合雍州刺史鲁宗之反抗刘裕擅权，兵败后，司马休之投靠后秦文恒帝姚兴。

　　腥风血雨的世道使陶渊明深感惶惑不安，唯一的办法是效仿"竹林七贤"，躲起来避祸。"竹林七贤"是魏末晋初鼎鼎有名的七位名士，分别是阮籍、嵇康、山涛、刘伶、阮咸、向秀、王戎。这七人是当时玄学的代表人物，由于不满西晋统治下的黑暗现实，常相游于竹林之下，他们喝酒、唱歌，纵情山水。在无力回天的社会现实面前，他们采取不涉是非、明哲保身的立场，不与司马朝廷合作。虽表面看去，"竹林七贤"纵情山水，其实在他们肆意酣畅的表象之下掩饰的是对社会现实的忧虑和不满。

　　"七贤"之一的阮籍"时率意独驾，不由径路，车迹所穷，辄恸哭而反"。阮籍的"穷途之哭"并非是因为他的车行无路，乃是因他个人身处困境而悲伤。阮籍旷达不羁，不拘礼俗，据《晋书·阮籍传》记载："籍又能为青白眼。见礼俗之士，以白眼对之。及嵇喜来吊，籍作白眼，喜不怿而退。喜弟康闻之，乃赍酒挟琴造焉，籍大悦，乃见青眼。"青眼，眼睛瞳仁居中，正眼视之；白眼，眼睛斜视时则出现眼白。故阮籍以青眼表示对人喜爱或尊重，以白眼表示对人轻视或憎恶，其不拘于礼教可见一斑。

　　文帝初欲为武帝求婚于籍，籍醉六十日，不得言而止。钟会数以时事问之，欲因其可否而致之罪，皆以酣醉获免。

　　　　　　　　　　　　　《晋书·列传第十九·阮籍》节选

　　阮籍在魏晋时期才名远播，权势一手遮天的司马昭意欲拉拢，想了一个与阮籍联姻的办法，但阮籍不愿接受，又不能直接拒绝。为了躲避司马昭提亲，阮籍天天喝得酩酊大醉，不省人事。就这样，一连醉了六十天，天天醉到失去意识不能言语的程度。那个奉司马昭之命前来提亲的人根本没有机会和阮籍提及结亲一事，最后不得已将情况禀报司马昭，司马昭无奈之下只好打消了借结亲之机拉拢阮籍的想法。故南宋词人叶梦得在《石林诗话》中说："晋人多言饮酒，有至沉醉者，此未必意真在于酒。盖时方艰难，人各惧祸，惟托于醉，可以粗远世故。"酒，成了阮籍的防御手段和工具。

阮籍借醉酒避祸的事使陶渊明从中受到启迪，这正是陶渊明可效仿的。于是他借饮酒和饮酒诗的形式表明心迹，抒发对现实的态度，即便说错了，也是醉酒之态下的虚言，能够求得谅解。昭明太子萧统在《陶渊明集序》中曾这样评价："有疑陶渊明诗篇篇有酒，吾观其意不在酒，亦寄酒为迹焉。"一语说中陶渊明借酒回避世俗祸患的心理。

义熙十二年（416 年），看透东晋黑暗官场的陶渊明辞官住在偏远宁静的乡村里。他平时不受世俗侵扰，常常在酒醉之后诗兴大发，胡乱扯出一张纸，写下当时的感慨，等第二天清醒后再拿出来修改润色。如此这般，诗稿越积越厚，他请来朋友一起整理抄录，共得二十首诗，他把这组诗命名为《饮酒二十首》。

陶渊明在序中自述《饮酒二十首》都是他"既醉之后"所作，因明知为世俗所不容，故托醉人谬误之言，借"饮酒"为题，抒发对人生衰荣、生死、善恶、是非等重大问题的深刻思考。从这些诗中可见他在当时那个复杂的环境中探求人生之道的艰难。他耐得住寂寞，独立不迁，表面看他在诗中说的都是时序变迁、人事荣枯，实际上在他内心深处却隐藏了对时局的关切和隐忧，"语时事则指而可想，论怀抱则旷而且真"。

余闲居寡欢，兼比夜已长，偶有名酒，无夕不饮，顾影独尽。忽焉复醉。既醉之后，辄题数句自娱，纸墨遂多。辞无诠次，聊命故人书之，以为欢笑尔。

我闲居在家郁郁寡欢，加之秋夜越来越漫长，偶尔得着好酒，没有一晚不喝上几口。对着孤影独斟独饮，瞬间就醉了。酒醉之后，总喜欢挥毫写上几句以自娱自乐。如此一来，诗句日渐增多，所写之句没有精雕细琢，所以毫无章法次序。姑且有劳旧友帮忙誊写修饰编排，以供自我取乐罢了。

> 衰荣无定在，彼此更共之。
> 邵生瓜田中①，宁似东陵时。
> 寒暑有代谢，人道每如兹。
> 达人解其会，逝将不复疑。
> 忽与一觞酒，日夕欢相持。
>
> 陶渊明《饮酒二十首·其一》

植物的衰荣和人生的祸福从来没有定数，都不是固定孤立的，而是相互依存。晚年的邵平在瓜田种瓜时，哪里还有当年东陵侯时的荣耀！寒暑交替变化，人生的流转道理也是如此。聪明人洞悉其中理趣所在，选择隐居独处不再怀疑。快快端起一杯酒，与我早晚畅饮解百忧。

> 积善云有报，夷叔在西山。
> 善恶苟不应，何事空立言！
> 九十行带索，饥寒况当年。

---

①邵生瓜田中：邵平，秦末汉初历史人物。广陵人邵平是东陵侯，负责看管始皇帝生母赵姬之陵寝。秦为汉灭，邵平沦为布衣，因家贫在长安城东南的霸城种瓜。邵平种的瓜皮薄瓤红，味道甜美，皮有五色，人们称之为"东陵瓜"。

不赖固穷节，百世当谁传。

陶渊明《饮酒二十首·其二》

据说积善有善报，伯夷、叔齐为何饿死在首阳山？如果天道报应不爽，何必还要空口白说"天道无亲，常与善人"一类的格言！荣启期年九十，以绳为带，饥寒更甚于壮年。不靠固穷守节的操行，怎能流传百世的声名。

栖栖失群鸟，日暮犹独飞。

道丧向千载，人人惜其情。
有酒不肯饮，但顾世间名。
所以贵我身，岂不在一生。
一生复能几，倏如流电惊。
鼎鼎百年内，持此欲何成！

陶渊明《饮酒二十首·其三》

道德沦丧将近千载，人人只顾恋自己的声名。有酒居然不肯痛饮，一心只顾世俗间的虚名。所以在一生之内自苦其身，追求身后的空名又有何用。一生转瞬即过，迅疾如闪电般令人心惊。一生为了功名而奔走忙碌，如此怎能有所成就！

栖栖失群鸟，日暮犹独飞。
徘徊无定止，夜夜声转悲。
厉响思清远，去来何依依。
因值孤生松，敛翮遥来归。
劲风无荣木，此荫独不衰。
托身已得所，千载不相违。

陶渊明《饮酒二十首·其四》

惶惶不安、落单的鸟儿，日暮时依然独自飞。徘徊不定没有落脚的巢穴，何处是我家？夜夜发出声声哀鸣。长鸣急啼，思慕清远境界，依依不肯离去。遇到一棵孤生松，轻轻收敛翅膀来归依。在寒冷的劲风中，万木凋零，独有松树繁茂不衰。总算找到一个托身处，即使过了千年也不相隔离。

> 结庐在人境，而无车马喧。
> 问君何能尔？心远地自偏。
> 采菊东篱下，悠然见南山。
> 山气日夕佳，飞鸟相与还。
> 此中有真意，欲辩已忘言。
>
> 陶渊明《饮酒二十首·其五》

我的草屋盖在众人聚集的繁华街道，却从没有烦扰的车马喧闹声。问我为何如此心如止水？心灵远避尘俗，自然会感受到所处之所的幽静了。怡然自得地在东篱下采摘菊花，不觉间一抬头，远处的南山映入眼帘。山间弥漫的雾气与傍晚的景色相映成趣，飞鸟结伴归巢来。此情此景中自然蕴藏着人生真意，想要辨识却忘了要去表达。

> 行止千万端，谁知非与是？
> 是非苟相形，雷同共誉毁！
> 三季多此事，达士似不尔。
> 咄咄俗中愚，且当从黄绮。
>
> 陶渊明《饮酒二十首·其六》

人们的行为举止有千万种，孰是孰非谁能说得清呢？有人只是简单粗略地对比事物表面后，便人云亦云，附和别人，不分是非地表示赞誉或诋毁。夏、商、周三代以来，这种事情见惯不怪。但明达之士自有主见，不会随风倒。即便世俗中的愚妄之辈咄咄逼人，也不做"应声虫"。只愿与世俗背驰，追随黄公和绮里季夏两位贤者，学"商山四皓"，避世隐居。

> 秋菊有佳色，裛露掇其英。
> 泛此忘忧物，远我遗世情。
> 一觞虽独进，杯尽壶自倾。
> 日入群动息，归鸟趋林鸣。
> 啸傲东轩下，聊复得此生。
>
> 陶渊明《饮酒二十首·其七》

盛开的秋菊花团锦簇，鲜艳的花朵润泽含露。把沾着露水的菊花泡在酒中，味道更醇，使我的避世情怀更为悠远了。独自一仰而尽杯中酒，再执酒壶倾注杯中。日落众生都歇息了，鸟儿欢快地飞回树林，一片鸟声啁啾。东窗之下，菊花傲然歌啸，姑且逍遥，得到此生真意。

> 青松在东园，众草没其姿。
> 凝霜殄异类，卓然见高枝。
> 连林人不觉，独树众乃奇。
> 提壶抚寒柯，远望时复为。
> 吾生梦幻间，何事绁尘羁。
>
> 陶渊明《饮酒二十首·其八》

长在东园里的青松，因为杂草、杂树众多而掩盖了它的英姿。严霜凝结，百草枯萎，独有青松傲然挺立。树木成林时感觉不到青松的独特之处，待百草凋零，始才惊觉它卓而不群的魅力。我提着酒壶抚弄着寒枝，时时远眺。人生如梦恍惚间，何必被羁绊在世俗的人事纠缠中呢？

> 清晨闻叩门，倒裳往自开。
> 问子为谁与？田父有好怀。
> 壶浆远见候，疑我与时乖。
> 褴缕茅檐下，未足为高栖。
> 一世皆尚同，愿君汩其泥。
> 深感父老言，禀气寡所谐。
> 纡辔诚可学，违己讵非迷。
> 且共欢此饮，吾驾不可回。
>
> 陶渊明《饮酒二十首·其九》

清晨忽听敲门声，来不及穿好衣服就去开门。来者何许人也？原来是好心肠的善良老农。他携酒远道前来问候，嗔怪我与世俗不相容。他说破烂衣衫与茅檐陋室，不值得寄身隐居。举世皆以同流为贵，愿君随大流。深深感谢老农真言，无奈秉性不合群。委屈自己履仕途做官诚可学，但违背初衷岂不是迷了心窍。姑且一同痛快地饮酒，我这匹脱缰的马决不拉着车倒回去。

> 在昔曾远游，直至东海隅。
> 道路迥且长，风波阻中涂。
> 此行谁使然，似为饥所驱。
> 倾身营一饱，少许便有余。

165

恐此非名计，息驾归闲居。

陶渊明《饮酒二十首·其十》

　　往昔在千里之外任职出仕，一直走到遥远的东海一带。道路漫长没有尽头，风急浪高，途中时时遇阻。谁使我不远千里来宦游？似为饥饿所驱遣。竭尽全力只为得一口饭吃，稍微有一点就足够了。恐怕此行对我的声誉有损，还是弃官归隐心悠然。

颜生称为仁，荣公言有道，
屡空不获年，长饥至于老。
虽留身后名，一生亦枯槁；
死去何所知，称心固为好。
客养千金躯，临化消其宝。
裸葬何必恶，人当解意表。

陶渊明《饮酒二十首·其十一》

　　人人都说颜回是仁者，又说荣启期有德行。贫穷的颜回短寿，荣启期一生都在挨饿。他们虽然留下了身后名，但一生清贫，甚是憔悴。人死之后万事皆空，还是当前称心为好。即使生前保养千金般的身躯，到头来这千金躯体还是要死后腐朽化为乌有。生前厚敛、身后厚葬都不可取，裸身埋葬有何不好，归于尘土，返归自然才是真趣，人们应该理解这言外之意。

长公曾一仕，壮节忽失时。
杜门不复出，终身与世辞。
仲理归大泽，高风始在兹。
一往便当已，何为复狐疑？

去去当奚道，世俗久相欺。

摆落悠悠谈，请从余所之。

陶渊明《饮酒二十首·其十二》

西汉张挚曾经入仕途，壮烈气节不被容当世而丧失从政时机。从此闭门不再复出为官，终身与世隔绝。后汉的杨伦因"志乖于时"而辞职归隐大泽中，高尚节操在此处显露无遗。既然选择归隐就当坚守己志，何必患得患失？快快归隐吧，还有什么话说！世俗欺我已很久了。甩开世上那些荒谬的无稽之谈，请尊重我归隐的选择。

有客常同止，取舍邈异境。

一士长独醉，一夫终年醒。

醒醉还相笑，发言各不领。

规规一何愚，兀傲差若颖。

寄言酣中客，日没烛当炳。

陶渊明《饮酒二十首·其十三》

两人常常在一起，心境志趣各有不同。一人每天独自醉生梦死，一人从年初到岁尾始终清醒。醒者、醉者两人相视而笑，对话无法各自领会。浅陋拘泥多愚蠢，孤傲不羁似乎比较聪敏。寄语正在畅饮的人，日落后应点上蜡烛继续饮酒欢醉。

故人赏我趣，挈壶相与至。

班荆坐松下，数斟已复醉。

父老杂乱言，觞酌失行次。

不觉知有我，安知物为贵。

167

悠悠迷所留，酒中有深味！

陶渊明《饮酒二十首·其十四》

　　承蒙老友赏识我的志趣，携酒壶和其他几位朋友同来。喝酒没有桌凳，只好铺荆于地，没有丝竹音乐，喜听风吹松针，还有父老的相杂乱语。次第行杯，不觉间自我意识在醉意中消失了，物我两忘，身外之物何足贵？一般趋附名利之辈迷恋于他们所流连的世俗场，而今日这酒中自有蕴味。

　　　　贫居乏人工，灌木荒余宅。
　　　　班班有翔鸟，寂寂无行迹。
　　　　宇宙一何悠，人生少至百。
　　　　岁月相催逼，鬓边早已白。
　　　　若不委穷达，素抱深可惜。

陶渊明《饮酒二十首·其十五》

　　贫居乡间，居室中没有精巧修饰，灌木丛生以致掩盖了小径，宅所荒芜。但见贫宅中有鸟来去，却无人往还，甚为凄凉。无穷宇宙浩渺无边，人生在世难活百年。禁不住岁月催迫，两鬓早生华发。如果不抛开贫富贵贱的想法，只好对平生朴素的抱负深深叹息了。

　　　　少年罕人事，游好在六经。
　　　　行行向不惑，淹留遂无成。
　　　　竟抱固穷节，饥寒饱所更。
　　　　弊庐交悲风，荒草没前庭。
　　　　披褐守长夜，晨鸡不肯鸣。

孟公不在兹，终以翳吾情。

陶渊明《饮酒二十首·其十六》

自幼不喜与人交往，一心只好读儒家经典"六经"。岁月缓缓把人推向不惑之年，长久隐退遂在功名事业上一无所成。最终抱定想法要固守穷节，因而饱受饥寒交迫。破屋四面漏风，荒草像潮水淹没了庭院。身披粗布褐衣坐守漫漫长夜，只盼雄鸡一唱天下白。身边没有知音在，满腹衷肠无人诉，只好就此隐没。

幽兰生前庭，含薰待清风。

清风脱然至，见别萧艾中。

行行失故路，任道或能通。

觉悟当念还，鸟尽废良弓。

陶渊明《饮酒二十首·其十七》

幽兰生长在前庭，饱含花香等待清风的吹拂。清风轻轻吹来，兰花散发阵阵香气，立刻就从萧艾等杂草中脱颖而出。不停地前行会遗忘来时旧路，顺应自然之道或许才能走通前面的路。醒悟后，惊觉是该归隐了，猎人们一旦猎尽飞鸟，再好的弓箭也就失去作用了。而封建君主以才士为工具，天下平定了，定天下的才士也难免要被废掉。

子云性嗜酒，家贫无由得。

时赖好事人，载醪祛所惑。

觞来为之尽，是谘无不塞。

有时不肯言，岂不在伐国。

仁者用其心，何尝失显默。

陶渊明《饮酒二十首·其十八》

汉代扬雄生性好酒，但家贫买不起。常常靠那些喜欢追究古事的人带着酒来请他释疑解惑，他才有酒喝。每逢有酒，他就尽情畅饮，他人有疑难问题，他也尽他所能解答。当然，如果问他别国的军事机密，他是不肯说的。仁者考虑问题是慎重的，当言则言，不当言则缄口不言。

> 畴昔苦长饥，投耒去学仕。
> 将养不得节，冻馁固缠己。
> 是时向立年，志意多所耻。
> 遂尽介然分，拂衣归田里。
> 冉冉星气流，亭亭复一纪。
> 世路廓悠悠，杨朱所以止。
> 虽无挥金事，浊酒聊可恃。
>
> 陶渊明《饮酒二十首·其十九》

昔日苦于饥饿煎熬，放下农具出仕从政。苦于养活家人不得要领，始终被饥饿、严寒纠缠。那时将近而立之年，内心为之羞愧难当。于是出于全其耿介本分的考虑，拂袖回归田园。日月运转，时光流逝，转眼间十年过去。世道空阔漫无际，因为歧路众多，杨朱哭泣声诉后止步不前。家贫无以挥金享乐，且以一杯浊酒慰藉我心。

> 羲农去我久，举世少复真！
> 汲汲鲁中叟，弥缝使其淳。
> 凤鸟虽不至，礼乐暂得新。
> 洙泗辍微响，漂流逮狂秦。
> 诗书复何罪，一朝成灰尘。
> 区区诸老翁，为事诚殷勤。

如何绝世下，六籍无一亲！

终日驰车走，不见所问津。

若复不快饮，空负头上巾。

但恨多谬误，君当恕醉人。

陶渊明《饮酒二十首·其二十》

伏羲、神农距离我们已经很久远了，现在世间已不复见那时淳朴自然的风尚。勤勉的鲁国孔丘为弥补当时出现的不良社会风尚而四处奔走。虽然未使天下太平，但礼乐经他的整理而焕然一新。孔子当年设教的洙泗二水流经鲁国，但这里已听不到孔子的教义。岁月流逝如水，时间迁延至残暴的秦朝。诗书典籍何罪之有？转眼间灰飞烟灭。汉初幸存老儒生，勤谨传授经学，不遗余力。汉代灭亡至今，再也无人亲近六经。世人为争逐名利终日驰车奔走，治世之道却无人问津。若不再痛饮杯中之酒，白白辜负了头上的葛巾。我亦自恨谬误甚多，望诸君宽恕我这醉中之人。

从组诗《饮酒二十首》前的小序中"闲居寡欢""顾影独尽"的话，可以想见陶渊明当时极度孤寂的心境，他是在万分痛苦的心情中写下这组《饮酒》诗的。"既醉之后，辄题数句自娱……聊命故人书之，以为欢笑尔"意思是他在醉酒以后写下这些诗篇，只是为了"自娱"，且博故人"欢笑"。表面看似随意说的，实际上他是借"醉"为自己在诗中的直言心声"打掩护"。

《饮酒二十首》组诗首先是对社会现实的批判，这类篇章在组诗中约占半数。这为我们研究陶渊明思想提供了一个重要依据，即陶渊明并非完全超然物外，忘却现实，在他的归隐表面下，实则还有一颗忧国忧民的心。从他在诗中抒发的对时局动荡的无限感慨，可以看到他对时局的关切和隐忧。在晋宋易代最黑暗的前夕，面对刀光剑影的局势，社会道德风气败坏，陶渊明愤慨不安，但他又无力改变这种局面，只好借酒消愁，在醉意中寻找安慰。诗中有很多针砭时弊的箴言，批判趋炎附势的士大夫文人，表现了陶渊明高洁坚贞的人格和操守。

受限于当时的社会现实，陶渊明认为只有归隐田园才是保持自洁的唯一途径。他曾经也胸怀大志，朝气蓬勃，"少年罕人事，游好在六经"。但是在宦海几经周旋后，理想像肥皂泡一样破灭，他对官场的黑暗有了清醒的认识，巨大的落差促使他走上了辞官归隐的道路。归隐之后的陶渊明一方面要顶住社会舆论的压力，囿于世俗的人不能理解他的这种做法，继而非议他、讥笑他，此外他还要面对生活上的重重困难。"弊庐交悲风，荒草没前庭"可见他的生活窘况，特别是忍饥挨饿的煎熬。没有这般饥寒煎熬的亲身经历，断然写不出这样的诗句。陶渊明是一位生活的智者，也是一位生活的强者，他以乐观坦然的心态"置彼众议"，不为非议所动。有人因同情他贫寒的生活处境，劝他出去做官，就像诗中那位好心的田父，大老远送来一壶酒，问他何苦要这样，还是出去做官吧。陶渊明的回答是"且共欢此饮，吾驾不可回"。他感谢田父的好心和那一壶酒带给他的欢乐，但他不能接受出仕的劝说，因为他的归隐之志是深思熟虑后做出的选择，并非一时兴起可以轻易动摇的。

通过《饮酒二十首》可以清楚地把握陶渊明的思想脉搏。陶渊明的一生充满了矛盾和痛苦，壮志难酬的苦闷、岁月虚掷的感慨、时局多变的惶惑以及艰辛生活的煎熬，他终其一生都在这些折磨中沉浮。陶渊明并非是只安于田园隐退生活的普通人，他虽胸怀大志，却看不到出路在哪里；他想一吐胸中的忧愤，却又因特殊的环境而"不肯言"，只有借酒消愁来麻痹内心的痛苦。醉意掩盖了他内心的无奈，表面看他是在开怀畅饮，其实他喝下的是怎样一杯苦涩的酒，只有他自己最能体味个中之味。《饮酒二十首》让我们看到险恶的政治环境在他身上投下了多么浓重的阴影，他大量地写饮酒诗，恰恰是在走投无路的情况下的一种自我麻醉的无奈之举。在陶渊明的饮酒诗中，可以看到一个豪情满怀的诗人被冷酷现实逼到了借酒醉发言的悲剧，这是那个时代的悲剧。值得我们细细品味的是，陶渊明把几首有特定含意的诗安排到组诗的末尾，这几首诗是在他内心激烈冲突的高潮到来时的"急刹车"，关闭他汹涌感情的闸门，把情绪调整到超然旷达的常态。

历代学者都认为《饮酒二十首》是研究陶渊明思想和创作的重要资料，是陶渊明用诗的语言对自然主义人生哲学的精辟论述，他以丰富复杂的笔触，抒写了对历史、对现实、对生活的感想，抒发了对田园生活的热爱，字里行间流露出他高洁傲岸的道德情操和安贫乐道的思想境界，体现了一种独特的审美观。

吁嗟身后名　于我若浮烟

　　义熙十二年（416 年），刘裕举兵北伐。义熙十三年（417 年），刘裕消灭了羌族建立的后秦，西晋故都长安和洛阳重归晋廷版图。自"永嘉之乱"以来，南北分裂已逾百年。这次晋军北伐胜利的消息传到江南，朝野一片欢腾。但刘裕率兵北伐还另有所图，他一心"欲速成篡事"，并非真有意中原。也就是说，刘裕率兵北伐并非是为了收复长安、洛阳，而是借北伐胜利壮大个人的声威，为他称帝做准备。所以他刚刚取得胜利便急忙南归，私下里忙着张罗篡位的事。

　　时任江州刺史、左将军的檀韶得到捷报后，派遣长史羊松龄前去关中，向取得北伐胜利的刘裕祝贺。羊松龄是与陶渊明交往已久的友人，现在南北初步统一了，听说羊长史要北上祝贺，陶渊明写诗相赠。

　　左军羊长史，衔使秦川，作此与之。

174

愚生三季后，慨然念黄虞。

得知千载上，正赖古人书。

圣贤留余迹，事事在中都。

岂忘游心目，关河不可逾。

九域甫已一，逝将理舟舆。

闻君当先迈，负疴不获俱。

路若经商山，为我少踌躇。

多谢绮与甪，精爽今何如？

紫芝谁复采，深谷久应芜。

驷马无贳患，贫贱有交娱，

清谣结心曲，人乖运见疏。

拥怀累代下，言尽意不舒。

陶渊明《赠羊长史并序》

经历了多次官场变更的陶渊明对政治很敏感，刘裕灭后秦之后，他心中最迫切的企图和下一步动向，陶渊明看得很清楚。他并不欣赏刘裕这个人，在收复中原的捷报声中，友人羊长史受命入关称贺，陶渊明并没有什么兴致，只在序言中淡淡地敷衍了一句"衔使秦川"。他在诗中主要关心的是友人身在官场的险恶处境，劝他早日退出这个"虎狼之窝"。但这些话是不能明说的，遇到这种敏感话题，只能用隐晦、含蓄的口气委婉地表达他的劝告。现当代美学家朱光潜先生在《诗论》中曾提到这首诗，说它"最足见出他于朋友的厚道"。

全诗可分为四节。首节八句从遥远的"千载上"说起，陶渊明说他生在夏、商、周三代末叶之后，黄帝、虞舜之世的那些事，他只能从书本上得知，不禁感慨那时民风淳朴、国泰民安。诗里说的

"千载上"是一个过去式，意思是那都是遥远的事情了。而现在呢，"三季"之后只剩下欺诈虚伪、争攘篡夺了。联系当时的社会现状，就知道这是在隐喻刘裕企图篡位的狼子野心。接下来，陶渊明以古书为纽带，自然地转承下文，他从这些古书的记载中，知道了贤圣余迹多存留在"中都"一带。古人以黄河流域为中原，多在长安、洛阳一带建都，故称"中都"。"圣贤留余迹，事事在中都"，诗中的"贤"字将下文的"绮与甪"两位人物引出场。据皇甫谧《高士传》载，秦末有东园公、绮里季、夏黄公、甪里先生四人因避秦之乱而隐于商洛的深山之中，不趋附刘邦。汉惠帝给他们立碑，颂其高洁品行，以垂世范。而"圣"则上应"黄虞"，即上古时代的黄帝、虞舜。陶渊明非常向往"圣贤"的高尚德行，一心向往去"圣贤"那里游骋心目，无奈关河险阻不能如愿。所谓关河险阻是很巧妙的借代，实际上它并非指地理位置，而是指代南北分裂。陶渊明从遥远的古代娓娓道来，把话题渐渐引到羊长史北去一事上，思维十分缜密。

到了次节四句，转入赠诗。九州大地初步统一，我将整装登程。听说你奉命前去，今我抱病，难以与你同往。自五十岁以后，陶渊明"渐就衰损"。他说自己"负疴"，这是实话，由于身有疾患，所以"不获俱"，不能与羊长史联袂北上。

"路若经商山"以下八句是这首赠诗的核心所在。要到关中，很可能需经过商山。汉代初，不屑于趋附刘邦的绮里季与甪里先生等四位贤士躲进商山，以此为隐栖之地，因为四人都是白发老者，人称"商山四皓"。陶渊明在这里叮嘱友人羊长史：如果你途经商山，请你为我的缘故稍微驻足。问一声先古圣贤"商山四皓"：你们神如有灵，今天会怎样？如今，灵芝还在，有谁来采？深谷中人迹罕至，已满目荒芜。陶渊明在这里说"为我"，可见其追随绮、甪之情殷殷。接着陶渊明化用《紫芝歌》末段的意思警醒友人："驷马无贳患，贫贱有交娱。"高官显爵虽然风光，但有祸患相随，哪比得上贫贱相处的无尽快乐。

史家认为陶渊明这首赠诗可居赠答诗中之冠，有名篇之誉。陶渊明在这首诗中表达的时局观感和政治态度以及对友人的忠告，令人念古伤今，读来尤为动人。特别是在提到嘱咐友人经过商山时，一定要去瞻仰圣贤，向四皓英灵致意。据说当年"商山四皓"辞聘刘邦时曾作《紫芝歌》，曰："漠漠高山，深谷逶迤。晔晔紫芝，可以疗饥。唐虞世远，吾将何归？驷马高盖，其忧甚大。富贵而畏人兮，不若贫贱之肆志。"这首歌正呼应了最后一节提到的"清谣"，也启发了陶渊明的"心曲"。与自己心有灵犀的古人已不可再见，眼下又与所处的时代疏离难合。忧思就这样一点点累积下来，言语有尽时，但这份愁闷的意绪却总也难得舒展。

义熙十三年（417 年）冬，刘裕率晋军抵达长安。他召集在长安的文武将佐，流露出自己有继续北伐的愿望及对后方的忧虑，席间，大部分人不赞成继续北伐。刘裕便留下十岁的儿子刘义真以及王修、沈田子等文武坚守长安，自己率军南归。刘裕南归不久，留守长安的晋朝文武官员发生内讧，经过一阵刀光剑影的拼斗，刘裕派出重兵把守部分关中地区和河南全境，黄河以南、淮水以北以及汉水上游的大片地区落入刘裕掌控之中。显赫的军功使刘裕在朝廷中如日中天，义熙十四年（418 年）六月，刘裕接受相国、总百揆、扬州牧的官职，以十郡建"宋国"，受封为宋公，篡晋之势昭然若揭。

义熙九年（413 年），刘裕曾以东晋朝廷的名义征命"浔阳三隐"陶渊明、刘程之和周续之入京担任著作郎，但陶渊明以身体有疾拒绝了。义熙十一年（415 年），刘裕又派陶渊明的好友庞遵回乡游说陶渊明，请他出仕，再一次被陶渊明婉言拒绝。这些年来，陶渊明粮酒常绝，困苦颠踬，已成常态。

> 天道幽且远，鬼神茫昧然。
> 结发念善事，黾勉六九年。
> 弱冠逢世阻，始室丧其偏。
> 炎火屡焚如，螟蜮恣中田。
> 风雨纵横至，收敛不盈廛。
> 夏日长抱饥，寒夜无被眠。
> 造夕思鸡鸣，及晨愿乌迁。
> 在己何怨天，离忧凄目前。
> 吁嗟身后名，于我若浮烟。
> 慷慨独悲歌，钟期①信为贤。

陶渊明《怨诗楚调示庞主簿邓治中》

从诗中"黾勉六九年"来推算，陶渊明作此诗时为五十四岁。这是陶渊明仿照汉乐府《怨诗》的样式写给朋友的一首诗。庞主簿即庞遵，主簿是职掌书簿的官员，上自御史府，下至州县都有设置。邓治中其人其事不详，汉置治中从事史，简称治中，为州之佐史。庞主簿和邓治中都是陶渊明的朋友，诗末写道"钟期信为贤"，意思是说庞主簿、邓治中也能像钟子期理解伯牙那样体会到这悲歌的含义。

这首五言诗可分为前、后两段，前段十四句写陶渊明半生的艰

---

① 钟期：即钟子期，是伯牙的知音。《列子·汤问》："伯牙鼓琴，志在高山，钟子期曰：峨峨然若泰山。志在流水，曰：洋洋然若江河。子期死，伯牙绝弦，以无知音者。"

难处境，后段共六句，写陶渊明面对时下艰难处境的思想活动。全诗语言浅显凝练，比起陶渊明前期的田园诗，这首诗一改以前那种恬淡平和的语言风格，语言质朴而激愤。在前半段的诗句中，他用沉郁顿挫的语言一股脑地对朋友发泄满腹忧愤，诉说他一生各个阶段遇到的不幸。他说自己年少已知见贤思齐，五十四年勤劳谨慎；二十岁上遭遇饥荒乱世，三十岁时妻子便离他而去，使其变成独鳏。陶渊明写这首诗的时候，他的思想情绪与他刚刚回归田园时已有了很大的转变，社会现实的黑暗使他愤懑难抑，矛头直指苍天——"天道幽且远，鬼神茫昧然"。从表面看他是在对苍天发牢骚，实际上他控诉的对象是当时黑暗的社会现实，指责的是腐朽的统治阶级。

陶渊明辞官归隐之初，虽然谈不上家境富裕，但起码能保证基础的生活需求，"方宅十余亩，草屋八九间。榆柳荫后檐，桃李罗堂前"。伙食方面虽然没有大鱼大肉，但至少不缺饭菜，"园蔬有余滋，旧谷犹储今"。直到一场大火无情地毁掉了他在园田居的家，这场天灾摧毁了他的生活基础，吃的、住的都难以保障。自那以后，他的生活日益贫困，早期躬耕田园主要是为了消遣和欣赏，是他创作的源泉；后来每况愈下的生活使他的田园情趣转入低谷，这时躬耕完全是为了谋生，对自然的欣赏喜爱在他晚年的诗作中渐渐淡化了。他并不是一个地道的庄稼汉，种田不是他的长处，加上连年的自然灾害使他日益贫困的生活雪上加霜。"炎火屡焚如，螟蜮恣中田。风雨纵横至，收敛不盈廛"是说旱天的烈日像火一样燃烧灸烤着，大地一片焦土，蝗虫袭来肆虐田间。风雨无情，来势凌厉，庄稼歉收，无力缴纳税钱。

他在诗中描述了自己晚年时的悲惨境况，以悲怆的笔触写下了难以忍受的痛苦煎熬，"夏日长抱饥，寒夜无被眠。造夕思鸡鸣，及晨愿乌迁"。这几句诗读来令人唏嘘。夏日饥饿难挨，冬日寒风凛冽，夜晚没有被子可御寒。夜幕降临，心里盼望着赶快天亮，太阳出山后却愿它赶快落山。可以看出，此时的陶渊明挨饿受冻几近绝境，他在悲愤难抑之时说了什么呢？"吁嗟身后名，于我若浮烟。"这是掷地有声的话语，即便在这种常人难以忍受的煎熬中，他也横下一条心，无论如何艰难也不与黑暗的上层社会同流合污，唯一让他感到欣慰的是还有知音能够读懂他那颗孤独的心。

陶渊明以"田园诗人"著称，他的作品恬淡雅致，风格淳朴，诵之口齿留香。而这种写尽他晚年悲苦忧愤的作品则很少，故有人认为这首诗是反映陶渊明晚年生活境况及其思想的极其重要的作品。

虽然陶渊明的仕宦生涯一波三折，且归隐之后完全回到一介布衣的状态，但他的名声和才气远播在外，很受当时权贵的敬仰。义熙十四年（418 年），江州刺史王弘走马上任。

王弘，字休元，琅琊临沂（今山东临沂）人，平生喜欢结交名士。王弘改任江州刺史后，见庐山灵秀异常，暗忖此地必有高贤，回到江州府衙便问诸位同僚："匡庐钟灵毓秀，当地必居高士，诸位同人可知否？"这时陶渊明的好友庞遵正在江州府中任主簿，上前答道："山南陶公元亮也。"

江州刺史王弘欲识之，不能致也。渊明尝往庐山，弘命渊明故人庞通之赍酒具，于半道栗里之间邀之。渊明有脚疾，使一门生、二儿舁篮舆；既至，欣然便共饮酌。俄顷弘至，亦无忤也。

萧统《陶渊明传》节选

江州刺史王弘很愿意结识陶渊明，但总找不到机会。一次，陶渊明到庐山，王弘打听到陶渊明喜欢喝酒，特地安排陶渊明的好友庞遵携带酒具守候在路边。陶渊明接到庞遵相约庐山的捎信，欣然前往，但他患有脚疾，上庐山行走不便，便由一个门生和两个小儿用竹轿抬着他前往。半途与老友相遇，饮酒甚欢。渐入佳境时，庞遵请出王弘，还好，陶渊明没有当面给他难堪。

王弘少时聪颖好学，以清悟知名。弱冠之年便任会稽王司马道子的骠骑主簿，与尚仆射谢混关系很好。如果往上追溯，王弘乃家世显赫的名门之后，其祖先就是"二十四孝"故事中"卧冰求鲤"的孝子王祥。王弘是东晋宰相王导的曾孙，中领军王洽之孙，司徒王珣的长子。

王弘在为人方面很有可圈可点之处，他在对待世间财产方面的态度和陶渊明很有相似之处。王弘的父亲王珣颇好积财，"财物布在人间，及薨，弘悉燔券书，一不收责"。王弘的父亲借给别人很多钱，当他死后，王弘就把那些债券、借契一把火全烧了，真乃是"积善之家，必有余庆"。王家后代人才辈出，绝非偶然。王弘迁江州刺史后，在当地广施仁政，省赋简役，百姓安之。后来，王弘调任他处，临走时特别嘱咐接任者要关照陶渊明。

尝九月九日出宅边菊丛中坐，久之，满手把菊，忽值弘送酒至，即便就酌，醉而归。

萧统《陶渊明传》节选

每年秋季，陶渊明的东园都会迎来菊花的盛宴。这一年重阳节，陶渊明走出宅门来到东园，因家贫无钱买酒，他坐在菊花丛里怅然若失。对于一个天性嗜酒、无酒不欢的人来说，有满园菊花相伴，却没有美酒相佐实在是一件很扫兴的事。陶渊明在菊花园内呆坐了很久，不知不觉间手中掬满了菊花。正在伤感之时，王弘派人送酒来了。大喜过望的陶渊明也不推辞，直接在菊花丛中忘情畅饮，直到酩酊大醉而归。

这件事在《续晋阳秋》中也有记载："王弘为江州刺史，陶潜九月九日无酒，于宅边东篱下菊丛中，摘盈把，坐其侧。未久之，望见一白衣人至，乃刺史王弘送酒也。即便就酌而后归。"那个白衣人就是王弘派来给陶渊明送酒的官府小吏，后人以"白衣送酒"来比喻自己如愿以偿。

余闲居，爱重九之名。秋菊盈园，而持醪靡由。空服九华，寄怀于言。

世短意常多，斯人乐久生。
日月依辰至，举俗爱其名。
露凄暄风息，气澈天象明。
往燕无遗影，来雁有余声。
酒能祛百虑，菊解制颓龄。
如何蓬庐士，空视时运倾！
尘爵耻虚罍，寒华徒自荣。
敛襟独闲谣，缅焉起深情。
栖迟固多娱，淹留岂无成？

陶渊明《九日闲居并序》

人生短暂，匆匆过客很恋生，即便有伤逝与忧思，人们仍然盼望寿比南山。日月按季节的轨道运行，民间尤爱"重阳"这寓意"长久"的节名，因为它包含了人们对长生的期待。序中的"九华"就是菊花，闲居无事的陶渊明对"重九"尤其情有独钟，因为这个节日的主角除了他独爱的菊花还有他最喜欢的酒。中国古代有重阳节饮菊花酒的传统，据说可以延年益寿。《西京杂记》记载："九月九日佩茱萸，食蓬饵，饮菊花酒，令人长寿。"可是在今年的重阳节，贫穷的陶渊明买不起酒，酒杯悬置多时，只能空食菊花，这不禁令隐居的贫士无限惆怅。

"露凄暄风息"至"寒华徒自荣"十句是写景抒情之句，读起来又有一种揪心的失落。露水凄清，暖风已止；澄澈的天空一尘不染，日月星辰光彩夺目。南去的燕子已不见踪影，北来的大雁阵阵鸣声余音萦绕。何以解忧，惟有浊酒一杯，只有菊花能深解人意，最懂益寿延年。清贫之士蜗居茅草屋里，看时运变更，一筹莫展。酒杯长久不用而积尘，酒樽羞耻难当；寒菊空自怒放，寂寞得让人心中不忍。满园秋菊缤纷，心中恋酒却无酒可喝，天高气爽的深秋景象与陶渊明穷愁潦倒的处境形成鲜明的对比。

"敛襟独闲谣"以下四句抒发了陶渊明在这个重阳节的独特感受。他整理好衣襟，独自把酒悠然歌咏，深思遐想，沉浸在一片深情中。盘桓休憩本是快乐源泉，难道隐居乡里就这样一事无成！陶渊明在这里不是简单地感叹人生短暂，而是对人生的价值有了一番新的审视。从"深情"二字可以体味出陶渊明悲从中来的根由不是简单的过节没有酒喝，而是深藏于心的悲哀，是他对人生的思考与自身价值的探求。

这首诗的最后四句是全诗最耐人寻味之处，似有不尽之意于言外。历代学者解释这几句诗都认为下面隐藏着他对晋宋易代时局的满怀悲愤，可以看出他借此对前朝的留恋之意，并有志于恢复王室。"空视时运倾"一句明显有感于时事的倾覆，"尘爵"二句则表达了安于时命、自保贞心的愿望。"淹留岂无成"很有一番深意，暗指自己之所以长期隐退，是出于怀有复国希望而羁留人间的。

纵观陶渊明的全部作品，可以看出他是有着浓烈感时伤世之情的性情中人。就如同清代诗人龚自珍在《己亥杂诗·其一百三十》中所评价的那样："陶潜酷似卧龙豪，万古浔阳松菊高。莫信诗人竟平淡，二分梁甫一分骚。"

剑誉竭来　独养其志

据《晋书·帝纪第十》记载，晋安帝司马德宗愚笨得很，尤其不擅言辞，不光"自少及长，口不能言"，甚至不辨冷暖，连冬夏都区别不出来。故司马德宗继位后，"凡所动止，皆非己出"，东晋皇帝的权力大大缩水，朝外许多将军不受君命，朝内权力也旁落大臣之手。自义熙八年（412年）起，刘裕在朝中独揽大权，党同伐异，排挤和迫害与他政见不和的大臣，矫安帝诏以令外地刺史。对东晋社稷立下汗马功劳的刘裕在朝中找不出与他分庭抗礼的人，他的"皇帝梦"开始蠢蠢欲动。为了早日登基，义熙十四年（418年）十二月，被封为宋王的刘裕幽禁了晋安帝司马德宗，不久又指使中书侍郎王韶之毒杀了晋安帝，对外声称晋安帝得暴病而死。随后立其弟司马德文为帝，是为晋恭帝，这是东晋的最后一位皇帝。次年改年号为"元熙"。作为东晋王朝最后一个年号，只有两年时间。

恭帝即位之初就心知肚明，自己不过是刘裕拥立的"傀儡"而已。恭帝深知刘裕的豺狼本性、蛇蝎心肠，为了不被刘裕暗害，处处如履薄冰，以求保命。一次，刘裕弦外有音地对恭帝说："做皇帝很不容易，为了国家社稷整日殚精竭虑，如果陛下疲累，微臣愿为陛下分忧。"恭帝很清楚刘裕此话的真实目的，但不敢反抗，只能强作笑颜称是。

元熙二年（420 年）七月，刘裕命党徒草拟好禅位诏书，入宫逼司马德文誊抄盖印。眼见江山易手，司马德文自知反抗也没有用，只能执笔抄写诏书，并对左右随侍说："桓玄篡位时，晋室已失去天下，只因有刘公拼杀镇守才延长了近二十年。今天寡人心甘情愿把天下让于他。"两天后，司马德文退居琅琊王府，百官与晋帝告别，东晋至此灭亡。同年，刘裕在都城建康搭建受禅台，正式登基为帝，建国号为宋。恭帝司马德文被降为零陵王，刘裕把他迁到秣陵，"车旗眼色一如其旧"，由冠军将军刘裕族弟刘遵考带兵看管。

得知刘裕代晋，躬耕隐居多年的陶渊明有感于晋王朝的覆灭，怀着痛惜和哀惋的心情，写下《拟古九首》。

> 荣荣窗下兰，密密堂前柳。
>
> 初与君别时，不谓行当久。
>
> 出门万里客，中道逢嘉友。
>
> 未言心相醉，不在接杯酒。
>
> 兰枯柳亦衰，遂令此言负。
>
> 多谢诸少年，相知不忠厚。
>
> 意气倾人命，离隔复何有。
>
> 陶渊明《拟古九首·其一》

第一首采用拟人手法，借用深闺女子的口气，哀怨地责备远行游子迟迟未归。茂盛的幽兰临窗下，依依垂柳傍堂前。当初吾与汝分别，未曾言明此行久远。万里远行客在他乡，半路交朋结新欢。

186

一见倾心好似美酒迷醉，未曾饮酒言尽欢。窗下的幽兰枯萎，堂前的垂柳衰残，失信之人违背誓言。告诫世间青少年，知人知面不知心。整首诗口气极其哀怨，感慨世人结交不重信义，违背誓约，你为情谊舍生取义，他却将你弃如敝履。

> 辞家夙严驾，当往至无终。
>
> 问君今何行？非商复非戎。
>
> 闻有田子泰①，节义为士雄。
>
> 斯人久已死，乡里习其风。
>
> 生有高世名，既没传无穷。
>
> 不学狂驰子②，直在百年中。
>
> 陶渊明《拟古九首·其二》

　　第二首托言远访高士田子泰的故乡，表达对高尚之士的敬仰以及对追名逐利的"狂驰子"的轻蔑。早起辞家备好车马，因向无终山的理想世界而准备远游。有人问今去欲何为？不做商贾也不当兵。听说有位田子泰，是信义之士、人中豪杰。此人虽早已逝世，乡里人却承袭了他的节义遗风。在世之时声誉高，百年之后美名传。勿学他人争名逐利，死后即寂寞无闻。

---

　　①田子泰：即田畴，东汉无终（今天津蓟州区一带）人。田畴生前以重节义而声名远扬。据《三国志·魏志·田畴传》载，当董卓迁汉献帝于长安，幽州牧刘虞派田畴带着二十多人到长安朝见献帝。一行人一路上历经千辛万苦，终于到达长安朝见了献帝。献帝拜田畴为骑都尉，他说："天子蒙尘，不可受荷佩。"辞不就。当他返回时，刘虞已被公孙瓒杀害，他冒死到刘虞墓前悼念致哀，此举激怒了公孙瓒，将他关押。后来公孙瓒怕因此失去民心，将他释放。田畴获释后，隐居于徐无山（今河北遵化市东）中，相传有五千多百姓自愿归附于他。于是他就在这里建立了一个"乌托邦"式的社会，定法纪、办学授业，地方大治。诗中的"无终"即田子泰的故里。
　　②狂驰子：为争名逐利而疯狂奔走的人。

仲春遘时雨，始雷发东隅。

众蛰各潜骇，草木从横舒。

翩翩新来燕，双双入我庐。

先巢故尚在，相将还旧居。

自从分别来，门庭日荒芜。

我心固匪石①，君情定何如。

陶渊明《拟古九首·其三》

第三首采用比兴手法，以春燕返巢托兴，表现贫困不能改其隐居之志。诗中暗含了陶渊明对刘宋取代晋室的愤慨。仲春时节逢喜雨，春雷从东边滚滚而来。冬眠的动物纷纷从睡梦中醒来，草木得甘霖的滋润舒展开绿叶。翩翩飞翔的春燕归来了，双双飞到我的屋檐下。故巢依然筑在梁上，相伴相随把家还。你我去年分别后，荒草已经掩盖住了门前的路径。我心中的信念坚定，不可动摇，不知君意如何？

迢迢百尺楼，分明望四荒。

暮作归云宅，朝为飞鸟堂。

山河满目中，平原独茫茫。

古时功名士，慷慨争此场；

一旦百岁后，相与还北邙。

松柏为人伐，高坟互低昂；

颓基无遗主，游魂在何方？

荣华诚足贵，亦复可怜伤！

陶渊明《拟古九首·其四》

---

①我心固匪石：语出《诗经·邶风·柏舟》，原句为"我心匪石，不可转也"。比喻信念坚定，不可动摇。

第四首写登高楼远眺而引起的感慨沉思，抒发陶渊明不慕荣华富贵、坚定隐居守节的志向与情怀。登上百尺高楼，欲穷其目而眺望四方。夜间云海积聚在其周围，白日时雀鸟在厅堂附近环绕飞翔。山河远近尽收眼底，平原辽阔渺无边际。古时热衷功名者，鹿死谁手在此场。一旦命丧离人世，殊途同归葬北邙。墓旁森森松柏任人砍伐，坟墓高低不齐甚是凄凉。无主墓冢倾塌，尽遭毁坏，魂魄游荡在何方？生前名利诚然能给人带来富贵，但身后一无所有，如此凄凉，不尽哀伤！

> 东方有一士，被服常不完。
>
> 三旬九遇食，十年著一冠。
>
> 辛勤无此比，常有好容颜。
>
> 我欲观其人，晨去越河关。
>
> 青松夹路生，白云宿檐端。
>
> 知我故来意，取琴为我弹。
>
> 上弦惊别鹤，下弦操孤鸾。
>
> 愿留就君住，从今至岁寒。
>
> 陶渊明《拟古九首·其五》

第五首托言东方隐士，实则暗喻陶渊明自己，借以表达孤高固穷、坚持晚节的意志。东方有位隐居士，身上的衣衫总是褴褛不堪。三十天只吃九顿饭，十年没戴过一顶冠。辛勤劳作无人能比，安贫乐道心地自宽。我欲前行造访他，清晨出门渡越河关。青松掩映，路旁绿荫一片，白云在檐间缭绕。知我来意非同一般，隐士弹琴为我洗尘埃。先弹凄怨的《别鹤》曲，又弹高洁《孤鸾》曲。吾愿此身长留此间，追随伴君，坚持晚节。

苍苍谷中树，冬夏常如兹。

年年见霜雪，谁谓不知时？

厌闻世上语，结友到临淄；

稷下多谈士①，指彼决吾疑。

装束既有日，已与家人辞；

行行停出门，还坐更自思。

不怨道里长，但畏人我欺；

万一不合意，永为世笑嗤。

伊怀难具道，为君作此诗。

陶渊明《拟古九首·其六》

　　第六首以山谷青松自喻，表达坚贞不渝的意志。细看全诗，其间流露出犹豫彷徨的矛盾心理，但在结尾处不为世俗之欺的信念终于占了上风。郁郁葱葱的山谷中树，冬夏常青。年复一年经历霜雪，岂不知四季变更？世上流俗之语使我厌倦，为交新朋去往临淄。齐国稷下有很多谈士，实指望他们能解我疑惑。装点行李已多日，且与家眷话离别。欲行又止不免犹豫，坐下三思后行，重新掂量。不怕此行路途遥远，只怕谈士相戏。万一与谈士们意见不合，落得为人耻笑。内心情感实难尽诉，因而为君写下这首诗歌。

日暮天无云，春风扇微和。

佳人美清夜，达曙酣且歌。

歌竟长叹息，持此感人多。

---

　　①稷下多谈士：稷下，古地名，战国时齐国都城临淄城稷门（西边南首门）附近地区。"齐宣王时，稷下学士复盛"，得益于齐宣王的召集，文学、学术之士聚集在此讲学。谈士，善于言谈论辩之人，指稷下之士。

皎皎云间月，灼灼叶中华。

岂无一时好，不久当如何！

陶渊明《拟古九首·其七》

　　第七首采用比兴手法，感叹欢娱夜短、韶华易逝，陶渊明委婉地表达了自伤迟暮的感叹。傍晚时，长天无云，春风送暖，气息温柔。佳人尤其钟情并赞美这清澄之夜，酒酣欢歌直到天明。歌罢叹息，凄然泪下，此情此景堪断肠。皎洁明月在云中穿行，绿叶丛中绽放着灿烂艳丽之花。一时风景无限美好，但无法长久，又当如何！

少时壮且厉，抚剑独行游。

谁言行游近？张掖至幽州。

饥食首阳薇，渴饮易水流。

不见相知人，惟见古时丘。

路边两高坟，伯牙与庄周。

此士难再得，吾行欲何求。

陶渊明《拟古九首·其八》

　　第八首表现陶渊明少年时期的豪情壮志和远大理想，然后感叹知音难觅。少年壮志满怀，意气刚烈，孤身持剑去远游。谁言此行游不远？我从张掖一直到达幽州。一路上，学夷叔野菜充饥，渴了就饮易水救急。遍寻不遇知音者，只有古时的荒墓遍布沙丘。路旁耸立着两座墓，是伯牙与庄周的埋葬地。高山流水知音难觅，此次远游何所求？

种桑长江边，三年望当采。

枝条始欲茂，忽值山河改。

柯叶自摧折，根株浮沧海。

春蚕既无食，寒衣欲谁待？

本不植高原，今日复何悔！

陶渊明《拟古九首·其九》

在江边遍种桑树，指望三年就可以采叶。刚长到枝条粗壮叶繁茂，忽遇山河颜色改。树枝纷纷被摧折于地，根茎在河海上漂浮无着。春蚕无叶不得食，无茧寒衣何处来？未把桑树根植在高原，根基不固，所以屡遭摧折，今日还有什么可悔恨的！

第九首以桑树喻晋，这个比喻意味深长。晋恭帝是刘裕一手扶上皇位的，等于"种桑长江边"。种在沙地上的桑树根基不稳，暗喻晋恭帝一开始就被刘裕操控在手，由于权柄旁落，故刘裕动摇晋室王朝易如反掌，陶渊明的痛切之情可见笔端。

所谓拟古，就是摹拟古诗之意，而事实上，这组诗虽然题为"拟古"但并不是墨守成规地走拟古老路，而完全是陶渊明自抒情怀，表达内心的感受和反思。组诗的内容大多表现忧国伤时，寄托感慨，反映的都是朝代变迁的世态百相。在写作的表现手法上，从这篇组诗中可看到《古诗十九首》、汉乐府以及汉魏晋五言诗的痕迹，有的采用简洁叙事的方式，有的采用问答方式，有的采用以气象或物候比兴，或者用轻浅的词语和叠词。陶渊明写这组诗时，正值晋宋易代，政治环境险象环生，他不可能直白地对时局做大张旗鼓的评论。题为"拟古"，只是形式上的"烟幕弹"，为实现托古讽今的目的，隐晦曲折地表达对时局的关切以及内心的立场。清代学者温汝能在《陶诗汇评》一书中评道："《拟古九首》，大抵遭逢易代，感时事之多变，叹交情不终，抚时度世，实所难言，追昔伤今，惟发诸慨。"

第四章

岁月将欲暮　如何辛苦悲

　　兵荒马乱之际，退耕田园也活不下去，他为了生计再次出仕。然而一句"吾不能为五半米折腰"使他坚定了复归田园的决心，彻底归隐。那落英缤纷的桃源只留在了他的乌托邦理想之中，"人生似幻化，终当归空无"，这个实至名归的田园诗人，收拢羽翼，栖息在他灵魂的家园里，他只有一件憾事，"但恨在世时，饮酒不得足"。

王子爱清吹　日中翔河汾

　　元熙二年（420年）六月，晋恭帝司马德文被废为零陵王，刘裕称帝，建刘宋王朝，改年号为永初。司马德文原以为自己拱手让出皇位，刘裕会网开一面。殊不知，他恭谨的声名和号召力让刘裕非常忌惮，初登上帝位的刘裕根本不可能让司马德文翻盘。永初二年（421年）九月，刘裕命琅琊侍中张祎前往秣陵毒杀司马德文。张祎是个儒生，有仁义之心，不忍谋害故主，但他此时已没有退路，不禁长叹道："为了苟活于世而毒杀君主，不如死了好！"于半路上喝下毒酒自尽。刘裕闻讯大怒，遂于十月派亲兵给司马德文送去一坛毒酒，要恭帝自行了断。司马德文以自己崇信佛教、不能自杀为由，不肯喝毒酒。士兵强行用被子将他捂死，然后跳墙逃走。

　　陶渊明听闻恭帝被害，极其义愤，遂作《述酒》一诗。

重离①照南陆，鸣鸟声相闻。

秋草虽未黄，融风②久已分。

素砾皛修渚，南岳无余云。③

豫章抗高门，重华固灵坟。

流泪抱中叹，倾耳听司晨。

神州献嘉粟，西灵为我驯。

诸梁董师旅，芊胜丧其身。

山阳归下国，成名犹不勤。

卜生善斯牧，安乐不为君。

平王去旧京，峡中纳遗薰。

双阳甫云育，三趾显奇文。

王子爱清吹，日中翔河汾。

朱公练九齿④，闲居离世纷。

峨峨西岭⑤内，偃息常所亲。

---

①重离：犹言东晋之初，如日丽大。离为八卦之一，为火为日。用天上的太阳暗喻地上的皇帝，代指司马王朝。因为司马氏的先祖出自古帝高阳之子重黎，为夏官祝融。"重离"和"重黎"谐音。阳光普照南边的陆地，暗喻晋室南渡，东晋时代拉开帷幕。

②融风：春天刮的东北风，兼指司马氏祖先祝融之风。"融风久已分"指司马氏已经威望扫地。

③素砾：白色的小石子。古人常用砾与玉并举，砾指奸邪，玉比忠贤。这里陶渊明用"素砾"比喻王敦、苏峻等犯上作乱的奸邪。南岳无余云：南岳，即衡山，在今湖南境内，代指东晋政权。"无余云"，指司马政权气数已尽。

④练九齿：修炼长生之术。"九齿"即长寿之意。春秋时，越王勾践在范蠡的帮助下攻灭吴国，报仇雪耻，退隐的范蠡被称为"陶朱公"。陶渊明在这里有意隐去一个"陶"字，意在用"朱公"代指自己。

⑤西岭：即西山，首阳山也，伯夷、叔齐就是在商周易代后不食周粟，在首阳山采薇充饥，最后被饿死的。陶渊明在此明志，要以伯夷、叔齐为榜样，宁可饿死，以晋遗民的身份隐居，也决不到刘宋新朝求官求禄，称臣于宋。

天容自永固，彭殇非等伦。

陶渊明《述酒》

　　在这首诗的标题旁曾有原注："仪狄造，杜康润色之"。仪狄是夏融时代酒的发明者，而杜康则是西周时人。因为杜康对酿酒技术进行了改造，酒开始风行天下。乍看之下，会以为陶渊明在诗中记述酒的发明发展史，实则不然。陶渊明在这里用了很高明的影射方法，以"仪狄"影射桓玄，以"杜康"影射刘裕。司马道子曾被桓玄用毒酒鸩杀，桓玄篡位；而晋安帝司马德宗也是被刘裕用毒酒鸩杀的。所以这首诗里的"酒"不同于一般的酒，而是特指毒死司马皇族的那一杯毒酒。

　　重黎之光，普照南国，鸣鸟声四处可闻。贤才逢时，名臣荟萃。秋冬的草木虽然还未落黄，但立春以来的东北风早已消失散尽。白色的石块在江陵长洲之中明亮刺眼，南岳衡山上飘浮的祥云却已不见残迹。起于豫章的桓玄、刘裕皆与帝分庭抗礼，虞舜已死，空有晋恭帝的灵坟在世。心中深藏悲怨，不禁叹息流泪，无法入睡，一直到侧耳听到司晨的雄鸡报晓。国内曾有人献上嘉禾，刘裕表贺晋安帝，后又复归于刘裕。象征皇位的四灵祥瑞为他人所驯。芈胜曾自立为王，后战败自杀身亡，楚惠王得以复位。可怜的汉献帝虽然被废为山阳公，犹得善终；禅位的晋恭帝终被杀害，只剩一座零落孤坟。卜生善牧不同于常人之处在于他主张"恶者辄去，勿令败群"，这让晋大受其害。汉昌邑王刘贺的臣僚对君主不忠诚，不尽职；越王子被迫继承王位。孝武帝既然已经有了后嗣，延长晋朝江山就在情理之中了。本是晋代魏之祥兆的三足鸟如今又成为宋代晋的祥瑞，真是谶讳之言。年仅十七岁的王子吹笙，于白日升仙而去，翱翔在汾河之滨。我要修炼长生之术，隐居园田，远离这纷乱的世界。在那高峻的西山中，安卧着我仰慕的伯夷和叔齐，他们二人高尚的节操将永世长存，正如长寿的彭祖与夭折的童子不能等同一样。

陶渊明在这首诗中用隐晦的语言述说了逊位的晋恭帝被弑事件，表达了自己对刘裕篡权的极大愤慨。但他又不能直截了当地宣泄悲愤，只能将对东晋王朝覆灭的哀痛和对末代皇帝死于非命的痛惜之情隐藏在诗中，隐晦地记录了刘裕篡权易代的血腥过程。整首诗弥漫着浓厚的悲剧色彩，用典晦涩，是一首情意深沉的刺世佳作。

这首诗以比喻手法记录了东晋从开国到灭亡的百年沧桑，是一首带有政治意味的史诗，诗中叙述的都是晋宋易代的重大历史事件。陶渊明自知不能直言其事，以防招来杀身之祸。这首诗的写作手法隐晦曲折，诗中出现的几个典故隐晦地表达了他对时局的忧患，从而谴责刘裕杀害天子、篡夺帝位的罪恶。经过宋代诗论家韩子苍、南宋末年理学家汤汉及后来诸多注家的努力，终于弄清了陶渊明利用典故藏在诗中的深意。

他先是以"豫章"代指桓玄、刘裕的势力日益强大，又用原指古帝虞舜的"重华"代指孝武帝。古时史书在责备兄弟不义之罪时，多引用舜与其弟象的典故。而孝武帝与司马道子为兄弟关系，孝武帝为兄，司马道子为弟，二人的关系恰如舜与象的关系。司马道子狂傲不贤，孝武帝即位后，重用司马道子，恰如舜封象为诸侯。故诗中以"重华"喻孝武帝，即是从这个层面上引伸的。这两句当指孝武帝刚死，尸骨未寒，桓玄即行谋篡之事，暗指刘裕继桓玄之后与司马氏政权分庭抗礼。

"流泪抱中叹"一句暗指桓玄鸩杀会稽王司马道子后，安帝哭了三天的事。"倾耳听司晨"一句暗指安帝不过是傀儡而已，诸事听命于桓玄。司晨者，雄鸡也，此处暗指桓玄。

义熙十四年（418年），巩县人得粟九穗，向刘裕敬献嘉粟，刘裕又献给晋安帝，晋安帝让刘裕保存"嘉粟"，暗示愿意将天下禅让给他。但就在那年年底，刘裕命人害死了晋安帝，立司马德文为皇帝。这就是"神州献嘉粟"所指之事。而"西灵为我驯"中"西灵"的"西"应是"四"之误，四灵指龙、凤、麟、龟四种祥瑞之物，陶渊明写成"西灵"似有意而为，不让当权者看懂他的用意。当时这四种祥瑞之物都为刘裕所掌控，暗喻他杀害天子、篡夺帝位的罪恶。

"诸梁董师旅"两句中，"诸梁"是战国时楚国大将沈诸梁，"芊胜"应为"芈胜"，此处也是陶渊明故意写错的。芈胜乃楚国王族，郑国杀害了他的父亲太子建，芈胜要为父报仇，楚国令尹子西不从，芈胜杀了子西，将楚惠王赶出国境，自立为楚王。沈诸梁闻讯后，率军攻打芈胜。陶渊明引出这个典故意在影射刘裕，说他假借举义推翻桓玄，桓玄因篡位夺权被刘裕所杀。具有讽刺意味的是，刘裕本人后来也弑君篡位，两人的所作所为并无差异。

"山阳归下国"中的"山阳"代指汉献帝刘协。东汉建安二十五年（220年），汉献帝刘协让位给曹丕，魏王曹丕称帝，废献帝，并将其移出洛阳迁至山阳（今河南怀州），封刘协为"山阳公"，但未加害于他。刘协平安地度过十四年后寿终，年五十四岁。"成名犹不勤"一句指零陵王被杀。古代帝王凡不得善终者，即追谥为"灵"。零陵王司马德文即使让位仍没有逃脱被杀的厄运，死后也不得安慰，与山阳公相比，他的下场惨得多。陶渊明引用这个典故意在谴责刘裕，指责他连让位的司马德文都要杀害，比曹丕还要凶残。

"卜生善斯牧"中的"卜生"即西汉官员卜式。据《汉书·卜式传》记载，卜式当了郎官后，依旧穿着布衣、草鞋去牧羊。一年过后，他管理的羊长得又肥又壮，而且繁殖得很多。皇帝经过牧场，夸奖了卜式。卜式说："不只是牧羊，治理百姓也是如此。按时起居，不好的立即剔除，不让其破坏整个群体。"后来精通术数的人将"恶者辄去"视为鼓动他人改朝换代的说辞和手段。陶渊明借用这个典故，是暗指刘裕别有用心地剪除了晋朝宗室中的强能者，为后来篡夺皇位做准备。"安乐不为君"中的"安乐"是批评汉昌邑王刘贺的臣僚。汉昭帝死后，因为没有子嗣，所以由他的侄子昌邑王刘贺继位，刘贺原来的属官也都受诏进宫。刘贺继承王位仅二十七天就因为淫乱被废，刘贺的臣子对君主不忠心，都犯了让君主陷于恶行不道的罪过。此句表面看是指臣僚对刘贺不忠心，实则暗指晋的臣僚不忠于晋室。

"平王去旧京"中的"平王"指代的是平固王。元兴二年（403年），桓玄篡位，废晋安帝为"平固王"，将他从都城建康迁到浔阳。"峡中纳遗薰"一句典出《庄子·让王》。古代越国连续有三个国君被杀，本该继位的王子废心生恐惧，吓得跑到丹穴里躲藏起来。越国人到丹穴前请他，他藏在峡谷中不肯出来，越国人只好点燃艾草。浓烟滚滚薰得他无处躲藏，只好出来登上王车，并仰天长叹："为何非要我来当国君呢？"陶渊明用这个典故意在暗指司马德文是因为受刘裕逼迫才称帝的，但仍逃不脱死于非命的结局。

"双阳甫云育"的"双阳"即重日，寓意"昌"字；"甫云育"指晋孝帝有了子嗣。据《晋书·孝武帝纪》载，晋简文帝司马昱曾见过一条谶语"晋祚尽昌明"，这条谶语暗示孝武帝之后晋朝覆亡，不料他却生了两个儿子，就是后来的晋安帝和晋恭帝，他们又将晋朝江山延续了二十几年，晋朝并未尽于"昌明"。"三趾"，即三足乌。这只在传说中背负太阳的神鸟，民间相传只要看见它飞停到屋顶，就会有天子出现，晋初曾将它作为代魏的祥瑞。

"王子爱清吹"一句提到的王子晋是周灵王的太子，传说中这个人物极富神话色彩。王子晋擅长吹笙，修炼十二年后，骑白鹤升天。

陶渊明在这句诗中有意隐去"晋"字，只写"王子"，意在暗指晋王朝的覆灭，以神话故事托言恭帝逊位被害。"日中翔河汾"中的"河汾"指黄河和汾河，西晋王朝正是发源于此，暗指晋朝气数已尽。

"朱公练九齿，闲居离世纷"两句引用春秋时越国人范蠡的典故。范蠡帮助越王勾践报仇雪耻攻灭吴国后隐退，被时人称作"陶朱公"。陶渊明故意隐去"陶"字，用"朱公"指代自己。在这两句中，他借范蠡隐居的典故表达晋宋易代后闲居避世的决心，要远离人世间的纷争扰攘。

"峨峨西岭内"的"西岭"指西山，也就是首阳山，是伯夷、叔齐的隐居之地。商周易代后，伯夷、叔齐二人隐居于此，他们不食周粟，采薇而食，最后活活饿死。陶渊明用此典意在鞭策自己以二贤为榜样，绝不做谄媚求荣的不忠不义之事。

通过以上数个典故，陶渊明艰涩又隐晦地传递出他对晋宋易代的悲痛愤慨。在诗的最后，他近乎号啕地表白心迹：寿数自有天定，我绝不作伪出仕新朝！未成年就夭折的幼童与八百岁的彭祖都活了一场，但他们生命的宽度、厚度却无法相等。陶渊明的言外之意似乎是批判刘裕背弃为人臣的本分，贪婪狠辣、不择手段。

历来人们认为陶渊明的《述酒》是一首刺世诗，它以隐秘曲折的语言回顾了逊帝司马德文被刘裕篡位并杀害的事件，通过多个典故影射陶渊明对刘裕弑君篡权丑行的极大愤慨。同时，陶渊明也坚定地表露出自己不与当权者同流合污的抗争精神。

永初二年（421 年）秋，《述酒》一诗刚刚作成，还沉浸在晋宋易代悲哀中的陶渊明接到了王弘的邀请。王弘的好友庾登之入京都，征为太子庶子、尚书左丞；谢瞻赴豫章（今江西南昌）任太守。二人途经浔阳，王弘为他们设宴饯行，陶渊明应邀在座。

庾登之和谢瞻都与王弘交厚。庾登之，字元龙，颍州鄢陵人。年少时勤勉自立，起初任晋朝会稽王司马道子的太傅参军。刘裕起兵时，任刘裕镇军参军，因参与讨伐桓玄有功，封为曲江县五等男①。义熙十二年（416 年），刘裕北伐，当时无论士族、庶族都不愿远征，庾登之也摇摆不定，刘裕非常生气，除去了他的官名。后来庾登之又担任过西阳太守、太子庶子、尚书左丞、新安太守等职。

谢瞻出身名门，擅长辞采华文，与族叔谢混、族弟谢灵运不相上下。他谦和低调，深得刘裕信任，曾担任镇军、琅琊王大司马参军、中书侍郎、黄门侍郎、从事中郎等职。此次刘裕本来命谢瞻任吴兴郡太守，谢瞻亲自陈述请求谦退，于是改任他为豫章太守。

这是刘宋新朝的第一个秋天，应邀在座的陶渊明心里别是一般滋味。这个秋天在他眼里满是萧瑟，凄风苦雨不由得让他心情黯淡。面对这一桌丰盛的酒菜，陶渊明心中浸满了离别的忧伤。这一年，他五十六岁，已经病魔缠身，身体虚弱。席间，王弘以名贵药材相赠表达善意，但他婉言谢绝了。身体羸弱加上精神上的愁闷，使他的心境非常压抑。在他眼中，山涧寒气弥漫，游云四处飘荡无处可依，这都使他在这送别的宴席上高兴不起来。

> 秋日凄且厉，百卉具已腓。
> 爰以履霜节，登高饯将归。
> 寒气冒山泽，游云倏无依。
> 洲渚四缅邈，风水互乖违。
> 瞻夕欣良宴，离言聿云悲。
> 晨鸟暮来还，悬车敛余辉。

---

①五等男：中国古代爵位制度，除天子外，依次分为公、侯、伯、子、男五等爵。

逝止判殊路，旋驾怅迟迟。

目送回舟远，情随万化遗。

陶渊明《于王抚军座送客》

万物萧疏的秋季，处处是凄清景象，百草枯萎，繁花凋零。在霜露降落的九月，友人要去外地上任，众人登高为他饯行。山涧寒气萦绕，孤独的游云飘忽不定，无所依附。遥望水中洲渚，竟生出无限的缅邈情思，风向与水流南辕北辙，各奔一方。暮景尽收眼底，当下的盛宴令人欣喜，离别的话语却又令人心生悲伤。早晨鸟儿从林中飞出，傍晚又飞了回来，太阳渐渐收敛起落日的余晖。出仕的人和退隐的人各行其道，调转车马，失落地走在回去的路上，心中无限惆怅。友人的小船在视野中渐行渐远，心随万物而起伏不定地变化，让人感慨良多。

其人虽已没　千载有余情

　　永初元年（420 年），生活在晋宋之间的陶渊明生活得很不平静，他几乎每天处在复杂而矛盾的心境中，抚今追昔，以宋代晋的政治局面使他忧愤难抑。这个时期，陶渊明写下几首赞颂先贤的诗歌，这是陶渊明的作品中重要的几首咏史诗。

> 大象转四时，功成者自去。
>
> 借问衰周来，几人得其趣？
>
> 游目汉廷中，二疏复此举。
>
> 高啸返旧居，长揖储君傅。
>
> 饯送倾皇朝，华轩盈道路。
>
> 离别情所悲，余荣何足顾。
>
> 事胜感行人，贤哉岂常誉！
>
> 厌厌间里欢，所营非近务。
>
> 促席延故老，挥觞道平素。

问金终寄心，清言晓未悟。

放意乐余年，遑恤身后虑。

谁云其人亡，久而道弥著。

陶渊明《咏二疏》

此诗的内容可分为四部分。"大象转四时"六句为第一部分，旨在积极评价汉代疏广、疏受两人"功成者自去"的明智之举。天地昼夜四季运行，功业卓著衣锦还乡。试问自东周末世后，几人能继承学得其中的真趣？放眼把汉代朝廷内看遍，这两人都卓尔不群，堪称豪杰。"高啸返旧居"以下八句为第二部分，先写疏广、疏受返乡之前的场景，送行的场面甚为感人。两人告别太子长辞官，皇朝官吏与百姓倾城出动来送行，大街小巷中随处可见华贵的锦幔轻车。送行的人们悲叹不已，荣华富贵都是过眼烟云，不足为恋！他们高尚的德行感动着送行的人，众人纷纷叹他们贤德的声誉非同一般！之后写"二疏"返乡后的场景，乡邻相逢欢聚一堂，经营之事放眼远观。他们邀请故旧促膝而坐，席间叙聊饮酒，谈谈往事。其中涉及钱财的内容很耐人寻味，儿女关心遗产之事，疏广将藏在心中的话开诚布公，晓喻亲族不要过分关注钱财之事。第四部分笔锋一转，"放意乐余年"以下四句，叙述了"二疏"返归故里之后尽情安度余身晚年，不再去牵挂身后的事情。陶渊明称赞"二疏"所奉行的"道"在经过时间的洗礼之后，仍然光彩夺目。谁说"二疏"已经亡去，他们的做人之道、清操之德更加广为人知。

这首五言诗中的"二疏"指的是疏广和疏受，这两位贤人的故事在西汉时期广为流传。疏受是疏广兄长的儿子，汉宣帝时，叔侄二人都在太子身边供职，疏广任太子太傅，其侄疏受任太子少傅，任职五年。

在位五岁，皇太子年十二，通《论语》《孝经》。广谓受曰："吾闻'知足不辱，知止不殆'，'功遂身退，天之道也'。今仕官至二千石，宦成名立，如此不去，惧有后悔，岂如父子相随出关，归老故乡，以寿命终，不亦善乎？"受叩头曰："从大人议。"即日父子俱移病。满三月赐告，广遂称笃，上疏乞骸骨。上以其年笃老，皆许之。

《汉书·隽疏于薛平彭传第四十一·疏广》节选

皇太子在位五年，已经十二岁了，通晓《论语》《孝经》等。疏广对疏受说："道家贤人老子教诲我们，'知足的人不会受到羞辱，知道及时止步的人不会遭遇到危险'，'人一旦功成名就，就应该及时隐退，这是天意常规啊'。现在我们享受的官俸已达到了两千石，官居高位，名声树立，到这时如果还不想离开，恐怕将来后悔迟矣。不如我们叔侄告老引退，荣归故里，颐养天年，这难道不是一件大好事吗？"疏受叩拜叔父，表示听从疏广安排。从这一日起，叔侄二人就向朝廷告病假。按汉律，官两千石者病满三月当免，于是疏广向朝廷上表请求辞职还乡。宣帝见他年事已高，便答应了他的请求。

上皆许之，加赐黄金二十斤，皇太子赠以五十斤。公卿故人设祖道供张东都门外，送者车数百两。道路观者皆曰："贤哉二大夫！"或叹息为之下泣。

司马光《资治通鉴·卷第二十五·汉纪十七》节选

汉宣帝批准了疏广叔侄的请求，并加赐二十斤黄金，皇太子也赠送了五十斤黄金。公卿大臣和故旧听闻他叔侄二人要返乡，在东都门外设摆酒宴，陈设帷帐，为他们送行，闻讯前来送行的车辆达数百辆。沿途观者无不赞叹："这两位真贤人也!"有人甚至感叹落泪。

广、受归乡里,日令其家卖金共具,请族人、故旧、宾客,与相娱乐。或劝广以其金为子孙颇立产业者,广曰:"吾岂老悖不念子孙哉!顾自有旧田庐,令子孙勤力其中,足以共衣食,与凡人齐。今复增益之以为赢余,但教子孙怠堕耳。贤而多财,则损其志;愚而多财,则益其过。且夫富者众之怨也,吾既无以教化子孙,不欲益其过而生怨。又此金者,圣主所以惠养老臣也,故乐与乡党、宗族共飨其赐,以尽吾余日,不亦可乎!"于是族人悦服。

司马光《资治通鉴·卷第二十五·汉纪十七》节选

疏广和疏受回到家乡后,每天都吩咐家人变卖黄金,设摆宴席,请族人、故旧、宾客一同享受。有人劝疏广,不如用这些黄金为子孙购置产业。疏广说:"难道我年迈昏庸、不懂得顾及子孙吗?我家原本有土地房屋,只要子孙们在田地上辛勤耕耘,足以供给他们吃喝穿戴,过与普通人一样的生活。如今购置多余的田地房屋,使之盈余,只会使子孙们懒惰懈怠。贤能的人如果拥有了太多钱财,就会削弱他的意志;愚蠢的人如果财产太多,就会增加他的过失。况且富人常常会成为众人怨恨的对象,我已经不具德行去教化子孙了,更不愿意徒增他们的过失而招人怨恨。再说这些金钱是皇上赐予我的养老钱,我很乐意拿出来与宗族同乡共享皇恩,如此度过我的余生,不也很好吗?"于是族人对他心悦诚服。

疏广、疏受"知足不辱,知止不殆"以及隐退散金的处世之道,使他们得以尽享天年,这正是陶渊明所仰慕的。在先贤中,陶渊明不仅尊重懂得"知足不辱,知止不殆"的明智之人,他对那些舍生取义的志士也很推崇。

> 弹冠乘通津，但惧时我遗。
>
> 服勤尽岁月，常恐功愈微。
>
> 忠情谬获露，遂为君所私。
>
> 出则陪文舆，入必侍丹帷。
>
> 箴规响已从，计议初无亏。
>
> 一朝长逝后，愿言同此归。
>
> 厚恩固难忘，君命安可违！
>
> 临穴罔惟疑，投义志攸希。
>
> 荆棘笼高坟，黄鸟声正悲。
>
> 良人不可赎，泫然沾我衣。

陶渊明《咏三良》

出仕为官，身居要职，唯恐蹉跎了岁月，惜时如金。一年到头勤勤恳恳常反省，惟恐不能做出辉煌的功绩。一片忠心得到皇帝赏识，得以成为君王近侍。出门陪同在御辇旁，入宫后则在丹帷旁服侍。向皇帝进谏，建议都能得到采纳，与君王计议的内容从来言之有物。一旦君王长逝后，情愿舍命陪同君王。君王的厚恩实难忘却，君王之命不敢违抗！即便面临坟墓也没半点犹豫，舍生取义，志在所望。坟墓湮没在高高的草丛中，黄鸟声声悲啼，鸣声催人断肠。"三良"性命不可挽回，泪水满襟湿透衣衫。

这首诗所咏的是一个令人扼腕叹息的故事，诗中的"三良"指春秋时秦国子车氏的三个儿子，分别为奄息、仲行、针虎。三人都是秦穆公的宠臣，秦穆公死后，三人遵穆公遗嘱为其殉葬。据《史记·秦本纪》载，秦穆公死，遵照穆公遗嘱，有一百七十人被杀殉葬，秦大夫子车氏的三子亦从列，共一百七十七人。奄息、仲行、针虎三人合称"三良"，是当时的杰出人才。三位忠心耿耿，殷勤服侍秦穆公，他们为秦穆公殉葬后，国人哀之，为之赋《黄鸟》，后世历代多有咏"三良"的诗文。《诗经·秦风·黄鸟》就是秦国百姓为哀悼"三良"以及被杀的一百七十多个无辜者而创作的。陶渊明此诗结尾之处的"泫然沾我衣"一句，除了对"三良"之死悲伤之外，还有伴君如伴虎、仕途可畏的悲凉。表面看，陶渊明是从仕途可畏的角度咏"三良"，实则暗指零陵王被害，借"三良"的事迹表彰张祎宁愿舍身饮毒酒身亡也不肯残害零陵王的尽忠举动。

燕丹善养士，志在报强嬴。

招集百夫良，岁暮得荆卿。

君子死知己，提剑出燕京。

素骥鸣广陌，慷慨送我行。

雄发指危冠，猛气冲长缨。

饮饯易水上，四座列群英。

渐离击悲筑，宋意唱高声。

萧萧哀风逝，淡淡寒波生。

商音更流涕，羽奏壮士惊。

心知去不归，且有后世名。

登车何时顾，飞盖入秦庭。

凌厉越万里，逶迤过千城。

图穷事自至，豪主正怔营。

惜哉剑术疏，奇功遂不成！

其人虽已没，千载有余情。

陶渊明《咏荆轲》

燕国太子丹喜欢招揽门客，此举的深意是为了积蓄力量向秦国报仇雪恨。他广招武艺超群的勇士，这一年，他遇到了剑客荆轲。君子重义气，士为知己者死，荆轲仗剑辞别太子丹。大路上，白色的骏马昂首长嘶，为荆轲送行的人个个意气激昂。他们同仇敌忾，怒发冲冠，直冲云霄的勇猛之气似乎要顶断帽缨。易水边上，盛大的别宴展开了，就座的个个是人中豪杰。悲壮的高渐离为好友击筑，声音高亢，宋意的歌声响彻行云。"风萧萧兮易水寒，壮士一去兮不复还"，水面有凉风掠过，波纹荡漾。商音传入耳中，听者无不流泪，奏到羽音时，荆轲心绪激荡，他知道明天一去就不再回来了，他将留下一世英名万古长存。第二天他昂扬登车离去，毫无眷顾之情，车子疾风一般驰向秦国殿廷。一路行程万里有余，坎坷曲折何止经过千城。作为燕国使者，荆轲来到秦国殿堂上，他声称要献城，向秦王徐徐展开地图，突然图穷匕首现，秦王一见胆战心惊。可惜荆轲剑术不精，盖世奇功竟难成。时至今日，荆轲早已长埋地下，但千百年来，他无尽的豪情还在世间回荡。

　　陶渊明这首《咏荆轲》取材于《史记·刺客列传》，但他在诗中并不是简单地复述荆轲刺秦王的历史故事。陶渊明用诗的语言写出了荆轲义无反顾、直赴秦邦的气概，易水饮饯的场景烘托使"风萧萧兮易水寒，壮士一去兮不复还"的悲壮色彩愈加浓烈。《战国策·燕策三》记载道："至易水上，既祖，取道。高渐离击筑，荆轲和而歌，为变徵之声，士皆垂泪涕泣。又前而为歌曰：'风萧萧兮易水寒，壮士一去兮不复还！'复为慷慨羽声，士皆瞋目，发尽上指冠。"这种悲壮与陶渊明田园诗的恰然淡雅迥然不同。在这首托古言志的咏史诗中，荆轲不畏强暴的慷慨悲壮之举在以平淡著称的陶诗中着实别具一格。宋代理学家朱熹在《朱子语类》中说："陶渊明诗，人皆说是平淡，据某看，他自豪放。但豪放得来不觉耳。其露出本相者是《咏荆轲》一篇，平淡底人如何说得这样言语出来?"

陶渊明虽然挂冠归隐，但在陶渊明内心深处，嫉恶除暴、舍身济世的情怀不改。从他在这首诗中迸发出的激情可以解释诗中的荆轲正是他"猛志"不衰的精神和理想，这是借咏荆轲而投射出的一束艺术折光。或者简言之，陶渊明是借历史之旧事抒发自己的爱憎，或许，从这个角度来看能比较真实地反映他的心迹。

风雪送余运　桃源落英缤纷

　　陶渊明自五十岁以后，身体就陆续出现病兆，其间病情曾一度加重。已年过五旬的陶渊明预感到自己迟早要离开人世，他最放心不下的就是那五个儿子。作为一个普通的父亲，他和常人一样，对诸子舔犊情深，他以父亲的拳拳之心给五个儿子写下了一封带有遗嘱性质的家书。

　　告俨、俟、份、佚、佟：

　　天地赋命，生必有死。自古圣贤，谁能独免。子夏有言曰："死生有命，富贵在天。"四友①之人，亲受音旨。发斯谈者，将非穷达不可妄求，寿夭永无外请故耶？

　　吾年过五十，少而穷苦，每以家弊，东西游走。性刚才拙，与物多忤。自量为己，必贻俗患。僶勉辞世，使汝等幼而饥寒。余尝

---

　　①四友：指孔子的学生颜回、子贡、子路、子张，这四人为"孔子四友"。

感孺仲①贤妻之言，败絮自拥，何惭儿子。此既一事矣。但恨邻靡二仲，室无莱妇②，抱兹苦心，良独内愧。……日月遂往，机巧好疏。缅求在昔，眇然如何！

疾患以来，渐就衰损。亲旧不遗，每以药石见救，自恐大分将有限也。汝辈稚小家贫，每役柴水之劳，何时可免？念之在心，若何可言。然汝等虽不同生，当思四海皆兄弟之义。鲍叔、管仲，分财无猜；归生、伍举，班荆道旧③。遂能以败为成④。因丧立功。他人尚尔，况同父之人哉。颍川韩元长，汉末名士，身处卿佐，八十而终。兄弟同居，至于没齿。济北氾稚春，晋时操行人也。七世同财，家人无怨色。

《诗》曰："高山仰止，景行行止。"虽不能尔，至心尚之。汝其慎哉！吾复何言。

陶渊明《与子俨等疏》节选

致俨、俟、份、佚、佟诸子：

上苍赋予人生命，有生必定有死。自古至今，无论圣贤贱愚，

---

①孺仲：东汉王霸，字孺仲，太原人。据《后汉书·逸民列传》载："少有情节，及王莽篡位，弃冠带，绝交宦，以病归。隐居守志，茅屋蓬户。连征不至，以寿终。"

②莱妇：老莱子的妻子。据《高士传》载，春秋时楚国的老莱子在蒙山之南隐居躬耕。楚王用重礼聘请他出来做官，他的妻子劝阻他说："今先生食人酒肉，受人官禄，为人所制也，能免于患乎？"老莱子听从了妻子的劝说，与妻子一起逃隐于江南。

③归生、伍举，班荆道旧：归生、伍举都是战国时楚国人，二人为挚友。据《左传·襄公二十六年》载，伍举因罪逃往郑国，再奔晋国，出使晋国的归生在路上与奔往晋国的伍举相遇。两人一见如故，铺荆草于地，席地而坐，相谈甚欢。归生回到楚国后，对令尹子木说，楚国人才流失晋国，对楚国不利。于是楚君召回伍举。

④遂能以败为成：指管仲得鲍叔之助转败为胜。据《史记·管晏列传》载，起初，管仲辅佐公子纠，鲍叔辅佐公子小白。后来，公子小白打败了公子纠，即位为齐桓公，管仲被囚。鲍叔向齐桓公力荐管仲，管仲复被起用，与鲍叔共同辅佐齐桓公成就霸业。

谁能逃脱一死呢？子夏曾说过："死生自有定数，富贵与否全凭天意。"像"四友"那样的孔门学生曾亲耳聆听孔子的教诲。子夏讲这样的话是出于什么缘故呢？岂不是说明人之穷困和显达不可非分奢求，长寿与短命都在命定之内，不可能超越吗？

我已年过五十，少时家贫受穷苦，家中贫困无以维生，不得不在外奔波。我秉性刚直，无阿谀奉承之本事，与世俗格格不入。静下心来认真考虑，长此以往，必定遗下祸患。于是我辞去官场俗务，这也导致你们从小就过着饥寒贫穷的生活。我曾感动于王霸贤妻的话，自己穿着破棉袄，又何必因为儿子不如别人而惭愧呢？同理，我平生只有一件憾事，就是没有求仲、羊仲那样的隐士邻居，家中没有像老莱子妻那样的明智夫人，心里藏着这些苦衷，内心很是歉疚。……斗转星移，时光流逝，我对阿谀逢迎那一套早已生疏。若想回到往昔那树木交荫、北窗下卧、凉风吹拂的生活，希望渺茫矣！

自从患病以来，我的身体日渐衰老，力气衰微，蒙亲朋好友不离不弃，时常送医送药，为我医治。我担心自己命不久矣。你们年纪尚小，家庭贫寒，不得已时要干些砍柴挑水的活计，什么时候才能免除这些劳役之苦呢？我总为这些事劳心，可又有什么可说的呢！你们兄弟几人虽不是一母所生，但应理解四海之内皆兄弟的道理。鲍叔和管仲分钱财时，互不猜忌；归生和伍举一见如故，便在路边铺上荆条促膝畅谈。于是才造就了管仲在逆境中的成功，伍举在逃亡后回国建功立业。他们并非亲兄弟尚且情同手足，何况你们是一父所生的呢！颍川的韩元长乃汉末一位名士，官至卿佐，享年八十岁，他与兄弟共同生活，直到去世。济北的氾稚春是晋代一位品行高尚之人，他们家七代没有分家，财产为族人共同拥有，但全家和睦，没有不满意的。

《诗经》里说：对古人崇高的道德操行应敬仰若高山，对古人高尚的行为准则应该效法和遵行。那样高的境界，虽然我们不能企及，但应该以至诚之心崇尚他们的美德。你们千万要谨慎做人啊！我实在没有什么好说的了。

俨、俟、份、佚、佟是陶渊明的五个儿子。陶渊明写给五个儿子的这封家书，语言平易浅显，包含了他对儿子们的殷殷深情和期望。他首先简要地回顾了自己五十余年的生活，述说他个人的思想和人生态度，谆谆告诫儿子们要互助友爱，按照老父亲一贯的生活准则生活下去。全书语重心长，舐犊之情跃然纸上。

转眼到了永初三年（422年）初，春寒料峭，陶渊明的庭院里梅花怒放，杨柳在早春中长出一点点嫩芽。陶渊明在庭院中饮酒赏梅，沉醉其间，意趣无限。

> 风雪送余运，无妨时已和。
> 梅柳夹门植，一条有佳花。
> 我唱尔言得，酒中适何多！
> 未能明多少，章山有奇歌[1]。

陶渊明《蜡日》

风雪送走了一年中余下的日子，河流解冻，冰雪融化，春风拂面。门前两边分别种了梅与柳，一株山楸花发满枝，树影婆娑。我唱小曲你说难得，酒中惬意乐陶陶。酒中有多少快乐，一言说不尽，那石门山上有美妙的歌声飘荡。

---

[1]章山有奇歌：《山海经》中曾提到"雊山又东三十里有章山"。章山在江夏竟陵县东北，竟陵、零陵皆为楚地，陶渊明的曾祖父陶侃昔日坐镇荆楚，屡平寇难，勋在社稷。清代官员吴骞在《拜经楼诗话·卷三》中提到："故假竟陵之山以寓意，犹《述酒》诗之用舜家事也。"

有学者认为"章山有奇歌"一句"既收束全诗，又宕出远神之感"，使诗的意境开阔，"节短韵长，余味悠然"。清代官员吴骞在《拜经楼诗话·卷三》中说："其《蜡日》诗旧亦编次《述酒》之后，而文清未注，予细读盖犹之乎《述酒》意也。"可见，这首看似轻松如小调一般的诗也藏着陶渊明刺世的深意。

陶渊明自从在彭泽县令的职位上辞官归隐后，远离官场，但他对社会时事的关注一直没有放松，晋宋易代之际的社会动荡，时刻在他内心激起波澜。但他无力改变这种现状，只好借助创作来寄托自己的政治理想。就在这一年，陶渊明带有乌托邦色彩的作品《桃花源记》问世。

晋太元中，武陵人捕鱼为业。缘溪行，忘路之远近。忽逢桃花林，夹岸数百步，中无杂树，芳草鲜美，落英缤纷。渔人甚异之，复前行，欲穷其林。

林尽水源，便得一山，山有小口，仿佛若有光。便舍船，从口入。初极狭，才通人。复行数十步，豁然开朗。土地平旷，屋舍俨然，有良田、美池、桑竹之属。阡陌交通，鸡犬相闻。其中往来种作，男女衣着悉如外人。黄发垂髫，并怡然自乐。

见渔人，乃大惊，问所从来，具答之。便要还家，设酒杀鸡作食。村中闻有此人，咸来问讯。自云先世避秦时乱，率妻子邑人来此绝境，不复出焉，遂与外人间隔。问今是何世，乃不知有汉，无论魏晋。此人一一为具言所闻，皆叹惋。余人各复延至其家，皆出酒食。停数日，辞去。此中人语云："不足为外人道也。"

既出，得其船，便扶向路，处处志之。及郡下，诣太守，说如此。太守即遣人随其往，寻向所志，遂迷，不复得路。

南阳刘子骥，高尚士也，闻之，欣然规往。未果，寻病终。后遂无问津者。

陶渊明《桃花源记》

东晋太元年间，武陵郡有个以打渔为生的人。一天，他划着船顺溪水而行。不知走了多远，忽然，眼前出现一片桃花林，桃林生长在溪水两岸，有数百步之远，林中没有其他杂树，花草鲜美，落花纷纷扬扬飘落在地上。渔人见到眼前的景色，无比惊诧，继续向前行船，意欲走到林子尽头。

桃林尽头乃是溪水发源地，此处有一座山，山上有个小洞口，洞里有亮光若隐若现。于是他下船步行，走到洞口外看了看就进去了。起初洞口很窄，仅容一人通行。又向前走了几十步，突然眼前一亮，呈现在他眼前的是一马平川的土地和整齐明亮的房舍。这里有肥沃的田野、美丽的池塘和绿树成荫的桑树竹林，田间小路南北交错，鸡鸣狗叫声随处可闻。人们在田间愉快地往来耕种，男女服饰与外面的世人无异，老人、孩子也都自得其乐。

村里人看到渔人都大为惊讶，问他是从哪里来的。渔人一一回答。村里人热情邀他到自己家里做客，置酒宰鸡做饭款待他。听说来了一个外人，村里其他人都来探听消息。他们说祖先为了躲避秦时战乱，带着妻儿以及乡邻来到这个与世隔绝的地方，从此再没有出去过，与外界完全断绝了来往。他们问渔人现今是什么朝代，交谈中渔人发现这些人竟不知道有过汉朝，更不必说魏、晋两朝了。渔人知无不言，详尽告诉他们自己知道的一切，听完之后，他们无不感叹惋惜。之后，其他人也把渔人请到各自家中，摆上好酒好饭款待他。渔人在村中逗留几天后与他们告辞，村里人特地嘱咐他说："出去后，无须对外人说起我们这个地方啊！"

渔人出了桃花源，找到他停在外面的船，顺着原路返回，返程中还处处留心做了标记。一回到郡里，渔人就到太守那里去报告了他的这番经历。太守立即派人跟随他去，他们寻着之前所做的标记，竟迷失了方向，再也找不着那条通往桃花源的路了。

志向高洁的南阳人刘子骥是个隐士，耳闻这件事后，兴致勃勃地计划一番，准备前往。但愿望没有实现，他不久因病去世。此后，再也没有人过问那条通往桃花源的路了。

陶渊明写诗擅长白描，文字干净优雅，语出自然，《桃花源记》最能体现他的这种艺术风格。这是以东晋孝武帝太元年间为背景，用虚拟手法描绘的一个世外仙境。由于陶渊明高超的写实手法，虚景实写，读之仿佛真有其事。全文以武陵（今湖南常德一带）渔人迷路为线索，将溪行捕鱼、桃源仙境、重寻迷路串连成一个完整的故事结构，描述了一个亦真亦幻的故事。

在第一段中，陶渊明用"忘""忽逢""甚异""欲穷"几个相承续的词语非常生动地描述了渔人的心理活动。"忘"字写渔人捕鱼心无旁骛的情状，自己走了多久、走到哪里，他都搞不清楚了，暗示他已经迷路。"忽逢"与"甚异"前后照应，写渔人看见桃花林时惊异的神态，突出桃林之美给他带来的震撼。"芳草鲜美，落英缤纷"两句是美到极致的情景描写，有声有画，仿佛看到落红飘然坠地，笔端流出的花香沁人心脾。如此美景诱使渔人"欲穷"其地，去一探究竟。

第二、三段简明扼要地交待了渔人发现仙境的经过。"林尽水源，便得一山"点明渔人已行至幽深之处，"山有小口，仿佛若有光"似点睛之笔，暗示渔人看到山口的光点后欲罢不能，非要寻根问底不可。跟随渔人搜寻的脚步，从"小口"到"豁然开朗"，大有柳暗花明之叹。穿过狭窄的山口进入后，更有一连串生动的情景描写。土地、屋舍、良田、美池、桑竹、阡陌、鸡犬，处处有声有色，使读者如亲眼所见，历历在目。陶渊明妙笔生花，由远而近，由景及人，写尽桃源人的耕作情景、衣着装束和怡然自乐的生活场景，恰如一幅理想的社会生活图景。当桃源人看到渔人后，"乃大惊，问所从来"，接下来的热情款待表现出桃源内厚道淳朴的世风，到最后渔人临行前桃源人叮嘱"不足为外人道"抛下一个耐人寻味的悬念。这一段当为全文故事的核心所在，情节起伏跌宕，富含浓郁的生活气息。

第四段对渔人的刻画很见功夫，当他沿来路返回时，"处处志之"，暗示他有意要重返此处。"诣太守，说如此"的做法完全违背了当时桃源人的叮嘱。可是他这一番居心还是竹篮打水一场空，太守遣人前往，结果"不复得路"，连路都找不着了。而南阳刘子骥的寻访也是无果而终，世俗之人再也无法找到那个美妙的仙境了。

这篇作品，是陶渊明留给世人的一个千古之谜，陶渊明凭借高超的叙事写景才能艺术地呈现了一个美好的世外佳地，那些普普通通的人依旧保留着世间弥足珍贵的真淳，他们和平、宁静、幸福地生活着。桃花源里没有金银财宝，只有一片欣欣向荣的农耕景象，这是陶渊明理想中的社会。《桃花源记》的艺术魅力还不仅限于此，在虚景实写的同时，又实中有虚，留下几笔似无非无、似有非有的空间。在桃源人叮嘱渔人"不足为外人道"的神秘感外，末尾更是安排了一个无法破解的迷局——"遂迷，不复得路"，引得世人陷在迷离中无限寻味。关于为什么渔人得而复失，后来找不到那条路，宋代诗人苏轼提出了一个与众不同的观点，认为那是惟恐"使武陵太守至焉，化为争夺之场"。为此他写了一篇《和陶桃花源诗序》，阐明他的见解。

世传桃源事，多过其实。考渊明所记，止言先世避秦乱来此。

则渔人所见，似是其子孙，非秦人不死者也。又云杀鸡作食，岂有仙而杀者乎？旧说南阳有菊水，水甘而芳。居民三十余家，饮其水皆寿，或至百二三十岁。蜀青城山老人村，有见五世孙者。道极险远，生不识盐醢，而溪中多枸杞，根如龙蛇，饮其水，故寿。近岁道稍通，渐能致五味，而寿益衰。桃源盖此比也欤。使武陵太守得而至焉，则已化为争夺之场久矣。尝意天壤间若此者甚众，不独桃源。

苏轼《和陶桃花源诗序》节选

　　世人所传的桃花源诸事，多是言过其实。考察陶渊明笔下所记之事，只说是先祖为了避秦时战乱来到这里，所以渔人见到的应该是避乱之人的子孙，并非是躲避到这里的那些秦朝人长寿不死。又说桃花源里的人杀鸡款待渔人，哪有仙人杀生这一说？听说从前南阳有一条菊河，水质甘美而芳香，当地有三十几户人家，喝南阳菊水的都是长寿之人，有的活到了一百二三十岁。四川青城山有个老人村，据说其中有六世同堂的人家。那儿道路极险且遥远，那些人活着的时候甚至不知道盐和醋，他们喝的溪水中有很多枸杞，它的根弯弯曲曲，就像龙或蛇，喝了那水就能使人长寿。近年来道路稍微通畅，他们开始接触到酸、苦、甘、辛、咸五味，因此寿命大打折扣，与外界的人差不多了。若武陵太守听闻渔人的报告后找到那个地方，那儿早已成了很多人争夺的地方。一般而言，天下类似这样的地方不胜枚举，不单单只是桃花源而已。

　　苏轼否定了桃花源的存在，但他的否定是就桃花源的社会现实而言，先于苏轼的韩愈也对桃花源表示过怀疑，他在《桃源图》诗里说："神仙有无何渺茫，桃源之说诚荒唐。"总而言之，陶渊明这篇虚构的充满理想主义色彩的作品迷倒了后世很多读者，达到了以假乱真的地步。文章末尾的高士刘子骥循着渔人所说的路标去寻找，却一无所获，更加深了神秘色彩。桃花源中的淳朴风气和世俗的人情本源不同，一时显出真身的桃花源又深藏于世，不露真容了。《桃花源记》是陶渊明独一无二的作品，文章中所表达的纯净纯美的境界，几乎难有人能望其项背。

饮河既足　自外皆休

元熙二年（420 年）八月，刘裕的三儿子、荆州刺史、宜都王刘义隆进号镇西将军。到永初二年（422 年）刘裕重病时，临终托孤。中领军谢晦，司空徐羡之，尚书左仆射傅亮，南兖州刺史、护军将军檀道济，受命辅佐少帝刘义符。六月，刘裕去世。随后，时年十六岁的皇太子刘义符即位，下令大赦天下。次年，改年号为景平。

但刘义符是个不争气的皇子。他出生时，刘裕已过不惑之年，刘义符的出生使刘裕万分高兴，老来得子，非常宠溺。没有受到严格管束的刘义符自小就好游狩，史载刘义符"居丧无礼，又好为游狩之事"。这个青春少年一天到晚只知道游乐，丝毫不把父丧和军国大事放在心上。时逢北魏兵犯境，外患当头，群臣谏言，他一概充耳不闻，整天与宫人声色犬马，游戏无度。几个顾命大臣深恐有负先帝托付之恩，决计废掉刘义符另立新君。

景平二年（424 年）仲夏，天气炎热，刘义符到宫中华林园（今南京鸡鸣寺一带）避暑。这天，刘义符一身短衣打扮，与左右佞臣划船取乐，尽情玩乐。傍晚时分，刘义符在前呼后拥下乘坐龙舟来到天渊池，笙歌妙舞，管弦悠扬，一直玩到月挂中天。喝了不少酒的刘义符难以支撑，就在龙舟上过夜。

次日凌晨，由檀济道领兵开路，徐羡之等人相继跟进，从云龙门入宫。军士先杀掉刘义符的两个侍从，将刘义符扶出东阁，带到岸上。之后又收缴了他的皇帝玉玺和绶带，由军士将刘义符送回他曾居住过的太子宫，以皇太后的名义拟旨废其为营阳王，不久被杀。徐羡之又派人杀了刘义符的弟弟、庐陵王刘义真，迎立刘裕的三子、宜都王刘义隆于江陵，是为宋文帝。

永初三年（422 年），江州刺史王弘坐镇浔阳，进号卫将军，庞参军当时为王弘的参军。庞参军在浔阳为官时，与陶渊明结为"邻曲"，两人德相尚，酒共饮，作诗唱合，志趣相投。景平二年（424 年），庞参军奉命出使江陵，去见宜都王刘义隆。这一年在檀道济、徐羡之、王弘等人操控下，刘义隆登基，改景平二年为元嘉元年。是年冬天，庞参军又奉刘义隆之命出使建康。时陶渊明隐居在浔阳，庞参军途经这里，写诗与陶渊明赠别，陶渊明作答回赠。

三复来贶①，欲罢不能。自尔邻曲，冬春再交，欵然良对，忽成旧游。俗谚云："数面成亲旧。"况情过此者乎？人事好乖，便当语离。杨公所叹②，岂惟常悲？吾抱疾多年，不复为文；本既不丰，复老病继之。辄依《周礼》往复之义，且为别后相思之资。

————————————

①三复来贶：再三阅读所赠之诗。来贶，送来的赠品。贶，赠送之意，这里指庞参军赠给陶渊明的诗。

②杨公所叹：杨公，是战国初哲学家杨朱。据《淮南子·说林训》载："杨子见逵路而泣之，为其可以南，可以北。"所叹，指感叹离别之意，亦寓有各奔东西之意。

相知何必旧，倾盖①定前言。

有客赏我趣，每每顾林园。

谈谐无俗调，所说圣人篇。

或有数斗酒，闲饮自欢然。

我实幽居士，无复东西缘。

物新人惟旧②，弱毫多所宣。

情通万里外，形迹滞江山。

君其爱体素，来会在何年！

陶渊明《答庞参军》

你的赠诗我已再三拜读过，爱不释手。我们成为邻居，不觉一晃两个冬春交替而过；那时我们时常促膝交谈，推心置腹，诚挚愉快，因而我们很快成为知己。俗话说，见上几次面便可成为至亲老友。何况我们的交情非同一般的深厚，哪里能用见上几次面来形容呢？人生不如意事十之八九，常常事与愿违，现在话别在即，诚如杨朱临岐而叹，怎能是平常无奇的悲哀之情！我抱病多年，不再写诗；体质生来就弱，现在又年老多病。依《周礼》所言"礼尚往来"之理，也为别后慰藉相思之情，写下这首诗。

这首诗的序文较长，在此离别之际，陶渊明内心悲伤，但因年老有病，不复作诗文，故勉力作答。全诗以此为铺垫，笔随人意，

---

①倾盖：语出《史记·邹阳列传》："谚曰：'有白头如新，倾盖如故。'"盖指车盖，状如伞。意思是，有些人虽然交往甚密，直到白头却彼此并不相知，还形同陌路新人；有的人却一见如故。后遂以"倾盖"代指一见如故。

②物新人惟旧：物新，事物更新，此处有暗喻晋宋易代之意。人惟旧，朋友当以旧日情谊为重，意在要继续将两人的友谊延续下去。

自然流淌，并不刻意雕琢，文采自然隽永。清代温汝能在《陶诗汇评》中提到："陶公小序，多雅令可诵。序中起数语，何等缠绵，令人神往。……自有一种深挚不可忘处，此古人所以不可企也。"

诗歌第一层为前八句，重在追忆与庞参军情谊深长。"相知何必旧，倾盖定前言"这两句意味深长，说明两人不是旧交，而是新知。知音何必一定要相识很久，倾盖如故足以证明此言是真。有客对我的志趣抱以欣赏，经常光顾我的林园与我长谈。"赏我趣"虽然是一句谦词，但说明陶渊明当时的住处环境幽静，他孤高的人格魅力、淳朴的生活方式，使得包括庞参军在内的一些客人络绎不绝地登门拜访，与他结为"相知"。"谈谐无俗调"以下四句从两个方面谈了他与庞参军的交往基础，人逢知己，无话不说。"所说圣人篇"表现了他们格调高雅的谈圣之趣，境界深远，非一般碌碌之辈所能企及。此外还有饮酒之乐，这是陶渊明富有情趣的交友方式最显著的特点，偶尔酿就美酒数斗，悠闲对饮千杯不醉。

第二层抒发了依依惜别之情。我本是隐居田园之人，奔走仕途与我无缘。不管世事如何改变，旧友诚可贵，书信往来以释心中思念。万里之遥隔不断真诚的情谊，哪怕千山万水也不能阻滞。先生此去须保重贵体，将来再相会，不知在何年？这部分的抒情非常感人，情感丰富而细腻。分手在即，心中不舍，江山阻隔，天各一方，不复再现谈笑宴饮之乐，感伤、惆怅之余，郑重叮嘱友人保重身体，嘱咐分手后要"情通万里"，充满对未来相会的希望，感情深沉而质朴。元好问在《论诗三十首》中评陶渊明诗为"一语天然万古新，豪华落尽见真淳"，陶渊明的这首送别诗反映了他田园生活的一个侧面，写得朴实无华，以简明顺畅的诗句表达了真挚的感情。

陶渊明在三十七岁前后曾在江陵为官，对江陵有特殊的感情，庞参军出使京都后，仍要回到江陵去供职，此事在陶渊明心中掀起了些微波澜。现在"王事靡宁",庞参军身负军国要事,不得不从命而去。陶渊明深知刘宋中央政权君臣相残,内部危机四伏,故殷殷忠告友人"以保尔躬",其情胜也。

这年初春,庞参军远走。转眼夏天到了,陶渊明坐在庭院大树的浓荫下,感受清风徐来的舒适。时间在无声地流逝,他崇尚的先贤们在他的脑海中一一浮现,荷蓧丈人①、长沮、桀溺、於陵仲子②、张长公③、丙曼容④、郑次都⑤、薛孟尝和周阳珪⑥,他们现在就在他手中的那把扇子上,栩栩如生。

---

①荷蓧丈人:出自《论语》,"四体不勤,五谷不分"的名言就出自荷蓧老人之口。子路跟随孔子出行,落在了后面,这时他遇见一个用拐杖扛着器具的老人,子路上前问道:"你老见到我的老师了吗?"老人回答说:"四肢不劳动,五谷分不清。谁是(你的)老师?"

②於陵仲子:於陵指陈仲子,战国时齐国人,隐士。《高士传》记载:"其先祖为陈国公族,陈仲子见其兄食禄万钟,以为不义,故避兄离母,与妻子迁居於陵。楚王闻其贤,派使者带着黄金前去聘请他出来为官。他询问妻子的意见,妻子深知仕途凶险,劝说他不要接受这个职位。于是两人逃走,夫妻隐居长白山中,以为人灌园为生,最终饥饿而死。后人遂以"於陵仲子"咏隐士。

③张长公:张挚,字长公,西汉官吏,廷尉张释之之子,官至大夫。张挚秉性正直,不随波逐流,因不善迎合权贵,被免职,遂终身不仕。

④丙曼容:即邴丹,西汉琅琊人,《汉书·两龚传》:"曼容亦养志自修,为官不肯过六百石,辄自免去。"丙曼容当官的原则是俸禄不能超过六百石,若超过了这个数,自动免职离开。丙曼容认为往前多走一步就是悬崖,他要悬崖勒马,走一条光明坦荡的大路。

⑤郑次都:即郑敬。郑次都是个与时势不合的人,一向清正高洁,逃避朝廷的征用后,整天在河边垂钓。他与同乡邓敬闲来无事便爱在一起,常常将荷叶采摘回来包肉,用葫芦装酒。住在那长满蒿草的荆门柴院里,常与友人席地而坐,饮酒畅谈,弹琴读书,自娱自乐,过着清闲自在的隐士生活。

⑥薛孟尝:一个喜好游学的人,《后汉书》称其是有名的孝子。起初,拜为郎中。后来,瞅准朝廷人事管理的漏洞,假装将病,请求归里,得到了朝廷批准,于是抖掉衣服上的尘土,隐归了。周阳珪:为了逃避做官而装病,喜欢清淡、自然的生活。

三五道邈，淳风日尽。九流参差①，互相推陨。

形逐物迁，心无常准。是以达人，有时而隐。

四体不勤，五谷不分。超超丈人，日夕在耘。

辽辽沮溺，耦耕自欣。入鸟不骇，杂兽斯群。

至矣於陵，养气浩然。蔑彼结驷②，甘此灌园。

张生一仕，曾以事还。顾我不能，高谢人间。

岌岌丙公，望崖辄归。匪骄匪吝，前路威夷。

郑叟不合，垂钓川湄。交酌林下，清言究微。

孟尝游学，天网时疏。眷言哲友，振褐偕徂③。

美哉周子，称疾闲居。寄心清尚，悠然自娱。

翳翳衡门，洋洋泌流。日琴日书，顾盼有俦。

饮河既足④，自外皆休。缅怀千载，托契孤游。

陶渊明《扇上画赞》

三皇五帝的盛世一去不返，世风日下，人心思动，九家学派学
说各异，互相排斥。众家学说随着外部世界变化，没有一定之规。
众多通达之人选择归隐，不随潮流浮沉。四体不勤，五谷不分，荷
蓧丈人在世外隐居，太阳落山后仍在田中耕耘。长沮、桀溺生活的
时代距今遥远，他们并肩耕作其乐无穷。鸟儿可以飞近他们，各种
兽类也常在他们跟前聚集。陈仲子是道德高尚的人，他涵养深厚、
正气浩然；对高官厚禄不屑一顾，情愿远离官场、为人灌园，过清

---

①九流：即《汉书·艺文志》提到的儒、道、阴阳、法、名、墨、纵横、杂、农
九家学派。九流参差：九家学派各说一辞，互相排斥。

②蔑彼结驷：他们蔑视那些出入骑着高头大马的富贵之人。结驷：一轻驾四马。

③振褐偕徂：整理一下粗布衣服，共同逝去。

④饮河既足：语出《庄子·逍遥游》："鼹鼠饮酒，不过满腹。"这里以鼹鼠的饮
酒量比喻人的生活要求有限。

苦的生活。张挚一度出仕，生性耿介而自知迎合权贵之事不适合自己，干脆一走了之，不再为官。丙曼容德操高尚，看到悬崖便及时勒马；既不骄傲也不吝啬，避开前路的艰难险阻。郑敬不能与世合群，隐居在大泽边，垂钓打发时光；故旧来了就相携在水滨饮酒唱和，终日畅谈大义微言。孟尝好学笃行，逃避仕途网罗，谢职回家；他顾念往日旧友，大家一起整理好行容，携手逃离。周阳珪值得赞美，托疾辞官，回乡归隐；心灵安静，不沾尘埃，悠然自得，乐在其中。树阴之下掩映着柴门陋舍，有清泉涓涓淌出；有琴可弹，有书可读，左顾右盼间与琴书为友。生活需知足常乐，身外之物皆无所求；遥遥怀念千载之上，寄心知音独自遨游。

《扇上画赞》是陶渊明用四言韵语为扇面上的人物画像题写的赞辞。他共礼赞了九位高人，即荷蓧老人、长沮、桀溺、陈仲子、张挚、丙曼容、郑敬、薛孟尝、周阳珪。陶渊明借这九人抒发对古代隐士生活的羡慕与景仰，并表明自己的隐居之志。这些人堪称他的精神导师。人生转瞬即逝，按照个人心愿去生活是一种境界，这九位先贤的生活选择对陶渊明来说，恰如他幽暗人生旅途中一束温暖的火光。

从传统的表现手法看，以往的扇上画赞多置于宫殿、祖庙等壁上。这种表现方式的局限性很强，作者往往没有较多选择，故画赞上的人物和作者的思想感情、兴趣雅好很难达成统一。陶渊明跳出了这一传统的藩篱，突破了画赞的旧有模式，向深层次拓展。他选择生活中最常见的道具——手中的扇子进行创作，赋予了画赞生活气息的特点，消除了以往画赞方式的刻板。扇子本身就是具有个性特征的物件，陶渊明将所赞人物置于扇面上，给画赞营造了一个人物与题材内容上自由选择的空间，使之更具有主观性。陶渊明手上的扇面是一幅道家隐士的群像图，这与他个人的性格喜好相契合。

陶渊明的思想本身就具有浓厚的玄学色彩，这种思想直接影响到他的行为准则，使他更崇尚自然，向往隐逸生活。陶渊明的画赞很能代表他的主观愿望，扇上的九位高人都是隐耕不仕的历史人物，这九位古代贤人于陶渊明而言，意义非同一般，他们既是陶渊明企慕的对象，也是他引为知己的存在。

囿于篇幅的限制，画赞作者很难尽情发挥主观情感，所以很多画赞缺乏感情色彩。陶渊明的《扇上画赞》序文与赞文结构紧凑，对同一类人物的共同志趣进行群体式赞美，这在传统画赞中没有先例。《扇上画赞》共四十八句，在章法结构上具有独创性，传统画赞在整体布局上只局限于赞美人物，而陶渊明在他的《扇上画赞》前八句总括全文，点明咏赞隐士的主题，结尾八句则抒发了他的情怀，议论、叙事、抒情浑然一体。

《扇上画赞》在题材裁剪上也别具一格。这篇画赞看似篇幅长，其实涉及每位隐士的赞语只有四句。陶渊明选取每位隐士的典型事迹与特征，以高度凝练的语言将与主旨无关的内容边缘化，尽管是把九位隐士汇聚在一幅扇面上，但面貌各异，形象鲜明。

语言朴实自然是《扇上画赞》的又一特点，陶渊明摒弃了传统画赞用语古朴典雅的特点，使用明白如话、不事雕琢的文句，甚至直接引用《论语》原句，刻画出鲜活的人物形象，很符合陶诗"文体省净，殆无长语"的语言特点。

《扇上画赞》在内容、形式、语言方面的主观色彩都强化了陶渊明诗歌言简意赅、超然淡远的艺术境界，这是陶渊明对画赞的一次深度革新，传统画赞的世俗性与工具性被诗歌特有的精巧与强烈抒情所取代。从某种意义上说，《扇上画赞》有别于赞文而更接近于诗。

谁云固穷难　邈哉此前修

　　自晋宋易代，刘裕登上帝位后，国内连年不顺，永初三年（422年）三月，京师建康一带发生大饥荒，饿殍遍野，惨烈到"致人相食"的地步。到元嘉三年（426年），天下大旱，蝗虫肆虐，因干旱而龟裂的大地上寸草不生，庄稼颗粒无收。到处可见荒凉的村庄，在简陋残破的茅屋里，人们饿得奄奄一息。没有其他经济来源的陶渊明在灾荒袭来时也必须面对凄惨的现实，在饥饿中煎熬。

　　旧谷既没，新谷未登，颇为老农，而值年灾，日月尚悠，为患未已。登岁之功，既不可希，朝夕所资，烟火裁通。旬日已来，始念饥乏，岁云夕矣，慨然永怀，今我不述，后生何闻哉！

　　　　　　弱年逢家乏，老至更长饥。

　　　　　　菽麦实所羡，孰敢慕甘肥。

　　　　　　怒如亚九饭，当暑厌寒衣。

岁月将欲暮，如何辛苦悲。

常善粥者心，深念蒙袂非。

嗟来何足吝，徒没空自遗。

斯滥岂攸志，固穷夙所归。①

馁也已矣夫，在昔余多师。

陶渊明《有会而作》

顾名思义，"有会而作"即有感而作。晚年的陶渊明，生活极端艰难，他在这首诗中真实地写出了几近饿死的绝境，通过对"蒙袂人"不食"嗟来之食"的评论，体现了他尊重生命的思想，同时也表现出固穷之志不可动摇的坚强决心。

陶渊明写诗的一个特点是将具体事由放在故事背景中开门见山地做一番交待。他挨饿的原因是什么呢？序言中说，去年的存谷已经告罄，新谷还未登场。我这一介老农，遇上了灾荒年景，岁月悠长，灾荒遥遥无期。一年的收成，眼看又无指望，早晚之食仅能勉强维持不致断炊。近十来天，才真正感到又饿又乏。一年将尽，不禁唏嘘长叹，写下此诗一吐胸臆。我若现在不把心里话倾诉出来，后代子孙怎么会知道呢？

在接下来的正文中，陶渊明写了他贫寒的一生，令人唏嘘。他少年时家境穷困，到了老年挨饿更甚。在这种情况下，能有粗茶淡饭就很满足了，哪里敢奢望美味佳肴呢？"惄如亚九饭，当暑厌寒衣"两句最为凄切。我饥饿的程度仅次于一个月吃九顿饭的子思，

---

①斯滥岂攸志，固穷夙所归：语出《论语·卫灵公》："子曰：'君子固穷，小人穷斯滥矣。'"意谓在贫贱中能不能把握住操守，是判断一个人是君子还是小人的试金石。君子安贫乐道，小人甘于物役，陶渊明肯定前者而否定后者。

因为贫穷而没有衣服更换，暑天还穿着讨厌的寒衣。一年将尽，面对辛苦和悲伤，无可奈何。陶渊明用"愀如"二字逼真地写出了他的饥饿程度，令人动容，如果没有亲身经历这般饥饿贫困，断然写不出这样的诗句。

在物质极度匮乏的忧患人生中，陶渊明更加珍惜生命的不易。"常善粥者心"以下四句，陶渊明借评说故事阐述富有哲学意味的"贵生"精神。这个故事出自《礼记·檀弓下》："齐大饥，黔敖为食于路，以待饿者食之。有饿者蒙袂辑屦贸贸然来。黔敖左奉食，右执饮，曰：'嗟！来食。'扬其目而视之，曰：'予唯不食嗟来之食，以至于斯也。'从而谢焉，终不食而死。"齐国闹饥荒时，齐国的富人黔敖在路边施舍食物给那些饥饿的人吃。有个饥饿的人用袖子蒙着脸，趿拉着鞋子，眼目昏花地走过来。黔敖左手端着食物，右手端着汤，说："喂！来吃吧。"那人抬起头睁大眼睛看着他，说："我就是不愿意接受带有侮辱性的施舍，才落到这般地步的。"说罢转身就走。黔敖赶忙向他道歉，但他依然拒绝吃嗟来之食，最终饿死了。

"嗟来之食"曾经引出了正、反两个观点的争论。正方提倡做人要有骨气，与其低三下四接受别人的施舍，不如饿死。反方则认为，当黔敖无礼呼唤时，可以态度鲜明地拒绝，但他道歉之后，也是可以去吃的。既然黔敖道歉了，又何谈伤了骨气呢？可以看出，这两方的持论都是从精神层面上出发的。陶渊明称许黔敖的善良本心，也惋惜蒙袂者不食嗟来之食终致丧生，可以看出他的观点偏向于庄子的"贵生"思想。据《庄子·骈拇》记载："自三代以下者，天下莫不以物易其性矣。小人则以身殉利，士则以身殉名，大夫则以身殉家，圣人则以身殉天下。故此数子者，事业不同，名声异号，其于伤性以身为殉，一也。"这段话旨在说明人的生命、天性固然不应当为名利等外物役使，但为了区区一事便轻率地舍生就死，这也是不可取的。嗟来之食何足恨，白白饿死徒自弃，陶渊明肯定施食者的用心，而对"蒙袂者""徒没空自遗"的做法也予以批判，体现了"生命诚可贵"的思想。

陶渊明在极度贫乏中磨练了坚强的求生意志，他在苦难中更加重视生命的意义，他说："斯滥岂攸志，固穷夙所归。"君子为了保持节操而甘于穷困，小人遇到穷困之时就会干出越轨的事。从末尾的"馁也已矣夫，在昔余多师"两句中，可以看到陶渊明并非只尊重生命的存在，还更重视生命的意义，这是他历劫不灭的内在力量。饥饿贫穷又何妨，古来多有值得效法的先贤。虽然现实环境险恶，但陶渊明有强大的精神力量与之抗衡，他以前贤作为师法的榜样而自勉，现实生活愈是悲苦低迷，愈见其高昂的斗志。庄子对生命的哲思和儒家的自强不息在他身上体现得尤为活跃鲜明。著名学者郭维森在《陶渊明集全译》中评析："全诗四句为一层次，结构严谨，而句法纵收反正，夭如矫龙。第二层次述及何以卒岁，以之引导第三层次不食'嗟来之食'的非议，反映了自己苦况深到近于欲乞的程度，然后是经过深思的正面判定：斯滥为反，固穷为正，疑团顿然冰释，主题豁然鲜明。"

> 饥来驱我去，不知竟何之。
> 行行至斯里，叩门拙言辞。
> 主人解余意，遗赠岂虚来。
> 谈谐终日夕，觞至辄倾杯。
> 情欣新知欢，言咏遂赋诗。

感子漂母惠，愧我非韩才。①
衔戢②知何谢，冥报以相贻。

陶渊明《乞食》

　　饥荒仍在继续，身陷赤贫的陶渊明不得不出门去乞食。在这首叙事诗中，真实地记叙了一次出门乞食的经历，至为真实，至为感人，可以看到人性的光辉在绽放，也从侧面烘托了陶渊明从始至终朴拙真率的个性。

　　饥饿的陶渊明有幸遇到一个好心人，得到遗赠并留饮。这首诗就像一组长镜头，从头到尾让读者看到在这个过程中散发的温暖的人性，在这个至艰至难的时候，人情是那样弥足珍贵。"饥来驱我去"四句通过具体的动作和内心情态，形象地描述了陶渊明在百般无奈的情况下饥饿难耐，不得不出门却不知道去哪里乞讨的窘迫。他走到前面的一个村子，敲门却又难以启齿，面对敲开门后的主人，口讷而不能连贯地说话。"拙言辞"一语非常传神地表现了陶渊明羞于启齿、欲言又止的复杂心理活动。接下来的事情很令人欣慰，主人慷慨地端来食物。二人"谈谐终日夕，觞至辄倾杯"，这是一次"酒逢知己千杯少"的相遇，两人酒酣耳热，一直欢言到太阳落山。新交了好友使陶渊明心里欢畅，即席赋诗，表达深情厚谊。"感子漂母惠"四句点明了全诗的主旨，感谢你的雪中送炭，如漂母对韩信的恩情一般厚重，我很惭愧，没有韩信的才能，无以为报。只能将

---

　　①感子漂母惠，愧我非韩才："漂母惠"的典故出自《史记·淮阴侯列传》："（韩信）始为布衣时，贫无行……钓于城下，诸母漂，有一母见信饥，饭信，竟漂数十日。信喜，谓漂母曰：'吾必有以重报母。'"后来韩信为刘邦立下大功，封楚王，"召所从食漂母，赐千金。""非韩才"是说自己没有韩信的才能。

　　②衔戢：敛藏于心，指把感激深深藏于心底。

你的恩情牢记在心，今生不能答谢，死后冥冥之中也要报答你。

关于这首乞食诗，史家有两种说法。一说是陶渊明年过花甲时，体弱多病，家贫以致常常揭不开锅，又遇到灾年，不得已出门乞食。根据这次乞食的真实经历，陶渊明写下了这首诗。一说是陶渊明刚成年时所作，一次，他偶然遇到一个朋友，在他家蹭了一顿饭，席间，二人饮酒赋诗，高谈阔论。

尽管两说各执一端，但两说都承认此诗的启示意义超越了"乞食"这一件真实的事件。中国人有"滴水之恩，当涌泉相报""投我以木桃，报之以琼瑶"的优秀传统，全诗以朴实无华的语言迸射出美丽的人性光辉。主人善解人意，急人之难，陶渊明受恩图报，存结草衔环之心，两种高尚人格相得益彰，互相辉映。

陶渊明自弃官归园以来，"躬耕自资，遂抱羸疾"，现在贫病交加，又逢灾年，物质匮乏的他时常忍饥挨饿。"赤贫如此，使人不堪悯然。"

江州刺史檀道济往候之，偃卧瘠馁有日矣。道济谓曰："贤者处世，天下无道则隐，有道则至。今子生文明之世，奈何自苦如此？"对曰："潜也何敢望贤，志不及也。"道济馈以粱肉，麾而去之。

萧统《陶渊明传》节选

江州刺史檀道济去看望他，贫病交加的陶渊明此时已因为饥饿僵卧在床好几天了。檀道济劝他："我听说贤人处世，如果天下无道，不能施展自己的才华，则隐居山林；天下有道则出仕，一展抱负。你生活在当今这个文明而有道的社会，何必让自己这般穷困潦倒？"陶渊明回答说："我怎么敢奢望成为贤人，我的志向达不到啊。"檀道济赠给陶渊明米饭、肉食，渊明却不接受，挥手拒绝了。

在当时朝廷的高官中，有三人与陶渊明有交集，前文已述，他们是王弘、颜延之、檀道济。从各种史料记载看，陶渊明最早接触到的是颜延之，然后是王弘，与檀济接触时已是元嘉三年（426年），也就是陶渊明逝世前一年的事。陶渊明辞官归隐是义熙元年（405年），这就是说，陶渊明与三位高官都是以隐士身份打交道的。

陶渊明与颜延之是忘年交，陶渊明年长颜延之十九岁。颜延之少时孤贫，好读书，无所不览，文章冠绝当时，与谢灵运并称"颜谢"。陶渊明与颜延之交往时，颜延之正因与庐陵王刘义真关系亲密而遭到嫉妒，被人排挤。由于权臣之间的猜忌，颜延之心怀愤懑，与陶渊明桴鼓相应，一拍即合。

> 先是颜延之为刘柳后军功曹，在浔阳与渊明情款，后为始安郡，经过浔阳，日造渊明饮焉。每往必酣饮至醉。……颜延之临去，留二万钱与渊明，渊明悉遣送酒家，稍就取酒。

萧统《陶渊明传》节选

义熙十二年（416年），颜延之担任江州刺史刘柳的后军功曹，住在浔阳，与陶渊明过从甚密，两人很快成了亲密好友。颜延之后来做了始安郡的太守，经过浔阳暂歇时，每天都要找陶渊明饮酒聊天，而且每次都非要喝个酩酊大醉不可。……颜延之临走给陶渊明留下两万文钱用以补贴家用，陶渊明却派人把钱悉数送到酒家去，作为他日常的酒资。

王弘继任江州刺史时，因仰慕陶渊明，于半道设酒局与陶渊明结识。王弘一直很钦佩陶渊明的清高品质，后来他即便被调往别处，仍念念不忘与陶渊明的交情，经常与陶渊明互通诗信，并且叮嘱朋友照顾陶渊明。

檀道济，是南朝宋开国元勋、左将军檀韶之弟。元兴三年（404年），檀道济跟随两个兄长投奔刘裕。东晋豫章公刘义符为征虏将军镇守京口（今江苏镇江）时，檀道济是刘义符的司马、临淮太守，后任征虏司马、加号冠军将军。

义熙十一年（415年），檀道济参加平定荆州刺史司马休之的作战。义熙十二年（416年），檀道济担任先锋随刘裕北伐。东晋元熙二年（420年），刘裕称帝，檀道济转官护军，加散骑常侍，封为永修县公，食邑二千户。刘裕去世后，因少帝刘义符游戏无度，荒废朝政，徐羡之等顾命大臣打算废少帝刘义符，迎立刘义隆，为此特召回檀道济共谋其事。废帝前夜，檀道济与谢晦同宿领军府，那一夜，谢晦紧张得辗转不能入睡，檀道济则倒头睡去，鼾声如雷，谢晦不由得佩服檀道济的胆量和镇静。

檀道济在刘裕一朝屡立战功，威望名声甚高，左右心腹个个身经百战，几个儿子也智勇双全，很有才气，朝廷因此感到不安，对檀道济一家生出疑心。宋文帝刘义隆生病之时，一直对檀道济心存忌惮的彭城王刘义康别有用心地上奏说，如果皇帝驾崩，恐怕檀道济图谋不轨，不可控制。刘义隆听后大惊，终于在元嘉十三年（436年），将檀道济与其子十一人及他的亲信将领全部杀害。

檀道济与陶渊明的交往来得很唐突，檀道济不管三七二十一直接闯进陶家，并且以居高临下、不容置喙的口气劝陶渊明出仕。这种姿态对于志在隐退、秉性刚毅的陶渊明来说，可谓水火不容。在檀道济口中，刘裕篡弑登位的世道竟成了"文明之世"，这让陶渊明很是接受不了，所以他也不能接受檀道济以王公贵族的身份给他的物质赏赐，不顾礼节地"麾而去之"，断然拒绝了。

陶渊明拒绝了檀道济赠来的粱肉，在极其困苦的环境中，忍饥挨饿的他写下了《咏贫士七首》以言志。他在诗中表达自己对归隐守穷无怨无悔，老人迟暮、旧友零落，在世间再无知音的情况下，于贫困中终结一生，也没有什么可悲伤的。一声"何所悲"，可见陶渊明写这组诗时内心的深刻悲慨。

> 万族各有托，孤云独无依。
> 暧暧空中灭，何时见余晖。
> 朝霞开宿雾，众鸟相与飞。
> 迟迟出林翮，未夕复来归。
> 量力守故辙，岂不寒与饥？
> 知音苟不存，已矣何所悲。

陶渊明《咏贫士七首·其一》

　　万物各有依托，唯见天边一抹孤云在傍晚的空中漫无目的地飘游。陶渊明不禁感慨万分，不知那无依的孤云何时才能再见余晖呢？独云飘浮不定，散灭在昏暗不明的空中，一句"何时见余晖"说出了陶渊明有感老人迟暮的心声：恐怕不复再见了吧。朝霞拨开了昨夜的云雾，晨曦染霞，百鸟在霞光中翻飞，众鸟从林间结伴飞出。孤鸟迟迟才出树林，天还未黑就回巢了。量力而行，坚守贫贱之道，如果遇不到知音，万事皆休也不必悲伤！陶渊明在一夜无眠之后，感慨自己不为五斗米折腰而挂冠归田，正如那一只孤鸟迟举，未等天晚又归还故林。

> 凄厉岁云暮，拥褐曝前轩。
> 南圃无遗秀，枯条盈北园。
> 倾壶绝馀沥，窥灶不见烟。
> 诗书塞座外，日昃不遑研。

闲居非陈厄①，窃有愠见言。

何以慰我怀，赖古多此贤。

陶渊明《咏贫士七首·其二》

凄凉寒云提醒人们已是岁暮，我围着粗布短衣在廊前晒阳光取暖。南园已看不到一棵可食的菜苗，北园满是枯萎的枝条。酒壶倒不出一滴残酒，灶炉中不见有炊烟。身边塞满了诗书，一直到太阳西斜仍在读。此时，我与孔丘一样困居在陈厄之地，心中不免有怨言。用什么来安慰自己呢？幸亏有古代安贫乐道的圣贤。

荣叟老带索，欣然方弹琴。

原生纳决履，清歌畅商音。②

重华去我久，贫士世相寻。

弊襟不掩肘，藜羹常乏斟。

岂忘袭轻裘？苟得非所钦。

---

①闲居非陈厄：语出《论语·卫灵公》："在陈绝粮，从者病，莫能兴。子路愠见曰：'君子亦有穷乎？'子曰：'君子固穷，小人穷斯滥矣。'"大意是说，孔子在陈国粮食断绝，跟从的人都因饥饿躺倒起不来了。子路气呼呼地来见孔子，问道："君子也有困窘得没办法的时候吗？"孔子说："君子在困窘时还能坚守正道，小人遇到困窘就会胡作非为。"

②"荣叟老带索"四句：引用了荣启期与子思的典故。荣启期是春秋时隐士，贫寒以绳索为衣带。原宪，即子思，乃孔子弟子，清静守节，贫而乐道。据《韩诗外传》记载：原宪在鲁国居住时，子贡去看他，只见原宪穿着破烂的衣服，脚上的鞋子已经裂开了口。子贡见状大惊，问他何以是这个样子。原宪回答说："宪贫也，非病也。"原宪讥笑子贡的华丽车马装饰，"子贡惭，不辞而去。宪乃徐步曳杖，歌《商颂》而返。声沦于天地，如出金石"。

赐①也徒能辨，乃不见吾心。

陶渊明《咏贫士七首·其三》

荣启期以绳索为衣带，依然欢乐把琴弹。子思穿着裂开口的鞋子，清歌一曲唱商音。虞舜清平时代已相去甚远，世间贫士不断。破烂的衣服不能遮体，野菜汤中看不见一粒米。谁不愿意穿上温暖的皮衣？但不是通过正道获取的我丝毫不羡慕。子贡只能徒然地劝说，自己隐仕的决心是不会因他人劝说而动摇的。

安贫守贱者，自古有黔娄②。

好爵吾不荣，厚馈吾不酬。

一旦寿命尽，弊服仍不周。

岂不知其极，非道故无忧。

从来将千载，未复见斯俦。

朝与仁义生，夕死复何求。

陶渊明《咏贫士七首·其四》

安贫乐道者，自古有黔娄。不恋高官厚禄，亦不求进入诸侯。一旦寿命尽，破衣服甚至不能盖住全身。虽穷困到了极点，但也不为贫穷而忧虑。从那以后近千年中，世间再也不见如此高贤。早晨

---

①赐：即子贡，姓端木，名赐，字子贡，孔子门生。据《史记·仲尼弟子列传》记载："子贡利口巧辞，孔子常黜其辩。"

②黔娄：战国时齐国隐士，据《高士传》记载："（黔娄）修身清洁，不求进于诸侯，鲁恭公闻其贤，遣使致礼，赐粟三千钟，欲以为相，辞不受。齐王又礼之，以黄金百斤聘为卿，又不就。"齐、鲁的国君请他出来做官，他一概拒绝不就。家中很清贫，死时衾不蔽体。下文提到的"蔽服仍不周"即指此事。黔娄死后，曾子前去吊唁，只见黔娄身上盖的破衣服连尸身都盖不住，"覆以布被，手足不尽敛，覆头则见足，覆足则头见"。

与仁义之道同生，即使晚上就死去也没有什么可遗憾的。

> 袁安①困积雪，邈然不可干。
>
> 阮公②见钱入，即日弃其官。
>
> 刍稿有常温，采莒足朝餐。
>
> 岂不实辛苦，所惧非饥寒。
>
> 贫富常交战，道胜无戚颜。
>
> 至德冠邦闾，清节映西关。
>
> 陶渊明《咏贫士七首·其五》

　　袁安贫困又遭积雪，闭门独卧家中，不去向亲友寻求帮助。阮公遇到贿赂者，当天辞官回家。干草当床可取暖，采芋足以饱腹。这是不是太辛苦了？但更令人害怕的是因为饥寒而变节。贫、富二念常交战于胸，道义取胜脸上便无悲戚之色。袁安的高尚德行冠绝乡里，阮公的廉洁辉映西关。

　　仲蔚③爱穷居，绕宅生蒿蓬。

---

　　①袁安：字邵公，后汉汝南汝阳（今河南周口市商水县西北）人，家境贫寒，有贤名。袁安没做官时，客居洛阳。据《汝南先贤传》载：一年冬天，大雪纷纷，地上积雪有一尺多厚。洛阳县令上街私访，见人们都扫开积雪出门，路上还有要饭的人。洛阳令来到袁安门前，看到地上没有人走过的脚印，以为袁安已经死了，便叫人扫出一条路进到袁安屋里，见袁安在床上冻得瑟瑟发抖。洛阳令问他："你为什么不求亲戚朋友帮帮忙？"袁安说："大家的日子都不好过，我怎么能在大雪天去打扰人家？"洛阳令很欣赏他的贤德，举荐他为孝廉。

　　②阮公：其人其事不详。按句意理解，阮公应该是个官员，有人向他行贿，他于当天就辞去了官职。

　　③仲蔚：即东汉张仲蔚，据《高士传》记载："（张仲蔚）隐身不仕，善属文，好诗赋。常居穷素，所处蓬蒿没人。闭门养性，不治荣名。时人莫识，唯刘、龚知之。"隐士张仲蔚善于写文章和诗赋。他的住处很简陋，屋外长满了高过人头的蓬蒿。张仲蔚闭门养性，不过问名利之事。当时没有人认识他，只有刘龚知道他的大名。

翳然绝交游，赋诗颇能工。

举世无知者，止有一刘龚。

此士胡独然？实由罕所同。

介然安其业，所乐非穷通。

人事固以拙，聊得长相从。

陶渊明《咏贫士七首·其六》

张仲蔚喜欢独自贫居，野生蒿蓬绕着他的房屋生长。他闭门养性，断绝与世人交往，擅长赋诗，诗作清新工巧，常有妙思。举世无人了解他，知音只有一个刘龚。他为什么如此孤独？只因举世很少有人与之相同。他安于自己兴趣爱好的志向，不以命运穷通好坏而悲。我本性拙笨，不会逢迎取巧，姑且长久地追随他。

昔在黄子廉①，弹冠佐名州。

一朝辞吏归，清贫略难俦。

年饥感仁妻，泣涕向我流。

丈夫虽有志，固为儿女忧。

惠孙一晤叹，腆赠竟莫酬。

谁云固穷难，邈哉此前修。

陶渊明《咏贫士七首·其七》

从前有个叫黄子廉的人，年轻时在南阳做过太守。后来辞官回到故园后，他比任何人都贫寒。饥年时贤妻感慨不已，眼泪汪汪地对着他哭诉。大丈夫虽然要有骨气，但也应有儿女之情。朋友惠孙来看他时也不禁深深忧叹，但清廉的黄子廉不接收惠孙送来的厚礼。

---

①黄子廉：南阳太守，相传为人清廉，乃黄盖之祖。

谁说贫穷难以固守，想想前代的众位前贤。

史家认为陶渊明的《咏贫士七首》在诗史上的意义很值得重视。从诗体来看，这组诗融阮籍的《咏怀》与左思的《咏史》于一体，可以厘清建安正史之风由晋而宋之传承。从诗章组织来看，各诗并列，总分有序，首尾遥相呼应，脉络连贯，开唐代杜甫《秋兴八首》之先河。

陶渊明的这组诗中每一首诗都阐述了一个主题，七首诗相对独立，以自咏与分咏并列，又总归在诗题之下。清人邱嘉穗在《东山草堂陶诗笺》中以精辟的论断厘清了这组诗的主旨："余尝玩公此下数诗，皆不过借古人事作一影子说起，便为设身处地，以自己身分准见古人心事，使人读之若咏古人，又若咏自己，不可得分，此盖于叙事后，以议论行之，不必沾沾故实也。"可见，陶渊明是在借咏古人之事"咏自己"，表达自己从历代高贤那里获得的安慰。这些精神力量促使他充分肯定自己选择的道路，不与世俗同流。

幽室一已闭　千年不复朝

　　早在义熙二年（406 年）某日，陶渊明就曾与几位朋友相约出游，并作五言诗留念。这天天气晴好，一行人不知不觉走到了周家墓柏下，长眠周家墓的人就是周访。周、陶两家是世交，周家墓就在与陶家祖坟相邻的山中。

　　初，陶侃微时，丁艰，将葬，家中忽失牛而不知所在。遇一老父，谓曰："前岗见一牛眠山污中，其地若葬，位极人臣矣。"又指一山云："此亦其次，当世出两千石。"侃寻牛得之，因葬其处，以所指别山与访。父死访葬焉，果为刺史。

　　　　　　　　　　《晋书·列传第二十八·周访》节选

　　起初陶侃贫寒时，办理父母丧事，将葬时，家中的牛忽然不知所踪。遇到一位老翁告诉他，在前岗见一头牛眠于山洼中。其地若葬人，死者的后人必将位极人臣。陶侃找到了失牛的地方，将先人葬于此地。将另一座山指给了周访，周家先人死后就葬在那里。后来，陶侃果然成为杰出将领，周访也成为身家两千石的刺史。

　　周访字士达，本汝南安城人也。汉末避地江南，至访四世。吴平，因家庐江寻阳焉。……访少沉毅，谦而能让，果于断割，周穷振乏，家无余财。为县功曹，时陶侃为散吏，访荐为主簿，相与结友，以女妻侃子瞻。

《晋书·列传第二十八·周访》节选

　　周访，字士达，祖先原来是汝南安城人。汉末时，他的祖先为了躲避战乱迁徙到江南居住，到周访时已是第四代了。吴国平定以后，他把家定居在庐江浔阳。周访年少时性格沉稳坚毅，谦虚且礼让他人，善于果断割舍，乐善好施，因此家里没有多余的财物。周访最初任安阳县功曹，掌管考查、记录官员功劳的差事，这时陶侃担任庐江郡散吏。在周访的举荐下，陶侃做了庐江郡主簿，并与他结为好友。周访还把女儿嫁给了陶侃的儿子陶瞻，两家结为姻亲。

　　出身寒族的周访曾担任过琅琊王司马睿的僚佐，参与过平定杜弢的流民叛乱，在司马氏政权立足南方之时，周访和陶侃都曾立下汗马功劳，最后他们都归于尘土，长眠地下。现在，走到此地的几个人就在周家墓柏下"清吹与鸣弹"。在这一拨开颜欢饮的人当中，陶渊明不由得感叹岁月易逝，想到自己的身世，自有一番不一般的感触。

今日天气佳，清吹与鸣弹。

感彼柏下人，安得不为欢。

清歌散新声，绿酒开芳颜。

未知明日事，余襟良已殚。

陶渊明《诸人共游周家墓柏下》

这首诗的内容看似普通，所言之事不过是人间的生死常事，但这首篇幅简短的五言诗却博得了很多人的赞赏。之所以喝彩声不断，乃是因为陶渊明在诗中表现出超常的了悟与洒脱，使这首平凡的五言诗更增其不平凡之处。

这首五言诗所述不过是一次普通的结伴出游，天气清新宜人，三五人不经意间走到了人家墓地的柏树下。但这次出游的不平凡处在于"为欢"，大家走到了一处容易引人伤感的地方，并在这个地方"清吹与鸣弹"。管乐清吹，琴瑟合奏，看似与世俗相悖，细思便知他们并非麻木不仁，而是消除了对死亡的恐惧，以超脱的态度对待生命。"感彼柏下人"一句感慨长眠地下的逝者，人生短暂空虚，怎能不及时尽欢？他们看破了生死，悟透了人生的意义，清歌一曲发新声，一杯新酒尽开颜。明日生死未可知，当前有酒须尽饮。相比士大夫们服食求仙、追求长生不死，陶渊明朴素的生死观与他甘于贫困、不移志节的精神追求一脉相承。

魏晋人士尤其喜欢清谈，讨论生死之类的话题，大有"死生亦大矣，岂不痛哉"之叹，而陶渊明早已真正窥破生死，他在《归去来兮辞》结尾处曾非常淡定地说："聊乘化以归尽，乐夫天命复奚疑。"倘若一个人在无病无恙的时候，能够清醒理智地思辨问题，他可以明智地认识生死。倘若当一个人自知很快就会离开人世时，还能以戏谑轻松的口气笑谈生死，亲自写挽诗，那么他的生死观是名副其实的豁达，这种强大的心理素质远非一般人能有。

宋文帝元嘉四年（427年）九月，六十二岁的陶渊明自感身体状况不容乐观，他料想离世那一天很快就会到来。就在这个凄清的深秋夜晚，萧瑟的冷风刮得一阵紧似一阵，草木相继凋零枯萎，夜色浓黑的天空中，偶尔传来鸿雁南飞的哀鸣声。现在，陶渊明分明感到死神的脚步近了，他就如一只铩羽之鸟、一朵离岫之云。在孤寂中归隐林下的生涯即将结束之际，他发出一声嗟叹："人生实难，死如之何？"但他素来精神强大，虽有一声嗟叹，也内含了乐天旷达的成分，这是他最后为自己编织的梦境，几分旷达、几分悲凉、几分飘逸、几分沉重杂糅在他心里。他仿佛看到了自己停止呼吸的那一刻，仿佛看到了隆重的葬礼场面，看到亲朋好友悲天怆地为他痛哭流涕。他仿佛站在自己的坟墓上，四野苍茫，渺无人烟。

> 有生必有死，早终非命促。
> 昨暮同为人，今旦在鬼录。
> 魂气散何之，枯形寄空木。
> 娇儿索父啼，良友抚我哭。
> 得失不复知，是非安能觉。
> 千秋万岁后，谁知荣与辱。
> 但恨在世时，饮酒不得足。

陶渊明《拟挽歌辞三首·其一》

第一首诗直述主题，说明生死乃自然规律，生命没有长短之分。这是贯穿三首诗的一条主线，旨在表达陶渊明的生死观。接下来，陶渊明条分缕析，写人从生到死霎那间的经历，人一旦停止呼吸，就是阎王册子上的鬼，"昨暮同为人，今旦在鬼录"两句是说昨天还在世上活着，今天一早便到了鬼名册上。游魂漂荡何处？枯槁的尸身被安放在棺木中。至于"娇儿索父啼，良友抚我哭"的场景，那是陶渊明凭借以往的生活经验想象他离世后会发生的情景，娇儿哭着要找爸爸，好友在灵柩前痛哭。"得失不复知"四句乃陶渊明大彻大悟之言，千秋万岁身后事，荣辱哪能记心间？死去的人不知道什么是得与失，哪里还会有悲喜之感？但陶渊明并非没有遗憾，他悔恨在活着的时候没有尽情地饮酒，大有与西晋文学家张翰"使我有身后名，不如即时一杯酒"同样的慨叹。

在昔无酒饮，今但湛空觞。
春醪生浮蚁①，何时更能尝？
肴案盈我前，亲旧哭我傍。
欲语口无音，欲视眼无光。
昔在高堂寝，今宿荒草乡。
一朝出门去，归来夜未央。

陶渊明《拟挽歌辞三首·其二》

第一首以"但恨在世时，饮酒不得足"收笔，第二首以"在昔无酒饮"起笔承接上文，上下弥合无痕，由入殓写到受奠，过渡极其自然，不见顶针续麻之迹。生前贫困无酒饮，往日空空的酒杯中，今日盛满了清冽的奠酒。春酒无限好，饮之最是妙不可言，何时才能再得品尝！"肴案盈我前"四句，正面写死者受奠，供桌上摆着盛满肉食的木盘，亲友们都在逝者身边痛哭。想要说一句话却没有声音，想要再看他们一眼却睁不开眼睛。"昔在高堂寝"四句写葬后情状，往日在高堂中安寝，如今却长眠在荒郊野外。"一朝出门去"可见还未真正入土为安，只是预言死后会发生的事。一朝归葬送出门外，想要再回来是不可能的事了，地下是无穷的长夜，永远不能再见天日。

---

①春醪生浮蚁：头年秋后开始酝酿，到了第二年春便是美妙无比的"春醪"。"浮蚁"即酒的表面漂浮的一层泡沫。

荒草何茫茫，白杨亦萧萧。

严霜九月中，送我出远郊。

四面无人居，高坟正嶣峣。

马为仰天鸣，风为自萧条。

幽室一已闭，千年不复朝。

千年不复朝，贤达无奈何。

向来相送人，各自还其家。

亲戚或余悲，他人亦已歌。

死去何所道，托体同山阿。

陶渊明《拟挽歌辞三首·其三》

史家评价，就《拟挽歌辞三首》的艺术成就而言，第三首为最佳，故萧统《文选》中只有第三首入选。"荒草何茫茫"二句与前篇承接，描写下葬之地的景色，突出凄凉氛围，枯黄的野草茫茫无边，白杨在萧瑟的秋风中摇晃。"严霜"点明季节已到寒霜的九月。亲人送我到远郊安葬，四周渺无人烟，寂寞的坟墓甚是凄凉。马儿仰天长鸣，其声悲伤，风儿萧瑟，其声哀怨。一"马"一"风"，点到为止，送葬沿途的景物历历在目，读来真切如身临其境。"幽室一已闭"二句作一小结，阴阳两隔，人鬼殊途，关闭的墓穴永远一团幽暗，永远不能再见一丝曙光。到此，送葬的种种情景已尽在笔下，但陶渊明对生死观的表达还未言尽，所以把"千年不复朝"又重复了一次，"贤达无奈何"正面表达出即便是贤达之人也是同样结局的意思，无论何人，无论富贵贫贱，对生死的自然规律都是无能为力的。

末尾六句是此诗最为出彩之处。刚才送葬的亲朋好友，都已各自回到家中。亲戚还在悲痛地哭泣，他人已将死者忘在脑后，开始欢快地唱歌了。"亲戚或余悲"二句是陶渊明参透人生真谛的大实话。家人亲眷因为与逝者有血缘关系，所以会因亲人离去而伤心难过，但那些与逝者没有血缘关系的人，送葬只是礼节性的应酬，从感情上来说，没有太多的悲伤不舍。人情冷暖，世态炎凉，陶渊明看透了世俗人情，直截了当地说了出来，这正是他真正达观、毫无矫揉造作的地方，陶渊明之可贵亦在此处。"死去何所道，托体同山阿"两句的意思是，死去的人还有什么可说的，此身已寄托在荒郊野外的山冈，即将化为山脚下的泥土。

陶诗最大的特点便是直抒胸臆，极少使用拐弯抹角的技巧，基本上采用直陈其事的"赋"笔，鲜有比兴手法，语言浅显而意蕴深厚，"似枯而实腴"，平淡而实有至理。这种"天然去雕饰"、不讲技巧的手法，却有别样的自然之趣。在陶渊明之前，还没有哪个作者会从死者的角度设想离世之后的主客观情状，所以，就其艺术构思而言，有人认为陶渊明的《拟挽歌辞三首》很有新意，前无古人。他以高超的艺术手法构想出这篇令人叹为观止的作品，艺术创新加上思想的透彻达观，用形象化的语言写成诗，"首篇乍死而殓，次篇奠而出殡，三篇送而葬之"，是一篇现实主义和浪漫主义相融合的佳作，即便后来有人效仿，也未能得其精髓。

《拟挽歌辞三首》是不是陶渊明的临终绝笔一直存在争议。有关他去世的年龄，也有两种不同说法。按照梁启超的说法，他只活了五十几岁；而《宋书》本传及颜延之的《陶征士诔》则说他享年六十三岁。逯钦立在《陶渊明事迹诗文系年》中明确支持陶渊明享年六十三岁的说法，认为《拟挽歌辞三首》并非陶渊明的临终绝笔，而是写于陶渊明五十几岁身患大病之时，当时他认为自己即将死去，所以提笔写下这组《拟挽歌辞三首》。至于具体写作时间，从"荒草何茫茫，白杨亦萧萧。严霜九月中，送我出远郊"几句中点明的写作时间上看，与《自祭文》中的"岁惟丁卯，律中无射"的时令相同，因此可以推断这几首诗作于相近的时间，当是陶渊明逝世前两个月的绝笔之作。

　　岁惟丁卯，律中无射。天寒夜长，风气萧索，鸿雁于征，草木黄落。陶子将辞逆旅之馆，永归于本宅。故人凄其相悲，同祖行于今夕。羞以嘉蔬，荐以清酌。候颜已冥，聆音愈漠。呜呼哀哉！

　　茫茫大块，悠悠高旻，是生万物，余得为人。自余为人，逢运之贫，箪瓢屡罄，缔绤冬陈。含欢谷汲，行歌负薪，翳翳柴门，事我宵晨。春秋代谢，有务中园，载耘载籽，乃育乃繁。欣以素牍，和以七弦。冬曝其日，夏濯其泉。勤靡余劳，心有常闲。乐天委分，以至百年。

　　惟此百年，夫人爱之。惧彼无成，愒日惜时。存为世珍，殁亦见思。嗟我独迈，曾是异兹。宠非己荣，涅岂吾缁？捽兀穷庐，酣饮赋诗。识运知命，畴能罔眷？余今斯化，可以无恨。寿涉百龄，身慕肥遁，从老得终，奚所复恋！

　　寒暑愈迈，亡既异存，外姻晨来，良友宵奔，葬之中野，以安其魂。窅窅我行，萧萧墓门，奢耻宋臣，俭笑王孙①。廓兮已灭，慨焉已遐，不封不树，日月遂过。匪贵前誉，孰重后歌，人生实难，死如之何？呜呼哀哉！

陶渊明《自祭文》

　　丁卯年九月，天气寒冷，深秋的夜很漫长，萧条零落的景象使人

---

①奢耻宋臣，俭笑王孙："奢耻宋臣"出自《孔子家语》。孔子在宋国时，掌管宋国兵权的桓魋为自己造石椁，三年不成，工匠皆累病了，孔子认为他太奢侈。"俭笑王孙"出自《汉书·杨王孙传》。杨王孙临死之前嘱咐子女："死则布囊盛尸，入地七尺，既下，从足引脱其囊，以身亲土。"

心生悲伤。南飞的大雁在空中排成"一"字昼夜迁徙，草木枯萎，一片荒凉。我感到大限将至，即将与这个暂居的人世永别归于尘土。恍惚间看到亲友们怀着凄凉悲哀的心情，聚在一起祭奠我的亡灵，为我送行。他们在供桌上摆放了新鲜的水果，斟上醇香的新酒。看看我的容颜，已是惨淡不可辨；听听我的声音，更是寂静无声。悲痛啊，悲痛！

在这辞世弥留之际，飘然而逝的一生历历在目。茫茫大地，悠悠高天，天地孕育了万物，我也得以降生人间。刚一出世，我的命运就是贫困。家境贫寒，饭筐、水瓢常常空空如也，寒冬腊月还穿着夏季单薄的葛布衣服。但我仍然快乐，欢快地跑到山谷中汲水，肩扛柴禾，边走边唱。昏暗简陋的茅舍中，一天到晚都能看到我忙碌的身影。从春到秋，田里总有忙不完的农活儿，除草培土，作物滋生繁衍，层出不穷。书牍在手，心中欢欣；抚弄素琴，音调和谐。冬天与阳光作伴，夏日在清泉中沐浴。辛勤劳作，尽心竭力，心中总是充满闲情，自在地乐天从命、坚守本分，在命运的安排下度过一生。

在陶渊明这一生的经历中，没有官场中轻骑雍容的气派，不见笙歌院落的富丽堂皇，但恰恰是这疏远平淡的琐碎造就了他从容自得的人生，简朴的生活使他真切地感受到劳作之趣，"乐天委分"，自由不羁，安心在命运的安排下度过一生。从陶渊明笔下流淌出的浓浓生活意趣和悠悠的哲理思索看似无奇，实则回味不尽，比之巧取豪夺、为"五斗米折腰"而人格丧尽的人来说，他这看似平淡的一生更胜一筹。

似水流年，逝者如斯。亲戚们清晨便来吊唁，好友们连夜赶来奔丧，将我送到荒郊野外，葬于大地深处，让我的灵魂得以安息。现在，辞世之梦已走到最幽暗的一幕，我向冥府走去，萧萧的风声吹打着墓门，像宋国桓魋的奢侈墓葬，我感到羞耻；像汉代杨王孙那过分简陋的墓葬，我感到可笑。陶渊明真实而不造作，他信奉中庸之道，不偏不倚，不搞过犹不及的名堂，他对自己的身后事一如既往地旷达而淡泊。墓地空阔，万事灰飞烟灭，可叹我已远逝，不须在墓前垒高坟，也不须在墓旁植柏杨，只须让时光在这里悄然而过便可。在这苍凉的慨叹中，陶渊明回身对过去的一生投去最后一瞥，"匪贵前誉，孰重后歌?"既然生前的美誉已无所贵，谁还会在乎死后的歌颂呢? 人生之路坎坷难行，人死之后又能怎样呢? 悲痛啊，悲痛!

这个坚守自己信念的归隐之人在孤寂中走向生命的终点，在那凝重的最后一瞥中，他禁不住嗟叹:"人生实难，死如之何?"在他最后的梦境里，那一声"呜呼哀哉"的绝唱，于飘逸中带有几多沉重的悲剧色彩，使貌似哀婉和缓的祭文霎时改观，南宋理学家真德秀在《跋黄瀛甫拟陶诗》中评道:"虽其遗荣辱、一得丧，真有旷达之风，细玩其词，时亦悲凉感慨，非无意世事者。"这一评价非常客观，陶渊明并非生下来就是一个只知在田园中饮酒躬耕的士人，他也曾血气方刚，"猛志逸四海，骞翮思远翥"，有"大济于苍生"的胸怀与志向。他对远大前程也曾有过热烈的追求，但他的抱负在门阀森严的时代不得伸展，黑暗的现实和腐败的政治环境彻底摧毁了他的豪情壮志。然而，值得称道的是，他及时从官场的旋涡中抽身出来，在田园祥和平静中闲居养志，固穷守节，老而益坚，持守了清白高尚的品质。

宋文帝元嘉四年（427 年），陶渊明在写下这篇自祭文三个月后，因患疟疾悄然离世。他的激烈而平静的一生、温暖而悲凉的一生，在"律中无射"的严寒隆冬中走到了尽头，而他留下的诗文、清誉以及"不为五斗米折腰"、安贫乐道的气节却为后世无数文人墨客提供了精神上的"世外桃源"。